中外哲學典籍大全

總主編　李鐵映　王偉光

中國哲學典籍卷

周易學

經部易類

曹元弼　著
周小龍　點校

中国社会科学出版社

圖書在版編目（CIP）數據

周易學／曹元弼著；周小龍點校．—北京：中國社會科學出版社，2021.10
（中外哲學典籍大全．中國哲學典籍卷）
ISBN 978－7－5203－9182－5

Ⅰ.①周…　Ⅱ.①曹…②周…　Ⅲ.①《周易》—研究　Ⅳ.①B221.5

中國版本圖書館 CIP 數據核字（2021）第 186660 號

出 版 人　趙劍英
項目統籌　王　茵
責任編輯　孙　萍
責任校對　王沛姬
責任印製　王　超

出　　版　中国社会科学出版社
社　　址　北京鼓樓西大街甲 158 號
郵　　編　100720
網　　址　http://www.csspw.cn
發 行 部　010－84083685
門 市 部　010－84029450
經　　銷　新華書店及其他書店

印　　刷　北京君昇印刷有限公司
裝　　訂　廊坊市廣陽區廣增裝訂廠
版　　次　2021 年 10 月第 1 版
印　　次　2021 年 10 月第 1 次印刷

開　　本　710×1000　1/16
印　　張　36
字　　數　426 千字
定　　價　138.00 元

中外哲學典籍大全

中外哲學典籍大全

總序

中外哲學典籍大全的編纂，是一項既有時代價值又有歷史意義的重大工程。

中華民族經過了近一百八十年的艱苦奮鬥，迎來了中國近代以來最好的發展時期，迎來了奮力實現中華民族偉大復興的時期。中華民族祇有總結古今中外的一切思想成就，才能並肩世界歷史發展的大勢。爲此，我們須編纂一部匯集中外古今哲學典籍的經典集成，爲中華民族的偉大復興、爲人類命運共同體的建設、爲人類社會的進步，提供哲學思想的精粹。

哲學是思想的花朵，文明的靈魂，精神的王冠。一個國家、民族，要興旺發達，擁有光明的未來，就必須擁有精深的理論思維，擁有自己的哲學。哲學是推動社會變革和發展的理論力量，是激發人的精神砥石。哲學解放思維，净化心靈，照亮前行的道路。偉大的時代需要精邃的哲學。

一　哲學是智慧之學

哲學是什麽？這既是一個古老的問題，又是哲學永恒的話題。追問哲學是什麽，本身就是「哲學」問題。從哲學成爲思維的那一天起，哲學家們就在不停追問中發展、豐富哲學的篇章，給出一個又一個答案。每個時代的哲學家對這個問題都有自己的詮釋。哲學是什麽，是懸疑在人類智慧面前的永恒之問，這正是哲學之爲哲學的基本特點。

哲學是全部世界的觀念形態，精神本質。人類面臨的共同問題，是哲學研究的根本對象。本體論、認識論、世界觀、人生觀、價值觀、實踐論、方法論等，仍是哲學的基本問題和生命力所在！哲學研究的是世界萬物的根本性、本質性問題。人們可以給哲學做出許多具體定義，但我們可以嘗試用「遮詮」的方式描述哲學的一些特點，從而使人們加深對何爲哲學的認識。

哲學不是玄虛之觀。哲學來自人類實踐，關乎人生。哲學對現實存在的一切追根究底、「打破砂鍋問到底」。它不僅是問「是什麽」（being），而且主要是追問「爲什麽」（why），特别是追問「爲什麽的爲什麽」。它關注整個宇宙，關注整個人類的命運，關注人生。它關心柴米油鹽醬醋茶和人的生命的關係，關心人工智能對人類社會的挑戰。哲學是對一切實踐經驗的理論升華，它關心具體現象背後的根據，關心人類如何會更好。

哲學是在根本層面上追問自然、社會和人本身，以徹底的態度反思已有的觀念和認識，從價值理想出發把握生活的目標和歷史的趨勢，展示了人類理性思維的高度，凝結了民族進步的智慧，寄託了人們熱愛光明、追求真善美的情懷。道不遠人，人能弘道。哲學是把握世界、洞悉未來的學問，是思想解放、自由的大門！

古希臘的哲學家們被稱爲「望天者」，亞里士多德在形而上學一书中説，「最初人們通過好奇—驚讚來做哲學」。如果説知識源於好奇的話，那麽産生哲學的好奇心，必須是大好奇心。這種「大好奇心」衹爲一件「大事因緣」而來，所謂大事，就是天地之間一切事物的「爲什麽」。哲學精神，是「家事、國事、天下事，事事要問」，是一種永遠追問的精神。

哲學不衹是思維。哲學將思維本身作爲自己的研究對象，對思想本身進行反思。哲學不是一般的知識體系，而是把知識概念作爲研究的對象，追問「什麽才是知識的真正來源和根據」。哲學的「非對象性」的思想方式，不是「純形式」的推論原則，而有其「非對象性」之對象。哲學之對象乃是不斷追求真理，是一個理論與實踐兼而有之的過程，是認識的精粹。哲學追求真理的過程本身就顯現了哲學的本質。天地之浩瀚，變化之奥妙，正是哲思的玄妙之處。

哲學不是宣示絶對性的教義教條，哲學反對一切形式的絶對。哲學解放束縛，意味著從一切思想教條中解放人類自身。哲學給了我們徹底反思過去的思想自由，給了我們深刻洞察未來的思想能力。哲學就是解放之學，是聖火和利劍。

哲學不是一般的知識。哲學追求「大智慧」。佛教講「轉識成智」，識與智相當於知識與哲學的關係。一般知識是依據於具體認識對象而來的、有所依有所待的「識」，而哲學則是超越於具體對象之上的「智」。

公元前六世紀，中國的老子說，「大方無隅，大器晚成，大音希聲，大象無形，道隱無名。夫唯道，善貸且成」。又說，「反者道之動，弱者道之用。天下萬物生於有，有生於無」。對道的追求就是對有之爲有、無形無名的探究，就是對天地何以如此的探究。這種追求，使得哲學具有了天地之大用，具有了超越有形有名之有限經驗的大智慧。這種大智慧、大用途，超越一切限制的籬笆，達到趨向無限的解放能力。

哲學不是經驗科學，但又與經驗有聯繫。哲學從其作爲學問誕生起，就包含於科學形態之中，是以科學形態出現的。哲學是以理性的方式、概念的方式、論证的方式來思考宇宙人生的根本問題。在亞里士多德那裏，凡是研究實體（ousia）的學問，都叫作「哲學」。而「第一實體」則是存在者中的「第一個」。研究第一實體的學問稱爲「神學」，也就是「形而上學」，這正是後世所謂「哲學」。一般意義上的科學正是從「哲學」最初的意義上贏得自己最原初的規定性的。哲學雖然不是經驗科學，却爲科學劃定了意義的範圍、指明了方向。哲學最後必定指向宇宙人生的根本問題，大科學家的工作在深層意義上總是具有哲學的意味，牛頓和愛因斯坦就是這樣的典範。

哲學不是自然科學，也不是文學藝術，但在自然科學的前頭，哲學的道路展現了；在文學藝術的山頂，哲學的天梯出現了。哲學不斷地激發人的探索和創造精神，使人在認識世界的過程中，不斷達到新境界，在改造世界中從必然王國到達自由王國。

哲學不斷從最根本的問題再次出發。哲學史在一定意義上就是不斷重構新的世界觀、認識人類自身的歷史。哲學的歷史呈現，正是對哲學的創造本性的最好説明。哲學史上每一位哲學家對根本問題的思考，都在爲哲學添加新思維、新向度，猶如爲天籟山上不斷增添一隻隻黄鸝翠鳥。

如果説哲學是哲學史的連續展現中所具有的統一性特徵，那麽這種「一」是在「多」個哲學的創造中實現的。如果説每一種哲學體系都追求一種體系性的「一」的話，那麽每種「一」的體系之間都存在着千絲相聯、多方組合的關係。這正是哲學史昭示於我們的哲學多樣性的意義。多樣性與統一性的依存關係，正是哲學尋求現象與本質、具體與普遍相統一的辯證之意義。

哲學的追求是人類精神的自然趨向，是精神自由的花朵。哲學是思想的自由，是自由的思想。

中國哲學，是中華民族五千年文明傳統中，最爲内在的、最爲深刻的、最爲持久的精神追求和價值觀表達。中國哲學已經化爲中國人的思維方式、生活態度、道德準則、人生追求、精神境界。中國人的科學技術、倫理道德，小家大國、中醫藥學、詩歌文學、繪畫書法、武術拳法、鄉規民俗，乃至日常生活也都浸潤着中國哲學的精神。華夏文化雖歷經磨難而能够透魄醒神，堅韌屹立，正是來自於中國哲學深邃的思維和創造力。

先秦時代，老子、孔子、莊子、孫子、韓非子等諸子之間的百家争鳴，就是哲學精神在中國的展現，是中國人思想解放的第一次大爆發。兩漢四百多年的思想和制度，是諸子百家思想在争鳴過程中大整合的結果。魏晋之際，玄學的發生，則是儒道冲破各自藩籬，彼此互動互補的結果，形成了儒家獨尊的態勢。隋唐三百年，佛教深入中國文化，又一次帶來了思想的大融合和大解放，禪宗的形成就是這一融合和解放的結果。兩宋三百多年，中國哲學迎來了第三次大解放。儒釋道三教之間的互潤互持日趨深入，朱熹的理學和陸象山的心學，就是這一思想潮流的哲學結晶。

與古希臘哲學强調沉思和理論建構不同，中國哲學的旨趣在於實踐人文關懷，它更關注實踐的義理性意義。中國哲學當中，知與行從未分離，中國哲學有着深厚的實踐觀點和生活觀點，倫理道德觀是中國人的貢獻。馬克思説，「全部社會生活在本質上是實踐的」，實踐的觀點、生活的觀點也正是馬克思主義認識論的基本觀點。這種哲學上的契合性，正是馬克思主義能够在中國扎根並不斷中國化的哲學原因。

「實事求是」是中國的一句古話。今天已成爲深邃的哲理，成爲中國人的思維方式和行爲基準。實事求是就是解放思想，解放思想就是實事求是。實事求是是毛澤東思想的精髓，是改革開放的基石。只有解放思想才能實事求是。實事求是就是中國人始終堅持的哲學思想。實事求是就是依靠自己，走自己的道路，反對一切絶對觀念。所謂中國化就是一切從中國實際出發，一切理論必須符合中國實際。

二　哲學的多樣性

實踐是人的存在形式，是哲學之母。實踐是思維的動力、源泉、價值、標準。人們認識世界、探索規律的根本目的是改造世界，完善自己。哲學問題的提出和回答，都離不開實踐。馬克思有句名言：「哲學家們只是用不同的方式解釋世界，而問題在於改變世界！」理論只有成爲人的精神智慧，才能成爲改變世界的力量。

哲學關心人類命運。時代的哲學，必定關心時代的命運。對時代命運的關心就是對人類實踐和命運的關心。人在實踐中產生的一切都具有現實性。哲學的實踐性必定帶來哲學的現實性。哲學的現實性就是强調人在不斷回答實踐中各種問題時應該具有的態度。

哲學作爲一門科學是現實的。哲學是一門回答並解釋現實的學問，哲學是人們聯繫實際、面對現實的思想。可以説哲學是現實的最本質的理論，也是本質的最現實的理論。哲學始終追問現實的發展和變化。哲學存在於實踐中，也必定在現實中發展。哲學的現實性要求我們直面實踐本身。

哲學不是簡單跟在實踐後面，成爲當下實踐的「奴僕」，而是以特有的深邃方式，關注着實踐的發展，提升人的實踐水平，爲社會實踐提供理論支撑。從直接的、急功近利的要求出發來理解和從事哲學，無異於向哲學提出它本身不可能完成的任務。哲學是深沉的反思，厚重的智慧，事物的抽象，理論的把握。哲學是人類把握世界最深邃的理論思維。

哲學是立足人的學問，是人用於理解世界、把握世界、改造世界的智慧之學。「民之所好，好之，民之所惡，惡之。」哲學的目的是爲了人。用哲學理解外在的世界，理解人本身，也是爲了用哲學改造世界、改造人。哲學研究無禁區，無終無界，與宇宙同在，與人類同在。

存在是多樣的，發展是多樣的，這是客觀世界的必然。宇宙萬物本身是多樣的存在，多樣的變化。歷史表明，每一民族的文化都有其獨特的價值。文化的多樣性是自然律，是動力，是生命力。各民族文化之間的相互借鑒，補充浸染，共同推動著人類社會的發展和繁榮，這是規律。對象的多樣性、複雜性，決定了哲學的多樣性；即使對同一事物，人們也會産生不同的哲學認識，形成不同的哲學派别。哲學觀點、思潮、流派及其表現形式上的區别，來自於哲學的時代性、地域性和民族性的差异。世界哲學是不同民族的哲學的薈萃，如中國哲學、西方哲學、阿拉伯哲學等。多樣性構成了世界，百花齊放形成了花園。不同的民族會有不同風格的哲學。恰恰是哲學的民族性，使不同的哲學都可以在世界舞臺上演繹出各種「戲劇」。即使有類似的哲學觀點，在實踐中的表達和運用也會各有特色。

人類的實踐是多方面的，具有多樣性、發展性，大體可以分爲：改造自然界的實踐，改造人類社會的實踐，完善人本身的實踐，提升人的精神世界的精神活動。人是實踐中的人，實踐是人的生命的第一屬性。實踐的社會性决定了哲學的社會性，哲學不是脱離社會現實生活的某種遐想，而是社會現實生活的觀念形態，是文明進步的重要標誌，是人的發展水平的重要維度。哲學的發展狀况，反映着一個社會人的理性成熟程度，反映著這個社會的文明程度。

哲學史實質上是自然史、社會史、人的發展史和人類思維史的總結和概括。自然界是多樣的，社會是多樣的，人類思維是多樣的。所謂哲學的多樣性，就是哲學基本觀念、理論學說、方法的異同，是哲學思維方式上的多姿多彩。哲學的多樣性是哲學的常態，是哲學進步、發展和繁榮的標誌。哲學是人的哲學，哲學是人對事物的自覺，是人對外界和自我認識的學問，也是人把握世界和自我的學問。哲學的多樣性，是哲學的常態和必然，是哲學發展和繁榮的內在動力。一般是普遍性，特色也是普遍性。從單一性到多樣性，從簡單性到複雜性，是哲學思維的一大變革。用一種哲學話語和方法否定另一種哲學話語和方法，這本身就不是哲學的態度。

多樣性並不否定共同性、統一性、普遍性。物質和精神，存在和意識，一切事物都是在運動、變化中的，是哲學的基本問題，也是我們的基本哲學觀點！

當今的世界如此紛繁複雜，哲學多樣性就是世界多樣性的反映。哲學是以觀念形態表現出的現實世界。哲學的多樣性，就是文明多樣性和人類歷史發展多樣性的表達。多樣性是宇宙之道。

哲學的實踐性、多樣性，還體現在哲學的時代性上。哲學總是特定時代精神的精華，是一定歷史條件下人的反思活動的理論形態。在不同的時代，哲學具有不同的內容和形式，哲學的多樣性，也是歷史時代多樣性的表達。哲學的多樣性也會讓我們能够更科學地理解不同歷史時代，更爲内在地理解歷史發展的道理。多樣性是歷史之道。

哲學之所以能發揮解放思想的作用，在於它始終關注實踐，關注現實的發展；在於它始終關注著科學技術的進步。哲學本身没有絶對空間，没有自在的世界，只能是客觀世界的映象，觀念形態。没有了現實性，哲學就遠離人，就離開了存在。哲學的實踐性，説到底是在説明哲學本質上是人的哲學，是人的思維，是爲了人的科學！哲學的實踐性、多樣性告訴我們，哲學必須百花齊放、百家争鳴。哲學的發展首先要解放自己，解放哲學，就是實現思維、觀念及範式的變革。人類發展也必須多途並進，交流互鑒，共同繁榮。采百花之粉，才能釀天下之蜜。

三　哲學與當代中國

中國自古以來就有思辨的傳統，中國思想史上的百家争鳴就是哲學繁榮的史象。哲學是歷史發展的號角。中國思想文化的每一次大躍升，都是哲學解放的結果。中國古代賢哲的思想傳承至今，他們的智慧已浸入中國人的精神境界和生命情懷。

中國共産黨人歷來重視哲學，毛澤東在一九三八年，在抗日戰争最困難的條件下，在延安研究哲學，創作了實踐論和矛盾論，推動了中國革命的思想解放，成爲中國人民的精神力量。

中華民族的偉大復興必將迎來中國哲學的新發展。當代中國必須有自己的哲學，當代中國的哲學必須要從根本上講清楚中國道路的哲學道理。中華民族的偉大復興必須要有哲學的思維，必須要有不斷深入的反思。發展的道路，就是哲思的道路，文化的自信，就是哲學思維的自信。哲學是引領者，可謂永恒的「北斗」，哲學是時代的「火焰」，是時代最精緻最深刻的「光芒」。從社會變革的意義上説，任何一次巨大的社會變革，總是以理論思維爲先導。理論的變革，總是以思想觀念的空前解放爲前提，而「吹響」人類思想解放第一聲「號角」的，往往就是代表時代精神精華的哲學。社會實踐對於哲學的需求可謂「迫不及待」，因爲哲學總是「吹響」這個新時代的「號角」。「吹響」中國改革開放之

「號角」的，正是「解放思想」「實踐是檢驗真理的唯一標準」「不改革死路一條」等哲學觀念。「吹響」新時代「號角」的是「中國夢」，「人民對美好生活的向往，就是我們奮鬥的目標」。發展是人類社會永恒的動力，變革是社會解放的永遠的課題，思想解放，解放思想是無盡的哲思。中國正走在理論和實踐的雙重探索之路上，搞探索没有哲學不成！

中國哲學的新發展，必須反映中國與世界最新的實踐成果，必須反映科學的最新成果，必須具有走向未來的思想力量。今天的中國人所面臨的歷史時代，是史無前例的。十三億人齊步邁向現代化，這是怎樣的一幅歷史畫卷！是何等壯麗、令人震撼！不僅中國歷史上亘古未有，在世界歷史上也從未有過。當今中國需要的哲學，是結合天道、地理、人德的哲學，是整合古今中西的哲學，只有這樣的哲學才是中華民族偉大復興的哲學。

當今中國需要的哲學，必須是適合中國的哲學。無論古今中外，再好的東西，也需要再吸收，再消化，必須要經過現代化和中國化，才能成爲今天中國自己的哲學。哲學是解放人的，哲學自身的發展也是一次思想解放，也是人的一个思維升華、羽化的過程。中國人的思想解放，總是隨著歷史不斷進行的。歷史有多長，思想解放的道路就有多長；發展進步是永恒的，思想解放也是永無止境的，思想解放就是哲學的解放。

習近平說，思想工作就是「引導人們更加全面客觀地認識當代中國、看待外部世界」。這就需要我們確立一種「知己知彼」的知識態度和理論立場，而哲學則是對文明價值核心最精練和最集中的深邃性表達，有助於我們認識中國、認識世界。立足中國、認識中國，需要我們審視我們走過的道路，立足中國、認識世界，需要我們觀察和借鑒世界歷史上的不同文化。中國「獨特的文化傳統」、中國「獨特的歷史命運」、中國「獨特的基本國情」，「決定了我們必然要走適合自己特點的發展道路」。一切現實的，存在的社會制度，其形態都是具體的，都是特色的，都必須是符合本國實際的。抽象的制度，普世的制度是不存在的。同時，我們要全面客觀地「看待外部世界」。研究古今中外的哲學，是中國認識世界、認識人類史，認識自己未來發展的必修課。今天中國的發展不僅要讀中國書，還要讀世界書。不僅要學習自然科學、社會科學的經典，更要學習哲學的經典。當前，中國正走在實現「中國夢」的「長征」路上，這也正是一條思想不斷解放的道路！要回答中國的問題，解釋中國的發展，首先需要哲學思維本身的解放。哲學的發展，就是哲學的解放，這是由哲學的實踐性、時代性所决定的。哲學無禁區、無疆界。哲學是關乎宇宙之精神，是關乎人類之思想。哲學將與宇宙、人類同在。

四 哲學典籍

中外哲學典籍大全的編纂，是要讓中國人能研究中外哲學經典，吸收人類精神思想的精華；是要提升我們的思維，讓中國人的思想更加理性、更加科學、更加智慧。

中國有盛世修典的傳統。中國古代有多部典籍類書（如「永樂大典」「四庫全書」等），在新時代編纂中外哲學典籍大全，是我們的歷史使命，是民族復興的重大思想工程。

只有學習和借鑒人類精神思想的成就，才能實現我們自己的發展，走向未來。中外哲學典籍大全的編纂，就是在思維層面上，在智慧境界中，繼承自己的精神文明，學習世界優秀文化。這是我們的必修課。

不同文化之間的交流、合作和友誼，必須達到哲學層面上的相互認同和借鑒。哲學之間的對話和傾聽，才是從心到心的交流。中外哲學典籍大全的編纂，就是在搭建心心相通的橋樑。

我們編纂這套哲學典籍大全，一是中國哲學，整理中國歷史上的思想典籍，濃縮中國思想史上的精華；二是外國哲學，主要是西方哲學，吸收外來，借鑒人類發展的優秀哲學成果；三是馬克思主義哲學，展示馬克思主義哲學中國化的成就；四是中國近現代以來的哲學成果，特别是馬克思主義在中國的發展。

編纂這部典籍大全，是哲學界早有的心願，也是哲學界的一份奉獻。中外哲學典籍大全總結的是書本上的思想，是先哲們的思維，是前人的足迹。我們希望把它們奉獻給後來人，使他們能够站在前人肩膀上，站在歷史岸邊看待自己。

中外哲學典籍大全的編纂，是以「知以藏往」的方式實現「神以知來」；中外哲學典籍大全的編纂，是通過對中外哲學歷史的「原始反終」，從人類共同面臨的根本大問題出發，在哲學生生不息的道路上，綵繪出人類文明進步的盛德大業！

發展的中國，既是一個政治、經濟大國，也是一個文化大國，也必將是一個哲學大國、思想王國。人類的精神文明成果是不分國界的，哲學的邊界是實踐，實踐的永恒性是哲學的永續綫性，打開胸懷擁抱人類文明成就，是一個民族和國家自强自立，始終伫立於人類文明潮頭的根本條件。

擁抱世界，擁抱未來，走向復興，構建中國人的世界觀、人生觀、價值觀、方法論，這是中國人的視野、情懷，也是中國哲學家的願望！

李鐵映

二〇一八年八月

「中國哲學典籍卷」

序

中國古無「哲學」之名，但如近代的王國維所説，「哲學爲中國固有之學」。

「哲學」的譯名出自日本啓蒙學者西周，他在一八七四年出版的百一新論中説：「將論明天道人道，兼立教法的philosophy譯名爲哲學。」自「哲學」譯名的成立，「philosophy」或「哲學」就已有了東西方文化交融互鑒的性質。

「philosophy」在古希臘文化中的本義是「愛智」，而「哲學」的「哲」在中國古經書中的字義就是「智」或「大智」。孔子在臨終時慨嘆而歌：「泰山壞乎！梁柱摧乎！哲人萎乎！」（史記孔子世家）「哲人」在中國古經書中釋爲「賢智之人」，而在「哲學」譯名輸入中國後即可稱爲「哲學家」。

哲學是智慧之學，是關於宇宙和人生之根本問題的學問。對此，中西或中外哲學是共同的，因而哲學具有世界人類文化的普遍性。但是，正如世界各民族文化既有世界的普遍性，也有民族的特殊性，所以世界各民族哲學也具有不同的風格和特色。如果説「哲學」是個「共名」或「類稱」，那麽世界各民族哲學就是此類中不同的「特例」。這是哲學的普遍性與多樣性的統一。

在中國哲學中，關於宇宙的根本道理稱爲「天道」，關於人生的根本道理稱爲「人道」，中國哲學的一個貫穿始終的核心問題就是「究天人之際」。一般説來，天人關係問題是中外哲學普遍探索的問題，而中國哲學的「究天人之際」具有自身的特點。

亞里士多德曾説：「古今來人們開始哲學探索，都應起於對自然萬物的驚異……這類學術研究的開始，都在人生的必需品以及使人快樂安適的種種事物幾乎全都獲得了以後。」「這些知識最先出現於人們開始有閒暇的地方。」這是説的古希臘哲學的一個特點，是與當時古希臘的社會歷史發展階段及其貴族階層的生活方式相聯繫的。與此不同，中國哲學是産生於士人在社會大變動中的憂患意識，爲了求得社會的治理和人生的安頓，他們大多「席不暇暖」地周遊列國，宣傳自己的社會主張。這就決定了中國哲學在「究天人之際」

中首重「知人」，在先秦「百家争鳴」中的各主要流派都是「務爲治者也，直所從言之異路，有省不省耳」（史記太史公自序）。

中國哲學與其他民族哲學所不同者，還在於中國數千年文化一直生生不息而未嘗中斷，中國文化在世界歷史的「軸心時期」所實現的哲學突破也是采取了極温和的方式。這主要表現在孔子的「祖述堯舜，憲章文武」，删述六經，對中國上古的文化既有連續性的繼承，又經編纂和詮釋而有哲學思想的突破。因此，由孔子及其後學所編纂和詮釋的上古經書就以「先王之政典」的形式不僅保存下來，而且在此後中國文化的發展中居於統率的地位。

據近期出土的文獻資料，先秦儒家在戰國時期已有對「六經」的排列，「六經」作爲一個著作群受到儒家的高度重視。至漢武帝「罷黜百家，表章六經」，遂使「六經」以及儒家的經學確立了由國家意識形態認可的統率地位。漢書藝文志著録圖書，爲首的是「六藝略」，其次是「諸子略」「詩賦略」「兵書略」「數術略」和「方技略」，這就體現了以「六經」統率諸子學和其他學術。這種圖書分類經幾次調整，到了隋書經籍志乃正式形成「經、史、子、集」的四部分類，此後保持穩定而延續至清。

中國傳統文化有「四部」的圖書分類，也有對「義理之學」「考據之學」「辭章之學」和「經世之學」等的劃分，其中「義理之學」雖然近於「哲學」但並不等同。中國傳統文化没有形成「哲學」以及近現代教育學科體制的分科，但是中國傳統文化確實固有其深邃的哲學思想，它表達了中華民族的世界觀、人生觀，體現了中華民族的思維方式、行爲準則，凝聚了中華民族最深沉、最持久的價值追求。

清代學者戴震説：「天人之道，經之大訓萃焉。」（原善卷上）經書和經學中講「天人之道」的「大訓」，就是中國傳統的哲學；不僅如此，在圖書分類的「子、史、集」中也有講「天人之道」的「大訓」，這些也是中國傳統的哲學。「究天人之際」的哲學主題是在中國文化上下幾千年的發展中，伴隨著歷史的進程而不斷深化、轉陳出新、持續探索的。

中國哲學首重「知人」，在天人關係中是以「知人」爲中心，以「安民」或「爲治」爲宗旨的。在記載中國上古文化的尚書皋陶謨中，就有了「知人則哲，能官人；安民則惠，黎民懷之」的表述。在論語中，「樊遲問仁，子曰：『愛人。』問知（智），子曰：『知人。』」（論語顔淵）「仁者愛人」是孔子思想中的最高道德範疇，其源頭可上溯到中國文化自上古以來就形成的崇尚道德的優秀傳統。孔子説：「未能事人，焉能事鬼？」「未知生，焉知死？」（論語先進）「務民之義，敬鬼神而遠之，可謂知矣。」（論語雍也）「智者知人」，在孔子的思想中雖然保留了對「天」和鬼神的敬畏，但他的主要關注點是現世的人生，是「仁者愛人」「天下有道」的價值取向，由此確立了中國哲學以「知人」爲中心的思想範式。西方現代哲學家雅斯貝爾斯在大哲學家一書中把蘇格拉底、佛陀、孔子和耶穌作爲「思想範式的創造者」，而孔子思想的特點就是「要在世間建立一種人道的秩序」，「在現世的可能性之中」，孔子「希望建立一個新世界」。

中國上古時期把「天」或「上帝」作爲最高的信仰對象，這種信仰也有其宗教的特殊性。如梁啓超所説：「各國之尊天者，常崇之於萬有之外，而中國則常納之於人事之中，此吾中華所特長也。……其尊天也，目的不在天國而在世界，受用不在未來（來世）而在現在（現世）。是故人倫亦稱天倫，人道亦稱天道。記曰：『善言天者必有驗於人。』此所以雖近於宗教，而與他國之宗教自殊科也。」由於中國上古文化所信仰的「天」不是存在於與人世生活相隔絶的「彼岸世界」，而是與地相聯繫（中庸所謂「郊社之禮，所以事上帝也」，朱熹中庸章句注：「郊，祀天；社，祭地。不言后土者，省文也。」），具有道德的、以民爲本的特點（尚書所謂「皇天無親，惟德是輔」，「天視自我民視，天聽自我民聽」，「民之所欲，天必從之」），所以這種特殊的宗教性也長期地影響著中國哲學對天人關係的認識。相傳「人更三聖，世經三古」的易經，其本爲卜筮之書，但經孔子「觀其德義而已」之後，則成爲講天人關係的哲理之書。四庫全书總目易類序說：「聖人覺世牖民，大抵因事以寓教……易則寓於卜筮。故易之爲書，推天道以明人事者也。」不僅易經是如此，而且以後中國哲學的普遍架構就是「推天道以明人事」。

春秋末期，與孔子同時而比他年長的老子，原創性地提出了「有物混成，先天地生」（老子二十五章），天地並非固有的，在天地產生之前有「道」存在，「道」是產生天地萬物的總根源和總根據。「道」内在於天地萬物之中就是「德」，「孔德之容，惟道是從」（老子二十一章），「道」與「德」是統一的。老子說：「道生之，德畜之，物形之，勢成之。是以萬物莫不尊道而貴德。道之尊，德之貴，夫莫之命而常自然。」（老子五十一章）老子的價值主張是「自然無爲」，而「自然無爲」的天道根據就是「道生之，德畜之……是以萬物莫不尊道而貴德」。老子所講的「德」實即相當於「性」，孔子所罕言的「性與天道」，在老子哲學中就是講「道」與「德」的形而上學。實際上，老子哲學確立了中國哲學「性與天道合一」的思想，而他從「道」與「德」推出「自然無爲」的價值主張，這就成爲以後中國哲學「推天道以明人事」普遍架構的一個典範。雅斯貝爾斯在大哲學家一書中把老子列入「原創性形而上學家」，他說：「從世界歷史來看，老子的偉大是同中國的精神結合在一起的。」他評價孔、老關係時說：「雖然兩位大師放眼於相反的方向，但他們實際上立足於同一基礎之上。兩者間的統一在中國的偉大人物身上則一再得到體現……」這裏所謂「中國的精神」「立足於同一基礎之上」，就是說孔子和老子的哲學都是爲了解決現實生活中的問題，都是「務爲治者也」。

在老子哲學之後，中庸說：「天命之謂性」，「思知人，不可以不知天」。孟子說：「盡其心者知其性也，知其性則知天矣。」（孟子盡心上）此後的中國哲學家雖然對天道和人性有不同的認識，但大抵都是講人性源於天道，知天是爲了知人。一直到宋明理學家講「天者理也」，「性即理也」，「性與天道合一存乎誠」。作爲宋明理學之開山著作的周敦頤太極圖說，是從「無極而太極」講起，至「形既生矣，神發知矣，五性感動而善惡分，萬事出矣」，這就是從天道講到人事，而其歸結爲「聖人定之以中正仁義而主静，立人極焉」，這就是從天道、人性推出人事應該如何，「立人極」就是要確立人事的價值準則。可以説，中國哲學的「推天道以明人事」最終指向的是人生的價值觀，這也就是要「爲天地立心，爲生民立命，爲往聖繼絶學，爲萬世開太平」。在作爲中國哲學主流的儒家哲學中，價值觀又是與道德修養的工夫論和道德境界相聯繫。因此，天人合一、真善合一、知行合一成爲中國哲學的主要特點。

中國哲學經歷了不同的歷史發展階段，從先秦時期的諸子百家争鳴，到漢代以後的儒家經學獨尊，而實際上是儒道互補，至魏晋玄學乃是儒道互補的一個結晶；在南北朝時期逐漸形成儒、釋、道三教鼎立，從印度傳來的佛教逐漸適應中國文化的生態環境，至隋唐時期完成中國化的過程而成爲中國文化的一個有機組成部分；宋明理學則是吸收了佛、道二教的思想因素，返而歸於「六經」，又創建了論語孟子大學中庸的「四書」體系，建構了以「理、氣、心、性」爲核心範疇的新儒學。因此，中國哲學不僅具有自身的特點，而且具有不同發展階段和不同學派思想内容的豐富性。

一八四〇年之後，中國面臨着「數千年未有之變局」，中國文化進入了近現代轉型的時期。在甲午戰敗之後的一八九五年，「哲學」的譯名出現在黄遵憲的日本國志和鄭觀應的盛世危言（十四卷本）中。此後，「哲學」以一個學科的形式，以哲學的「獨立之精神，自由之思想」推動了中華民族的思想解放和改革開放，中、外哲學會聚於中國，中、外哲學的交流互鑒使中國哲學的發展呈現出新的形態，馬克思主義哲學在與中國的歷史文化傳統、中國具體的革命和建設實踐相結合的過程中不斷中國化而產生新的理論成果。中華民族的偉大復興必將迎來中國哲學的新發展，在此之際，編纂中外哲學典籍大全，中國哲學典籍第一次與外國哲學典籍會聚於此大全中，這是中國盛世修典史上的一個首創，對於今後中國哲學的發展、對於中華民族的偉大復興具有重要的意義。

李存山

二〇一八年八月

「中國哲學典籍卷」

出版前言

社會的發展需要哲學智慧的指引。在中國浩如煙海的文獻中，哲學典籍占據著重要地位，指引著中華民族在歷史的浪潮中前行。這些凝練著古聖先賢智慧的哲學典籍，在新時代仍然熠熠生輝。

收入我社「中國哲學典籍卷」的書目，是最新整理成果的首次發布，按照内容和年代分爲以下幾類：先秦子書類、兩漢魏晋隋唐哲學類、佛道教哲學類、宋元明清哲學類、近現代哲學類、經部（易類、書類、禮類、春秋類、孝經類）等，其中以經學類占多數。本次整理皆選取各書存世的善本爲底本，制訂校勘記撰寫的基本原則以確保校勘品質。全套書采用繁體竪排加專名綫的古籍版式，嚴守古籍整理出版規範，並請相關領域專家多次審稿，整理者反復修訂完善，旨在匯集保存中國哲學典籍文獻，同時也爲古籍研究者和愛好者提供研習的文本。

文化自信是一個國家、一個民族發展中更基本、更深沉、更持久的力量。對中國哲學典籍進行整理出版，是文化創新的題中應有之義。中國社會科學出版社秉持「傳文明薪火，發時代先聲」的發展理念，歷來重視中華優秀傳統文化的研究和出版。「中國哲學典籍卷」樣稿已在二〇一八年世界哲學大會、二〇一九年北京國際書展等重要圖書會展亮相，贏得了與會學者的高度讚賞和期待。

點校者、審稿專家、編校人員等爲叢書的出版付出了大量的時間與精力，在此一並致謝。由於水準有限，書中難免有一些不當之處，敬請讀者批評指正。

趙劍英

二〇二〇年八月

點校説明

周易學是曹元弼先生的重要作品。曹元弼（1867—1953），字穀孫，又字師鄭，一字懿齋，號叔彦，晚號復禮老人，又號新羅仙吏，江蘇吴縣人，中國近代著名的經學家，清代學術的總結人。曾於江陰南菁書院肄業，從禮學名家定海黄以周問故。叔彦先生一生歷經晚清、民國和中華人民共和國，致力於學校教育、經學研究和著書立説。主要著作有：禮經學、孝經校釋、周易鄭氏注箋釋、復禮堂述學詩等。

據王欣夫先生吴縣曹先生行狀，「丁酉，文襄移節兩湖，電聘主講兩湖書院，先生撰原道、述學、守約三篇，示諸生治學之方，亦先生所以自道也。未幾，文襄命編十四經學，立治經提要鉤玄之法，約以明例、要旨、圖表、會通、解紛、闕疑、流别七目。先生以兹事體大物博，任重道遠，發憤覃思，閉户論撰，寢食俱忘，晷刻必争，冀速撰於成」。

又據周易禮經孝經三學合刻序，「光緒丁未，閣師張文襄公招余主講湖北存古學堂。時十四經學論撰甫半，以最先寫定之易、禮、孝經三學就正。公以爲提要鈎玄，卓乎得聖經大義，足以正人心、息邪説，俾學者知歸，將刊行之而未果。戊申，遂奏立江蘇存古學堂，延余掌教。竹石師又以余三經學授梓。越一年，刊成」。而十四經學略例又曰：「此書據張文襄師勸學篇所列七目云云。」可知，原道、述學、守約三篇撰於丁酉，周易學與禮經學及孝經學始於戊戌，成於丁未，刊於己酉。可知，周易學本十四經學之一，而周易學、禮經學、孝經學合刊。此次整理，除周易學主體内容外，保留了原道、述學、守約三篇，另有十四經學略例，三學合刊序，使學者知其原委，察其始末。

周易學氣勢恢宏，條貫暢達，深淺得當，初學易者可一覽而悟，深識易者亦有所增益。該書主體以勸學篇七目次列篇目，即明例、要旨、圖表、會通、解紛、闕疑和流别。明例論周易體例以及各易家家法，要旨掇舉周易最重要的經句進行疏通闡發，圖表是對明例所涉體例的圖表化，會通側重於周易與其他經書的融會貫通，解紛對易學史上聚訟紛紜之處進行調解，闕疑則對河圖、洛書、先天、後天等多聞闕疑，備存其目以俟後賢，流别展現易學流傳的歷史脈絡。周易學有幾個特點，懇請讀者體察：（一）該書應時而作，扶植綱常，正學辟邪，救濟時艱。叔彦先生以爲，「自光緒戊戌以來，異説蜂起。辛丑以後，内外臣僚競言新學新政，不揣本末，迷誤朝廷。包藏禍心之徒簧鼓淫辭，敗綱斁倫，毒中人心，禍機四伏。」[一]因故，叔彦先生以三綱五倫爲易學大旨，使生民相親相愛，相生相養，捍災禦患，救濟中國。其辭危，其情切，深得「作易者其有憂患乎」之旨。蓋時當未濟，萬事失正，而陽無可盡之理，撥亂反正，必依彝倫愛敬之心以濟之，然後君君臣臣，父父子子，以迄既濟。（二）該書以漢學爲主，兼采漢宋，摒斥王弼易學。該書所引諸家著述，多爲鄭、荀、虞、惠、張、姚等漢易，宋易中祇重程氏。此外，該書重視易象，引張氏論虞氏六十四卦變成既濟圖入通例可證。叔彦先生認爲，王弼盡棄易象，崇尚空虛，遁入老、莊，如今上下失常，災患並至，生民入於水火鼎鑊，履霜堅冰，王弼與有責焉。在周易各家撰述要略中，叔彦先生於漢易類和宋易類中別出王弼易類，試圖將王弼易類剔出易學正統。（三）該書上下貫通，既於陰陽消長之機、辨上下定民志之旨深切著明，又於音

〔一〕三學合刻序。

韻、訓詁無所不備。叔彦先生將小學和大道、象數和義理結合起來，既褒獎惠氏、張氏復易象於千古之下，又斥二者求象過密，既能指明程氏與漢易在訓詁上有別，又能體察程氏義理之精微。尤其解紛一章，品評諸説，采衆家之長，成一家之言。總之，周易學以漢易爲主，兼采宋易，重視象數，不尚卜筮，反對玄虛，强調倫常關係，突出憂患意識。以上所論，皆掛一而漏萬，以俟賢君子雅正。其書宏大，不能窮舉，讀者可自觀其妙。

本次整理的底本藏於北京大學圖書館古籍庫。叔彦先生於述學篇末題「宣統九年二月記」，又於三學合刊序序末書「宣統柔兆攝提格玄月」，可知底本爲民國十五年刊刻本。從初刻本至此，期間翻刻數目，暫不可知。底本破損訛錯之處，又參照嚴靈峰所輯無求備齋易經集成增補修改。嚴本據民國四年刊本影印，惜其無十四經學開宗、略例及三學合刻序。

本書整理按古籍整理一般規範。仍須注明者，（一）文中避諱字，初見則注明，文中直接改正，此後不再注。（二）文中異體字或篆文，隨文注出。（三）書中徵引段落，盡量查明出處。但所引漢、魏諸家皆無定本，蓋皆引自李氏集解，不注明出處。非正式引用，不注明出處。（四）「易」字若明確指書名，則畫書名綫，其餘如「易道」「易家」「漢易」「費氏之易」者則否。（五）卦名若明確指篇名，則畫書名綫，其餘如「乾坤生六子」「否泰反類」「復姤旁通」者則否。（六）書中所引周易經傳按文意絶句。（七）叔彦先生徵引諸書，常有删節，不再注明或補全。

本書整理始於二〇一二年八月二日。彼時整理者對易學一無所知，對哲學學習也深處迷茫。吴飛師見狀，指導我一有時間，便去古籍閲覽室抄録周易學，每次點校後發給他改正回饋。如此往復，積習日久，漸漸對易學甚至中國哲學産生興趣。雖不至於豁然貫通，但於易學基本體例、歷代諸家易説漸略知曉。吴飛師蒙以養正，我不勝感銘。故此次整理，但凡有益於學林者，實吴飛師耳提面命之功，而訛錯謬誤之處，皆整理者學藝不精所致。特以此點校本獻給吴飛師。此後，又從學兄陳睿超以朱子本義，字字句句解讀周易經傳。其間反復修改點校稿，學友李培煒細心改校部分稿本。平日與師門論學，尤其與學兄柏宇洲、褚葉兒精讀古籍，以及與儒行社周易讀書會諸友講習論易，對我理解易學甚有助益。由於整理者身在國外，整理稿部分對校工作由劉東奇、仲威、張照、黄秋怡、王詩瑜、李明真、黄康佳諸君完成。身在國外，也給編輯孫萍老師的工作造成很多麻煩，感到歉意的同時，我也爲她的細緻認真和寬容相待而感動不已。學兄宫志翀以未刊曹元弼學術年譜相賜，學兄趙金剛爲此書出版不遺餘力。對此一並深致謝忱。整理者學力和精力有限，誤斷、誤校之處俯拾即是，感念賢人君子包涵整理者初生牛犢，不吝賜教。

周小龍

戊戌年三月三日於圖賓根寓所

目録

十四經學開宗

原道

天降下民，作之君，以生養保全其身家性命。故聖人取類以正名，而謂君爲父母，謂民爲赤子。我國家受命於天，聖聖相承，重熙累洽，久道化成，德厚侔天地，利澤溥四海，民得離于明季逆閹之威虐、流賊之荼毒，以休養生息，和親安平，康樂者二百數十年。天運周流，否泰相乘，无平不陂。至道光之季，外侮漸至，日甚一日，以迄於今。滄海横流，烈火燎原，中國元氣剥蝕殆盡。我皇太后、皇上不忍數萬赤子離慈父母之懷中，而入於水火鼎鑊也，乾惕震厲，力圖自强，特設學部，詔各省廣立學堂，造就人才，以濟時艱。皇仁惻隱，訓辭愷切，士之入堂而學者，宜如何感奮精專，以仰副朝廷爲民禦災捍患之心，而拯我同類萬族一命朝不及夕之禍耶！嗚呼！今日之學非他，爲君父而學也，爲萬萬生靈而學也。伊尹思天下之民，匹夫匹婦有不被堯、舜之澤者，若己推而納諸溝中，其自任以天下之重如此。曾子曰：「士任重而道遠，仁以爲己任，不亦重乎？」聖人之仁，天下萬世也以學，故論語首章言學，次章、三章即言仁。仁，天下以學此，自古帝王立政立教之大原，而作經之本心也。嗚呼！經學至今日或幾乎息矣。然而剥極思復，天理無或息之時，人心有將轉之機，經學至今仍可得而明矣。夫经者豈别有深文奥旨哉？亦人心之所同然而已矣。人心之所同然者何也？生人相生相養相保之道也。天地之大德曰生，人心莫不好生而惡死，而未知所以遂生、所以救死。聖人先知先覺，先得人心之所同然，知人之相生必由於相愛相敬，而相愛相敬之本出於父母之愛其子與子之愛敬其父母。愛親者，不敢惡於人；敬親者，不敢慢於人。因嚴可以教敬，因親可以教愛，故人道自父子始。然必人類有定偶，而後人人知父之爲父，子之爲子，於是乎爲之夫婦。一陰一陽之謂道，乾道成男，坤道成女，陰從陽，婦從夫，天地之大義也。夫婦有别而後父子有親，故夫爲妻綱，父爲子綱。且必人類有會歸，而後人人得父其父，子其子，於是乎爲之君臣，資于事父以事君而敬同。乾爲天、爲父、爲君，坤爲地、爲臣。乾元統天，坤順承天，天尊地卑而乾坤定，乾元用九而天下治。君臣有義，則自天子至於庶人，父子世世相保，永無弱肉强食、死亡危苦之患，故君爲臣綱。有父子則有兄弟。乾坤三索以序長少，而愛敬篤於家。有君臣則有朋友，六爻發揮變通以行典禮，而愛敬達於天下。三綱五倫，王政之始，聖教之本，易知易能，極萬世之變易而歸於不易，此易之大義也。三綱五常，禮之大體。有父子則有慈孝，而冠禮、喪禮、祭禮行焉；有君臣則有仁敬忠順，而覲禮、聘禮行焉；有夫婦則有廉恥貞信，而昏禮行焉；有兄弟則有友恭弟長，而鄉飲酒、鄉射之禮行焉；有朋友則有忠信辭讓，而士相見禮行焉。禮之所尊，尊其義：親親、尊尊、長長、賢賢，男女有别，則四海之内合敬同愛，人之所以羣居和壹之理盡矣，此禮之大義也。有人倫則有王道。欲爲君，盡君道；欲爲臣，盡臣道。堯之所以治民，舜之所以事君，人倫之至也。禹思天下有溺者，由己溺之，稷思天下有飢者，由己飢之，愛敬之至也。爲天下得人，合天下愛敬之心力，以平地成天，禦大災，捍大患，使四海之内遂其飲食男女之欲，而無死亡貧苦之患，知人以安民，立事以永年，良法美意，利濟萬世，於是乎有書及周官。王道本于人情，忠臣、孝子、弟弟、信友、貞婦，情動於中而形於言，先王以是經夫婦，成孝敬，厚人倫，美教化，移風俗，論功頌德，刺過譏失，爲法彰顯，爲戒著明。聖人無常心，以百姓心爲心，所欲與聚，所惡勿施。先王懼四海之内有一人不被其愛敬，不遂其生養，悖於倫，逆於理，故設采詩官以通天下情，飢者歌其食，勞者歌其事，男女怨曠，各言其志。王者不窺户牖而知天下，上下一體，君民如家人父子，於是乎有詩。先王懼爲人上者或惡慢於人，以失生養之理，設之史官，爲之從善而抑惡，以怵懼其動，昭明德而廢幽昏。君舉必書，善惡吉凶，炳若日月，百世不改，降及後世，良史直筆以鋤凶銷逆，聖人乘法以撥亂反正，於是乎有春秋。蓋六經者，聖人因生人愛敬之本心而擴充之，以爲相生相養相保之實政。易者，人倫之始，愛敬之本也；書者，愛敬之事也；詩者，愛敬之情也；禮者，愛敬之極則也；春秋者，愛敬之大法也。三代之學皆所以明人倫，孔子直揭其本原而爲之總會，於是乎有孝經。故曰：「唯天下至誠，爲能經綸天下之大經，立天下之大本。」論語之所謂「學」，所謂「仁」，所謂「勝殘去殺」，所謂「教民即戎」，孟子之所謂「性善」，所謂「推恩足以保四海」，所謂「仁者無敵」，皆此道也。故曰：「吾道一以貫之。」夫天下者，生人心力之所爲也。人非人不濟，愛敬則相濟，惡慢則相害；愛敬則相生，惡慢則相殺；愛敬則聚，惡慢則散；聚則智，散則愚；聚則强，散則弱；聚則屈物，散則屈於物。聖人求所以聚之之道，而得之愛敬；求所以教之愛敬之道，而得之人倫。孩提之童，無不知愛其親，此人心之大可用者。於是使婦從夫以正其本，君帥臣以統其類。故父者，子之天也；君者，臣之天也；夫者，妻之天也。三綱既立，五倫既備，天下尊卑、貴賤、長幼、賢愚各盡其愛敬以效其能，合天下之智以爲智，合天下之力以爲力，合天下之財以爲財，合天下之巧以爲巧，莫大災患無不弭平，莫大功業無不興立，此伏羲而下草昧所以變文明、三代之世中國所以服夷狄也。天下之生久矣，一治一亂。生民之初，草木榛榛，鹿豕狉狉，茹毛飲血，與禽獸爭旦夕之命，至危苦也。伏羲因民父子相愛之心，爲之别男女以爲夫婦，正人倫而作易。有人倫則有是非利害，於是乎有吉凶悔吝消息，有否泰剥復，有君子小人。有人倫則家有家教，國有國政，於是乎有盛德大業。有人倫則合衆智衆力，以相生相養相保，於是乎有綱罟耒耜，十二「蓋取」相繼而作。開物成務，冒天下之道，萬世之法於是而興治，始於伏羲而成於堯。

禹平水土，稷降播種，契教人倫，而愛敬生養之能事畢，故删書斷堯典。夏殷相繼，因時制宜，以利生民。及紂之身，天下大亂，諸侯不朝。文王懼彝倫之斁而生人愛敬之道息也，三分天下有其二，以服事殷，因伏羲之易，以正君臣、父子、夫婦之義。成王之初，管蔡流言，周公遭人倫之變，立人臣之極，卒成周道。其制禮也，以尊尊統親親，上下相安，君臣不亂，民用和睦，頌聲洋溢，是以深根固本，可大可久。周禮未改，晉知勤王；猶秉周禮，齊不動魯。及五霸之末，篡弑相仍，人道絶滅，孔子懼，作春秋。春秋，天子之事，謂周天子也。春秋發首書：「元年春，王正月。」奉王以治天下，而後有是非，有功罪，有誅賞，亂臣賊子無不伏其辜，尊親之分可得而定，愛親之情可得而合，富教之事可得而興。伏羲正人倫之始，以立愛敬之本；孔子正人倫之變，以塞惡慢之原。聖人，人倫之至。孔子志在春秋，行在孝經，伏羲以來之道備於孔子，六經之義歸於孝經，是故天地之性人爲貴。人之爲道也，入有父子、兄弟之親，出有君臣、朋友之義，耳可極天下之聰，目可極天下之明，親親之仁，長長之義，可達之天下。乾，吾父也；坤，吾母也；大君者，吾宗子也。凡天下疲癃殘疾不得其所者，皆吾兄弟之顛連而無告者也。痛癢不相闕則不仁，不仁則非人。仁者，人也，此人之所以爲人也。聖人因人之所以爲人，導其愛敬之原而爲之倫理，人人親其親、長其長而天下平，人人智其智、勇其勇而天下强，人人樂其樂、利其利而天下安。聖人愛敬萬世之心無窮，不能豫爲萬世興治遏亂，而能爲萬世豫立有治無亂、撥亂反正之本。天不變，道亦不變，經之所以爲經也。知經之所以爲經，而存諸心，修諸身，爲子則孝，爲弟則悌，爲臣則忠，爲友則信，無不愛，無不敬。温故知新，凡有益民生日用之事無不學，學無不精。博文約禮，學顏子之所學；堯、舜君民，志伊尹之所志。賢者識大，不賢者識小，師仲尼之所師，博物多能會其有極，百家羣言，必衷諸聖，學之所以爲學也。先王生養萬民之實政：井田、軍賦、學校、宗法，至秦而盡滅，更二千年，遂成爲今日涣散愚弱之中國。幸而孔子删述六經於前，以仁萬世。六經存，則三綱五常存，而人心之愛敬可得而用。人心之愛敬用，則愚者可使明，弱者可使强，散者可使聚。今日人爲刀俎，我爲魚肉，累卵積薪，未足以喻其危，七年之病求三年之艾。惟有確明宗旨，激發忠義，萬衆一心，知人爲大清人，學爲大清學，畢智竭慮，通達萬變，不離其宗，上紓君父之憂，下濟蒼生之厄，前荅先聖愛敬萬世之仁。今日學堂之所以爲教，所以爲學也，合是四者，經明行修，通經致用，夫是之謂經學。嗚呼！經之不明久矣。俗儒鄙夫，鞶帨是工，科第是求，懷利以事其君。平日父子、兄弟之間且不可問，更何望其愛國愛民？其於綱常大義、聖學本原，茫然不知。物既腐，而蟲生之，是以邪説詖行横行無忌，犯上作亂，非聖無法，充塞仁義，率獸食人，荼毒靡已。俗士之痿痺不仁如彼，是使民無生氣者也。賊民之悖逆無道如此，是使民陷死地者也。大經不正而世禍亟矣。元弼學識檮昧，何足振興經學！惟是世受國恩，讀聖賢書，沈潛於先師鄭君、朱子之説，以仰窺經旨者二十餘年，求識忠孝二字，求識周、孔諸數人。愚心頗有所覺，不敢爲諸君子隱。范文正公曰：「先天下之憂而憂。」顧亭林先生曰：「孔子删述六經，即伊尹、太公救民水火之心。」湖、漢間英傑，忠義智勇出於天性，恢張志氣，研精學術，尊聞行知，高明廣大，正經興民，立功立事，撲燎湮洪，扶屯濟否，大儒之效，豈異人任哉？

述學

愛敬天下之道在經，則治經者不可不審所從入，以確得其旨。苟誤解經文，是誤天下蒼生也。至當歸一，精義無二。自七十子後學以至今日，凡説經之家，其篤信好學、平心實事以求是者，皆任重道遠，扶植綱常，膠固王道，以愛敬聖人之所愛敬者也。其矜奇炫異，不求真是，不顧流弊，好爲大言，博辯以求勝者，皆欺世盜名，將釀天下離經叛道莫大之禍，以惡慢聖人之所愛敬者也。治醫者欲活千萬人，必先審方書之得失；治經者欲道濟天下，必先知經説之是非。未有入室而不由户者。往者元弼嘗舉各經傳，述源流，定治經者不易之途徑，以告兩湖書院之士。今重爲此堂同學言之，其辭曰：學莫大乎經。經之所重者，道也。所以明其道者，辭也。所以成其辭者，文字、聲音、訓詁、名物、制度也。局於文字、聲音、訓詁、名物、制度而不求道者，陋也。求道而不由文字、聲音、訓詁、名物、制度入者，亦非也。孔子没而微言絶，七十子喪而大義乖。延及於今，二千餘年，即文字、聲音、訓詁、名物、制度，亦已聚訟紛紜，莫可究詰，師法淆亂，古義淪亡。苟不審别是非，確明宗旨，好學深思之士，亦何由致力於其間哉？然則如之何而審别之？曰：得孔氏之傳者爲是，背孔氏之傳者爲非。易自商瞿，傳至田王孫，而有施、孟、梁邱之學。京氏出於孟氏，費氏獨傳古文。施、孟、梁邱、京、費，得孔氏之傳者也。

虞氏傳孟氏學，荀氏傳費氏學而出入孟氏，鄭君先通京氏，後傳費氏，則鄭、荀、虞亦得孔氏之傳者也。唐李氏集解以荀虞爲主，國朝惠氏棟周易述精發古意，張氏惠言獨攻虞學，又於鄭、荀各通其要，姚氏配中會通諸家，據象推義，尤多至理名言。李氏、惠氏、張氏、姚氏紹孔氏之傳於既絶者也。王弼以老、莊言易，背孔氏之傳者也。今治易，當由李、惠、張、姚，以達鄭、荀、虞。書，伏生今文，孔安國古文，得孔氏之傳者也。今文有歐陽、大小夏侯之學，古文有衛、賈、馬、鄭之學，皆孔氏之傳也。僞孔氏臆造經傳，虚言亂實，背孔氏之傳者也。宋吴才老、朱子，元吴氏澄，明梅氏鷟，國朝閻氏若璩、惠氏棟，辭而闢之。江氏聲、王氏鳴盛、段氏玉裁治古文，孫氏星衍兼治今古文，陳氏壽祺父子專治今文，胡氏渭獨精禹貢，皆紹孔子之傳於既絶者也。今治書當由胡、江、王、段、孫、陳，以達伏、孔、鄭氏。道光、咸豐之間治今文學者，往往蔑棄古文家，因而蔑棄經文，猖狂怪誕，流毒無窮，惟陳氏爲善。詩，齊、魯、韓、毛皆孔氏之傳，而毛義尤正。鄭箋宗毛爲主，而兼采三家，又能溯四家之説所自來，善推明孔氏之傳者也。王肅名爲申毛，實以私意難鄭，背孔氏之傳者也。幸鄭學之徒辭而闢之。孔沖遠兼疏毛、鄭，不爲邪説所惑，善守孔氏之傳者也。其書廣大精微，沈懿雅麗，後之學者莫之能尚。國朝陳氏啟源、戴氏震、段氏玉裁之書，發疑正讀，亦信多善。陳氏奂訓詁致精，而言禮多誤。夫禮是鄭學，言禮不本鄭氏，非孔氏之傳也，當分别觀之。胡氏承珙、馬氏瑞辰瑜不掩瑕，陳氏喬樅則存亡繼絶，有功矣。今治詩，當以孔正義爲主，以各家輔之。周禮，杜子春創通大誼，先後鄭以經書記轉相證明，紹孔氏之絶學者也。賈疏確守鄭氏家法，國朝江氏永、戴氏震、鄭氏珍之書，雖非訓釋全經，而剖疑析惑，發揮旁通，可謂能致其精。今治周禮，當以疏爲主，輔以諸家。他若沈氏彤之考禄田，甚難而非；王氏鳴盛之説軍賦，墨守而誤；而程氏瑶田考工創物小記故與鄭立異，尤失平心求是之旨，以子尹之法箴其膏肓可也。儀禮、禮記，注、疏，孔氏之正傳也，賈擇精而孔語詳。國朝張氏爾岐、江氏永、淩氏廷堪、張氏惠言、胡氏匡衷、培翬之學，精且博矣，當與注、疏并治。元弼亦嘗不揣固陋，覃精研思，爲十七篇校釋，於初學不無小補。其他通説三禮之書，若朱子儀禮經傳通解、江氏永禮書綱目、徐氏乾學讀禮通攷、秦氏蕙田五禮通考、金氏榜禮箋、孔氏廣森禮學卮言，及段氏攷周禮、儀禮漢讀，胡氏承珙疏儀禮今古文諸書，皆當玩索服膺者也。春秋，左氏、公羊、穀梁，皆本孔氏之傳。張蒼、賈誼，得左氏正傳者也。後漢賈景伯、服子慎治之尤精。服注半本鄭注，杜預因賈、服而增損之，雖有更定，大恉不殊。觀各書所引賈、服舊義，多與杜同。洪氏亮吉左傳詁輯賈、服注，每云「杜本此」，可證也。孔氏正義發揮詳明，杜注時有乖謬，光伯規過，多見正義。國朝顧氏炎武、惠氏棟、沈氏欽韓、劉氏文淇、李氏貽德辯正尤多。今治左氏，宜以注、疏爲主，而以各家疏通證明之。公羊，漢世最盛。何氏解詁雖病專己，要其大義，得孔氏之傳者也。國朝孔氏廣森通義，推而廣之，約而精之，有功經傳甚大。陳氏立以禮說公羊，尤爲平實。今治公羊，當以注、疏、孔、陳爲主。國朝爲公羊學者，惟二家無弊，餘皆詆訶周禮，譏訕康成，侮慢宋賢，目無法紀。羣不逞之徒，或借漢人推衍，依託「黜周王魯」等語，文其姦言，冒上無等，非聖無法，蓋經學之敗類、聖世之賊民而已。今宜一切屏絶之。穀梁，尹更始、糜信等注久亡，范疏是非互見，要其立心甚公，可師也。近鍾氏文烝補注雖淺近，亦復名家可並及之。他若顧氏棟高春秋大事表，網羅羣言，體大物博，雖家法不甚謹嚴，而議論多正，且可推以致用。惠氏士奇春秋說發揮經義，亦多心得。通說春秋之書，斯爲善矣。孝經有今古文，許君爲古文説，鄭君爲今文注，皆孔氏之傳也。鄭注久亡，近儒左右采獲，十得五六，惟羣書治要所載不足信。明黄氏道周有孝經集傳，國朝阮氏元論孝經，多創通大義，其子福補疏采輯古説，亦略可觀。論語，包氏、鄭氏注，孟子，趙氏注，得孔、孟之傳者也。朱子注本古注，而益致其精，尤學者所當深信篤好。論語近有劉氏寶楠正義，孟子近有焦氏循正義，勝於舊疏。爾雅，孔子門人所記。漢、魏人訓詁至精，景純之注不滅樊、孫。國朝邵氏晉涵正義、郝氏懿行義疏遠勝叔明，當依據。説文所載字，多本孔子壁中書。段氏注體大思精，讀段注而後可以通字例之條，而後可以讀經，而後可以讀周、秦、漢古書。王、桂兩家皆未逮也。此外通説羣經之書，若顧氏炎武之日知録，首數卷維持名教，通達治道。經學如此，方爲有用。王氏引之經義述聞、經傳釋詞深通文字假借、因聲得義之源。學者知此，方能徧讀古書。陳氏澧東塾讀書記提要鈎玄〔一〕，指説各經要領，囊括大典，義據深通，立心純粹，立言矜甚。讀書如此，方可守先待後，永無流弊。經學源流大致如此。總而論之，則漢之許、鄭，宋之程、朱，得孔氏之傳者也。背許、

〔一〕 原字爲「元」，爲避諱。後此避諱例不再注明。

鄭、程、朱者，背孔氏者也。由許、鄭、程、朱以通孔、孟之大義，實事求是，身體力行，爲子則孝，爲弟則悌，爲臣則忠，爲友則信，則儒者之能事畢，而宇宙患氣無不可消矣。

守約

元弼所以告兩湖書院之士者如此。經學淵深，非博稽載籍，旁推交通，無以究極古義，精發聖言。即以易論：前所舉外，漢儒書有楊子太玄，凖易者也。微言大義，往往而在。焦氏易林、京氏易傳，易之支流也。魏氏周易參同契借易以爲説，而其所借之義，固漢易古義也。唐儒書孔正義外，有史氏周易口訣義，間存古説。宋儒書自程子易傳、朱子易本義，説理精純，立文顯白，人人誦習外，朱氏漢上易傳多采舊訓，楊氏誠齋易傳善言政治。國朝先儒，如胡氏渭易圖明辨，考論圖、書甚詳。惠氏士奇易説名言尤多。焦氏循易學雖穿鑿附會，破壞家法幾於不可究詰，而其深造獨得之處，實能發先儒所未發。孫氏星衍周易集解網羅放失舊聞尤備。其他輯録校勘之學，皆有功經訓，各經皆然。今悉略之，而每經限以最切要之數書，歸於永無流弊之一途，不復使人理璞取瑜，采山鑄銅，固已舉要，不求備矣。然時局之危，朝不謀夕，需材之亟，刻不容緩。前舉各書，徧讀盡通，已非十餘年不爲功。今日之學，如理軍市，如救水火，如醫急證，如求亡子，風雨漂摇、危急存亡之秋，豈能從容待此？善乎！南皮張相國之勸學篇，設治經簡易之法，爲守約之說。孟子曰：「博學而詳説之，將以反説約也。」又曰：「守約而施博者，善道也。」夫約者，聖學之所以成始而成終。易六十四卦，約之以成既濟；詩三百，約之以一言；書百篇，約之以七觀；禮三百三千，約之以誠敬；春秋二百四十年之事，孔子褒善貶惡，約之以禮。鄭君曰：「孔子以六藝題目不同，指意殊别，恐道離散，後世莫知根源，故作孝經，以總會之。」總會之者，約之也。趙邠卿曰：「論語者，五經之錧鎋，六藝之喉衿也。」錧鎋、喉衿者，約之也。且子以四教，文約之以行，行約之以忠信，多學而識，約之以一貫。顔子博學於文，約之以禮，克己復禮，又約之以視、聽、言、動。此皆博學反約之説也。孟子曰：「堯、舜之道，孝弟而已矣。」孝弟，約也。惟其孝弟，是以能親睦九族，平章百姓，協和萬邦，爲天下得人，以平地成天，施博也。曾子曰：「夫子之道，忠恕而已矣。」忠恕，約也。惟其忠恕，是以所求乎子以事父，所求乎臣以事君，所求乎弟以事兄，所求乎朋友先施之，老者安之，少者懷之，温、良、恭、儉、讓，而所至必聞其政，言忠信，行篤敬，而蠻貊可行，立之斯立，道之斯行，綏之斯來，動之斯和，而教澤咸孚，萬世永賴，施博也。漢制使天下誦孝經，約也。東漢人倫之厚，氣節之重，皆由於此，施博也。漢世儒者無論治何經，皆先通孝經、論語，約也。由此經學昌明，人識君臣、父子之綱，家知違邪歸正之路，正士在朝，卓、操緩其逆節，人心思漢，昭烈資以中興，施博也。此皆守約施博之説也。蓋約者，博之會歸，博之宗旨。竊嘗考古者治經之法有二：一爲略舉大要之學，一爲究極經義之學。盧子幹不守章句，謂：「治經有卓識，不若守文之徒，滯固所禀也。」諸葛武侯讀書觀大略，謂：「通經致用，知其大要，觀其會通也。」陶淵明讀書不求甚解，謂：「以意逆志，不以文害辭，不以辭害志也。」韓昌黎讀儀禮，掇其大要，奇辭奥旨著於篇。太史公爲治國聞者要删之法也。此皆略舉大要之學也。淄川田生以下諸儒之易，濟南伏生以下諸儒之書，齊、魯、韓、毛之詩，高堂生、后氏、戴氏之禮，胡毋生、董子之春秋，皆專精一經，竭畢生之力治之。孟子長詩、書，通五經。荀子善於禮，而漢初五經多出其傳授。董子精通春秋，兼通五經。許君説文稱：「易孟氏，書孔氏，詩毛氏，禮周官，春秋左氏，論語，孝經。」鄭君三禮之學與經義相輔，囊括大典，各經皆有注説，程子專力在易，朱子專力在四書，而論撰羣經，亦皆扶植綱常，足爲後世法。此皆究極經義之學也。由前之説，以約爲博之本，由後之説，博盡約之趣。今欲强中國，自勤習中西各學始。欲學之專、學之精、學之成、學之爲國用而不爲敵用、學之爲民出死入生而不自陷其身於死，以陷天下，自正人心始。欲正人心，自發明聖經大義始。欲大義必易必簡，則守約爲至要。孝達先生之守約篇，取國朝經師之説約之，以每經讀最簡而能晐之一書，又約之以提要鈎玄之法，立明例、要旨、圖表、會通、解紛、闕疑、流别七條目以統之。往者以此事屬元弼。元弼不自量力，素不敢辭名教綱常之責，疾邪説詖行如寇讎。每讀韓昌黎語「苟斯道由愈而粗明，雖滅死萬萬無所恨」，未嘗不壯其志而慕其風。況先生公忠體國，博學爲政，安社稷爲悦，扶人倫爲心。每論學術，謬附同志，用敢謹諾不辭？閉户研精，於今九年。季長之目瞑意倦，尤解周官；邠卿之形瘵心勞，仍注孟子。下筆躊躇，惴惴其慄，惟恐去取稍有不慎，以負愛敬本心。成書過半，又承先生命，兼習存古學堂經學教事。夫存古，即守約也。新政、新藝，約之以古學。古學子、史、百家，約之以經學。經學漢、宋以來，聚訟紛紜，約之以所定各書。各書卷帙已多，約之以人習一大經、一中小經，餘衹誦經文、識大略。治經之法，約之以勸學篇所舉七事。（奏定學堂章程所列經學研究法，七條中均能檃括，當隨時爲諸君子指說之。）禮之所尊，尊其義。七事又約之以要旨。日知其所亡，月無忘其所能，約之以時刻年數。傳習，約之以忠信；聽言，約之以觀行。子曰：「君子博學于文，約之以禮，亦可以弗畔矣夫。」漢儒申之曰：「夫博而不約，必畔道也。」彼學非而博，言僞而辯，誦六經以文姦言，設淫辭以倡暴行者，蕩檢踰閑，壞法亂紀，正坐不約之病，不約則博非所博，誣衊聖賢，排毀六經，而大禍至矣。孝達先生曰：「有經義千餘條，以開其性，識養其根本，則終身可無離經畔道之患。彼邪說詖行，除一二匪首外，大都隨聲附和，陷於大戾。」夫豈其性惡哉？父兄之教不先，子弟之率不謹，不讀書，不知禮，初不識六經爲何語，堯、舜、周、孔爲何如人，孝弟忠信爲何如事，中無所主，遂爲邪說所誘，赤子匍匐而入井，冥行索塗，納諸罟擭陷穽之中而不知避。苟平日稍知經義，何至如此？故先聖垂典文褒厲學者之功篤矣。今願發明經義，多聞守約，與諸君子共勉。以此修身，則孝、弟、忠、信、敬、讓。以此讀書，則求有用之學，不誦無益之言，爲天下國家愛惜光陰，愛惜精力。以此治西學，則畢智竭慮，以效其長，精進神速，以備國用，擇善而從，不爲所蔽。以此處鄉里，則謹守國法，以爲民倡，敦善行而不怠，使人望之若祥麟威鳳。他日以此服官，則本所學以施之政事，竭忠盡智，尊主隆民，公家之利，知無不爲，廉以持身，仁以恤下，勇以任事，開誠布公以得人心，集思廣益以濟艱大。其在周易，剥之上九，碩果不食。剥極於上，復生於下，是用君子道長，利有攸往，臨大泰亨，成既濟定。昔羅忠節、胡文忠、曾文正、左文襄諸公，砥道礪德，講學論政，思患豫防，深籌天下大計，卒能攘除姦凶，光輔王室。湖南人才之盛，爲前古所未有。後胡文忠公撫鄂，鋭意欲造就湖北人材，而干戈未定，庠序未遑。及相國張公以文忠高第，弟子演贊師志，光大其道，囊括古今，網羅中外，原本忠孝，激厲智勇，教訓二十年。方伯梁公、提學黄公主持勸率，實左右之，而兩湖子弟，蔚然皆成德達材。湖北學堂爲各省所取法，而存古學堂尤爲各學之標準。他日學成，各本經義，施政立教，勷相國家。師道立則善人多，人才盛則國勢昌，周幹商霖，枝蕃流衍，俾全國臣民，人識綱常，家敦道義。士、農、工、商、兵，凡習聲、光、化、電各學者，皆有與國爲體、忠愛利濟之心。天下如一家，中國如一人，皇祚固於億祺，華種尊於環球，而聲教所被，孔孟之道且徧行於五大洲。君子務本，本立而道生。原泉混混，不舍晝夜，盈科而後進，放乎四海而有本者。如是，大海蕩蕩水所歸，高賢愉愉民所懷。區區此心，不勝以施博望諸君子也。

光緒甲辰爲吾鄉後進説此三篇，刊行於丁未，主講鄂存古學堂，稍潤色以授楚士。區區勸學之心，豈料世變至於今日。然斯道之在天下，無中絶之時。天不變，道亦不變，存之以待天下之清。宣統九年二月記。

十四經學略例

此書據張文襄師勸學篇所列七目，隱栝古今經師經義之法，分類編纂。造端宏大，向所未有。草創經年，體例始定。分別部居，比合義類。一本古人準繩規矩，引而申之。

明例。例者，經之所以爲體。例明則若綱在。綱如裘挈領，全經竅要，豁然貫通。又如親見人之面目，僞者不能冒，真者不可誣，疑經非聖之邪説自息矣。先儒釋例之書甚多，今整齊而貫穿之：本經，通例；經師，别例、注例、疏例、各家説經例、學者治經例一一表明。

要旨。旨者，經之所以爲心，聖人所以繼天覺民、幸教萬世。學者治身心、治天下之至道，精微廣大，探索無窮。今放顧氏日知録之例，掇舉經句，繫以先儒成説，並下己意，爲有志聞道者舉隅。

圖表。取舊圖、舊表尤要者著之，正其誤，補其闕。

會通。極論一經與羣經相通大義，條列事證，略放漢書藝文志、鄭君詩譜例。

解紛。舉各經尤難明而切要之義，窮源竟委，明辯之，俾學者一覽而悟。

闕疑。各經多寡有無不定，備存其目而繫以說。

流別。詳敘傳經源流，標舉各家，撰述要略，並列經注疏各本得失，俾學者知所適從。

是書囊括羣言，削繁舉要，篇刪其章，章刪其句，句刪其字，放宋魏氏九經要義之例。字句有刪無增，其或既刪之後，必須增字增句以成文義者，當文注明某字增、某句增，以示傳信。

先儒説經之書，一經有數種者，通和引之，但稱某氏、某説，以省繁文。原書具在，學者可覆案。

元弼自著之書已成，若已刊者，與諸家書一例采録。首見直稱姓名、書名，次見以下但舉書名。其未成卷帙者，悉歸入案語。

周易、禮經、孝經三學合刻序

光緒丁未，閣師張文襄公招余主講湖北存古學堂。時十四經學論撰甫半，以最先寫定之易、禮、孝經三學就正。公以爲提要鈎玄，卓乎得聖經大義，足以正人心、息邪説，俾學者知歸，將刊行之而未果。尋吾蘇朱竹石方伯師議，踵楚學而起，中丞陳伯平年丈深韙之。戊申，遂奏立江蘇存古學堂，延余掌教。竹石師又以余三經學授梓。越一年，刊成。嗚呼！天道難知，人事易變。此兩三年中，其平陂往復，陰陽爭、死生分之時乎？抑大劫將臨，剥且入坤，而乾元無息絶之理，留此碩果以存天地之心也。自光緒戊戌以後，異説蜂起。辛丑以後，内外臣僚競言新學新政，不揣本末，迷誤朝廷。包藏禍心之徒簧鼓淫辭，敗綱斁倫，毒中人心，禍機四伏。文襄師見大亂將起，爲持危扶顛、正本清源之計，亟存古學以障狂瀾。時公由楚督入相，典樞密，管學部，以湖北存古爲海内準式。鄂藩梁文忠公提學、黄仲弢前輩，皆天下人望，是用湖、漢間士風，絶無離經叛道之説。吴中大吏適衆正合會，聲應氣求。伯平先生以純德清操率先屬僚，禮賢愛民，厚培元氣。竹石師博學爲政，實事求是，剛正不阿。陸文烈公良實忠純，勤恤民隱。毛實君提學誠意懇惻，教誨不倦。左子異方伯清剛拔俗，見義敢爲，相與崇正黜邪。而搢紳先生若鄒芸巢、葉鞠裳兩前輩，學高行峻，卓然經師。人師與余並授鄉里子弟古學，扶植名教綱常。雖當詖淫邪遁、蜩螗沸羹之秋，而遐邇翕然向風，有經正民興之望，使由此推行無阻。各省則傚閑聖道，遏横流，教忠孝，塞逆亂，以聖經、賢傳、人倫、道德爲本，以西學聲、光、化、電爲用，上保皇極，下濟蒼生，安必非由否反泰、剥極而復之一大轉機乎？何天不弔？兩宫升遐、今上紀元之秋，文襄師薨，吴、楚賢邦伯師長亦多於戊己間徂謝隱退。悲夫！人之云亡，邦國殄瘁，君子道消，小人道長，一髮千鈞，其何能繫？三綱絶紐，大陸遂沈。余憂患餘生，萬念俱灰，惟求一死。餘氣未盡，杜門學易，與天爲徒，以寫我憂，忽忽不知老之已至。今年春，易鄭氏注箋釋既成，念十四經學，文襄師之所屬也，易、禮、孝經三學，竹石師之所刊也。此書既於世道人心有補，蹉跎歲月，久置不印，謂古人何？

謂學者何？於是覆更校勘，印而行之。噫！此三學者，於文襄所屬，才十四之三耳，其餘或未刊，或未成。昊天孔昭，我生靡樂，衰年荏苒，舊稿叢殘，其尚能卒業否耶？雖然，道一而已。易者，天道至教，聖法、人倫、王政之本也。禮者，尊尊、親親、長長、賢賢，男女有別，天下之達道，生人相愛、相敬、相生、相養、相保之極則也。孝經者，百行之本，道之根原，六藝之總會也。由此三者引而申之，十四經大義一以貫之矣。

宣統柔兆攝提格玄〔一〕月

賜進士出身、誥授中憲大夫、翰林院編修加二級吴縣曹元弼撰

〔一〕 原字爲「𠂉」。

明例第一

通例

凡易有太極，爲乾元。

繫曰：「易有太極，是生兩儀。」虞注云：「太極，太一也。分爲天地，故生兩儀也。」

又曰：「一陰一陽之謂道。」

又曰：「陰陽不測之謂神。」

又曰：「唯神也，故不疾而速，不行而至。」注云：「謂日月斗在天。日行一度，月行十三度，故不疾而速；星寂然不動，感而遂通，故不行而至者也。」

又曰：「聖人有以見天下之嘖。」注云：「嘖謂初。」又云：「元，善之長。」

又曰：「天下之動，貞夫一者也。」注云：「一，謂乾元。」

又曰：「變化云爲，吉事有祥。」注云：「謂復初乾元者也。」

又曰：「此之謂易之道也。」注云：「乾稱易道。」

又曰：「知變化之道者，其知神之所爲乎？」注云：「陰陽不測之謂神。」

張氏惠言曰：「乾鑿度曰：『有太易，有太初，有太始，有太素。太易者，未見氣也；太初者，氣之始也；太始者，形之始也；太素者，質之始也。易无形畔，易變而爲一。一變而爲七，七變而爲九。九者，氣變之究也，乃復變而爲一。一者，形變之始。鄭氏注云：「陽氣內動，周流終始，然後化生一之形氣也。」清輕者上爲天，濁重者下爲地。物有始、有壯、有究，故三畫而成乾。注云：「象一、七、九也。」乾坤相並俱生，物有陰陽，因而重之，故六畫而成卦。』易无形畔者，太易也，未見氣也。一、七、九曰氣變，說文解字之義，惟初太始，道立於一。二、三、四皆從積數。「四」古文作「亖」，其从丣象，四方分布，蓋非初義。按，「从丣」，「从」當爲「作」。下「从」又同。五象交午，古文从乂。六从入而八分，七象氣出於一，初動屈而直出，說文以爲微陰，非也，當爲微陽。按，說文「陰」字，蓋傳寫之誤。許君偁：「易，孟氏。」無不知七爲少陽之理。八象分别相背之形，九象屈曲究盡，十象氣具四方中央。易變而爲一者，太易動而有氣也。積三、午五、動七而上出，故曰一變而爲七，至九而究盡。故曰七變而爲九，陰陽之氣相並俱生。易變而爲一，則二亦生矣。積三交乂而動，一變而七，則二亦變而爲八矣。陽動而進，陰動而退，七上出，八當下入，故八象分别相背也。七上究而九，則八亦下究而六矣。故六从八入也。五交於中，十則具焉。函三爲一，故復變而爲一。此一爲形變之始，是爲太極分爲天地。則太極之氣出陽入陰，變天化地，以生萬物，是乃所謂易也。太極雖兼有陰陽，然陰不自生，麗陽而生，故言一、七、九，不言二、八、六也。太極不可見，以其主乎天，故指太一以況之。鄭氏云：『太一者，北辰之神名，居其所曰太一，常行於八卦、日辰之間，曰天一。』『常行於八卦、日辰之間』即變化消息也。太極之行又不可見，故指日月斗以況之。日月相運而成四時、二十四氣、七十二候，是太極變化之迹，故謂之神。神即太極也。自太一居所，則謂之道。一陰一陽，一、二、七、八、九、六，是已易者，合道與神而名太極者也。聖人以三畫象一、七、九而謂之乾，即太極也。既立乾，然後效之而爲坤。則以乾象天，以坤象地，七、九象陽之氣，八、六象陰之氣，而以一爲乾元，故曰：『天下之動，貞夫一者也。』是天下之初，故曰至嘖也。其在爻，則爲復初，以其爲乾之最初也。二麗於一，一爲乾元，則二爲坤元。乾元統天，坤元順成天，則坤元亦乾元所統。此五語今易。乾元之氣正乎六位，則謂之道，即太極之正也；行乎陰陽，出入變化，則謂之神，即太極之行也。」[一]

聖人幽贊於神明而生蓍，法太極生次，參天兩地，爲大衍之數，成七、八、九、六之變。

説卦曰：「昔者聖人之作易也，幽贊於神明而生蓍。」干注云：「始爲天下生用蓍之法。」姚氏配中云：「神明，易之元。」[二]

又曰：「參天兩地而倚數。」鄭注云：「天地之數備於十，乃參之以天，兩之以地，而倚託大衍之數五十。」馬注云：「五位相合，以陰從陽，天得三，合謂一、三與五也。地得兩，合謂二與四也。」姚氏云：「聖人以陰陽消息有始、壯、究，而因爲之異，其名自一至十，奇以名陽，偶以名陰，一至五爲生數，六至十爲成數。成數者，生數之合也。生數三奇而二偶，故天得三，合一、三、五、六、八、十，

[一] 張惠言，周易虞氏消息，卷一，易有太極爲乾元第一。
[二] 姚配中，周易姚氏學，卷十六。

合之三十三。地得兩，合二、四、七、九，合之二十二。陽大小數皆三，陰大小數皆二，故參天兩地而倚數，數依以立也。天地之數五十五，減五以象五行，以五十衍卦，故曰大衍。」〔一〕

繫曰：「天數五，地數五，五位相得而各有合。天數二十有五，地數三十，凡天地之數五十有五。」鄭注云：「天地之氣各有五。五行之次，一曰水，天數也；二曰火，地數也；三曰木，天數也；四曰金，地數也；五曰土，天數也。此五者，陰無匹，陽無耦，故又合之。地六爲天，一匹也；天七爲地，二耦也；地八爲天，三匹也；天九爲地，四耦也；地十爲天，五匹也。二五陰陽各有合，然後氣相得施化行也。天地之數五十有五，凡五行，減五。」〔二〕姚氏云：「減其小數五，以象五行，用其大數五十，以演卦。」〔三〕

又曰：「大衍之數五十，其用四十有九。分而爲二以象兩，掛一以象三，揲之以四，以象四時。」又曰：「四營而成易。」又曰：「易有太極，是生兩儀，兩儀生四象，四象生八卦。」

〔一〕姚配中，周易姚氏學，卷十六。
〔二〕鄭玄，周易鄭注，王應麟輯，繫辭上第七。
〔三〕姚配中，周易姚氏學，卷十四。

惠氏棟曰：「庖犧氏幽贊于神明而生蓍，演三才、五行，而爲大衍之數五十。其一太極，故用四十有九，即蓍之數也。太極生兩儀，故分而爲二以象兩。有天地則有人，此句今易。故掛一以象三。播五行於四時，故揲之以四，以象四時。所謂『兩儀生四象』也。四營而成易，十有八變而成卦，是生八卦而小成。所謂『四象生八卦』也。引信三才至萬有一千五百二十，而六十四卦備矣。此聖人作八卦之事也。」〔二〕

曹元弼周易釋例曰：「大衍之數五十，象太極全體。及其分之，則以一策象太極之神，而以四十九分爲二，以象兩儀。有天地則有人，故掛一以象三。天地有春夏秋冬之節，故揲之以四，而得四七、四九、四八、四六之數，以象四時。所謂『四象』也。七、八、九、六之數得，則成陽畫陰畫，所謂『四營而成易』。營，變也。易者，陰陽也。陰陽之畫既成，乃象太極。一、七、九之氣變爲三畫而成乾，又以二、八、六效之而爲坤，此四象生八卦之始。聖人以四象象太極、兩儀而生八卦，故緯以三畫成乾、六畫成卦，與

〔二〕惠棟，周易述，卷一。

一、七、九氣變，及輕清爲天，濁重爲地，連屬言之，非太極、兩儀即卦畫也。繫曰『極』、曰『儀』、曰『象』，以別於卦，則太極生次即大衍策數，明矣。」

以上生蓍倚數。

觀變於陰陽而立卦，法太極之一、七、九爲三畫而成乾，以二、八、六兩之爲坤。一爲乾元，二爲坤元，乾道成男，坤道成女，是謂八卦。

彖曰「大哉乾元」、「至哉坤元」。

繫曰：「乾道成男，坤道成女。」

説卦曰：「乾，天也，故稱乎父；坤，地也，故稱乎母。震一索而得男，故謂之長男；巽一索而得女，故謂之長女；坎再索而得男，故謂之中男；离再索而得女，故謂之中女；艮三索而得男，故謂之少男；兑三索而得女，故謂之少女。」

據彖傳之文，則謂「坤无元」者，非也。據説卦之文，則八卦生次，諸儒各以意説者，非也。

凡太極生兩儀，兩儀生四象，皆生蓍。四象生八卦，乃生卦。四象象太極、兩儀以生六子，而八卦成，布散用事，乃分主四時。

周易釋例曰：「繫曰：『生生之謂易。』『易有太極，是生兩儀，兩儀生四象，四象生八卦。』自太極至八卦，皆生也。聖人幽贊于神明而生蓍，大衍之數五十，虛一以象太極，分二以象兩儀，揲四以象四時，三揲蓍而得四七、四八、四九、四六之數，布六於北方以象冬，布七於南方以象夏，布八於東方以象春，布九於西方以象秋，是謂四象。象成乃布卦之一爻，所謂『再扐而後卦』、『四營而成易』也。再扐始布卦之一爻，成易未成卦，是四象以前皆生蓍也。四象既成，七、九爲陽，八、六爲陰，觀變於陰陽而立卦，乃分太極之一、七、九、二、八、六，以爲乾坤，而象兩儀。由是乾初適坤成震，二適坤成坎，三適坤成艮。坤初適乾成巽，二適乾成离，三適乾成兑。一索、再索、三索，而六子與乾坤同爲八卦而小成，陽奇陰耦，皆四象所生。是四象生八卦，乃生卦也。繫言太極生次，與大衍之數語語相當，則四象以前謂蓍不謂卦甚明。四象象太極、兩儀以生六子，故八卦生次有兩儀，無四象，布散用事，而後以坎、离、震、兑當四象。孔子曰：『易始於太極。

太極分而爲二，故生天地。天地有春、秋、冬、夏之節，故生四時。四時各有陰陽剛柔之分，故生八卦。八卦成列，天地之道立，雷、風、水、火、山、澤之象定矣。』此言太極生次也。天地與雷、風、水、火、山、澤别文，即乾坤生六子之義。蓋以蓍言，則太極生兩儀，兩儀生四象，四象生八卦。以卦言，則乾坤生六子而已。八卦生次，無四象也。天地四時，自然之易。八卦則聖人爲之，象天、地、雷、風、水、火、山、澤，又象八方。八卦成列，象定位未定也。又曰：『其布散用事也，震生物於東方，位在二月；巽散之於東南，位在四月；离長之於南方，位在五月；坤養之於西南方，位在六月；兑收之於西方，位在八月；乾制之於西北方，位在十月；坎藏之於北方，位在十一月；艮終始之於東北方，位在十二月。八卦之氣終，則四正四維之分明。』此言布散用事，乃分主四時陰陽剛柔之位也。四正足以統四維，則坎、离、震、兑應四象矣。然此八卦用事之象，非八卦所由生之象也。或問：兩儀、四象皆非卦，則虞説非乎？曰：虞注此傳有兩説。一説，兩儀天地也，四象四時也。乾坤生春，艮兑生夏，震巽生秋，坎离生冬。其説兩儀、四象，不據卦是也。其説八卦以納甲，與説卦方位及兑正秋之文違，而於四象生八卦之文則順。一説，兩儀乾坤也。乾二五之坤，成坎、离、震、兑，震春、兑秋、坎冬、离夏，故兩儀生四象。乾二五之坤，則生震、坎、艮；坤二五之乾，則生巽、离、兑。故『四象生八卦』。案，以乾坤配兩儀，以坎、离、震、兑配四象，可也。而以生四象、生八卦，則不可。據説卦，則乾坤交索成六子，何以先生坎、离、震、兑，且离、兑之生亦屬之乾？張氏謂：『一施爲坎，再施爲离，一息成震，再息成兑。』於理可通，於經無徵。且四象皆陽，與『陽卦奇，陰卦耦』之文不合。四象既據四卦，則八卦乃四卦所生，何以又云『乾二五之坤，成震、坎、艮；坤二五之乾，成巽、离、兑』？可見，以卦言，惟有乾坤生六子，無四象，則儀象遞生之非卦，明矣。張氏彌縫其闕，謂：『震成艮，离藏乾，兑成巽，坎藏坤。』如此，則似坎、离反生乾、坤，義恐未安。總之，太極生次，傳但言兩儀生四象，四象生八卦，不言兩儀、四象皆卦；八卦生次，傳但言乾坤生六子，不言乾坤生坎、离、震、兑，震、兑成艮、巽；八卦陰陽方位，傳但言震、坎、艮爲陽，巽、离、兑爲陰，不言坎、震、离、兑皆陽，又不言坎、艮始陰而數變陽，离、兑始陽而數變陰；但言震春、兑秋、坎冬、离夏，乾、坤、艮、巽分居四隅，不言乾、坤生春列東，艮、兑生夏列南，震、巽生秋列西，坎、离生冬在中。凡此諸義，蓄疑有年。以爲是耶，則與夫子傳文不合。且太極生次，得無甚難而非？以爲非耶，則仲翔之説必有所受，皋文所申尤有精理。反覆求之，乃得其故。蓋虞以納甲説易。納甲者，古易家以干支方位識别消息之名，義不存於干支方位也。如月三日明生震，一陽象也，而在西，故謂之庚；八日明盛兑，二陽象也，而在南，故謂之丁。震納庚，兑不納丙者，震本陽卦，兑本陰卦也。此可見消息在八卦既成後矣。消息者，八卦既成，乾元推剛柔，以成六十四卦之用，非八卦之所由生也。庖犧作十言之教，曰『乾、坤、震、巽、坎、离、艮、兑、消息』。明八卦既成，乃起消息。繫曰：『八卦成列，因而重之。』然後曰：『剛柔相推。』虞曰：『謂十二消息。』明消息在重八卦之後。『剛柔相推』，與『日月相推』、『寒暑相推』文同。彖傳曰：『日中則昃，月盈則食。天地盈虚，與時消息。』明消息取法乎日月。蓋庖犧觀象於天，有雷風日月；觀法於地，有水火山澤。天有四時，地有四方，各有四正四維，無非一陰一陽。於是幽贊神明，法太極、兩儀以生蓍，而得四象。四象既立，乃法太極始、壯、究之氣變而立卦。陰陽各有始、壯、究，故乾坤各三畫。三畫相索，各生三卦，自下而上，震、坎、艮各得一陽，巽、离、兑各得一陰，以象天、地、雷、風、水、火、山、澤，而陰陽之卦立。八卦各以陰陽布散用事，而陰陽之方定。由是合始、壯、究之陰陽，以立三才六位，而八卦各以三爲六。故八卦者，陰陽之定象也。陰陽之象既定，於是法日月之行，剛柔相推以立消息。則月三日明生於下復震，一陽象也；八日明盛臨兑，二陽象也；十五日明滿泰乾，三陽象也。由是而大壯、而夬、而乾，仍體此三卦。十七日魄生於下姤巽，一陰象也；二十三日魄盛遯艮，二陰象也；二十九日明盡否坤，三陰象也。由是而觀、而剥、而坤，仍體此三卦。六畫本參重三才，故八卦在天，三爻已足。日月進退，可見者惟六卦，故十二消息不見坎、离。坎陽在陰中，离陰在陽中，晦朔之間，日月同躔，陰陽合居，一晝一夜，無非坎、离，故息卦始坎終离，消卦始离終坎。艮本陽卦，而於消息陰。兑本陰卦，而於消息陽。离，陰卦，而爲日，則陽；坎，陽卦，而爲月，則陰。故剛柔相推而生變化。月無光，受日明，故消息皆主陽。蓋庖犧觀日月進退，而知乾元之行，推剛柔以起消息。消息者乾元，錯八卦以成六十四卦之本，而非八卦所由生之本也。八卦，陰陽之本，天地之道；消息，陰陽之用，日月之道也。消息取其進退盈虚，不取其方位。言消息不言納甲，可也。虞氏謂：『日月在天，成八卦象。』弼竊以日月進退爲十二消息所取象，而八卦之象即於是見。至其說『西南得朋，東北喪朋』及『乾坤生春』云云，與說卦違。張氏說八卦生次，离、坎、兑、艮、陰陽，亦似先後倒置，爲讚而辨之如此。」

八卦成列，因而重之。分乾三畫爲三才。以坤兩之，法太極本體，爲六畫而成卦。

說卦曰：「兼三才而兩之，故易六畫而成卦。」虞注云：「乾坤各三爻，成六畫之數。」又曰：「易六畫而成章」。注云：「乾三畫成天文，坤三畫成地理。」

繫曰：「錯綜其數。」注云：「卦從下升，故錯綜其數。逆上稱錯。綜，理也。」

又曰：「一陰一陽之謂道。」

張氏惠言曰：「太極，一、七、九、二、八、六分而畫乾坤。雖已足明陰陽氣變，四字今易。而於以陽統陰、以陰成陽之道，犹未能著。故庖犧分乾三畫，象天、地、人，以坤兩之，而爲六畫，象陰並乎陽。易氣從下生，其畫一陽一陰，逆上而錯。初乾二坤爲地道，三乾四坤爲人道，五乾上坤爲天道。此則一、七、九、二、八、六之正位，三才之定理，各正

性命，保合太和，故曰『一陰一陽之謂道』也。」〔二〕

六位既定，八卦各以三爲六，相錯爲六十四。

周易釋例曰：「六位既正，三才之道立，則八卦皆當以三爲六。於是庖犧因已成之八卦，自相重，互相重，以成六十四卦。繫曰：『因而重之。』説卦曰：『八卦相錯。』周禮曰：『經卦八，别六十有四。』鄭曰：『每卦八别者，重之數。』據此諸文，則重卦之法，爲卦與卦相重，明矣。凡象傳言『動乎險中』、『險而止之』等，象傳言『雲雷屯』、『山下出泉，蒙』之等，皆謂重卦。重卦由卦不由爻。然六十四卦既立，三百八十四爻即互相往來，故曰『爻在其中』。爻即下文『剛柔相推』也。」

以上立卦。

設卦既備，發揮於剛柔而生爻。因陰陽，立消息，生變化，覆成六十四卦。

繫曰：「陰陽之義配日月。」又曰：「縣象著明，莫大乎日月。」虞注云：「謂月三

〔二〕張惠言，周易虞氏消息，卷一，乾坤六位第四。

日莫震象出庚，（案，干支方位，皆易家所以識別消息，與坤、蹇西南、東北，說卦震東、兌西、离南、坎北之位本不相涉。虞說今分別取之。）八日兌象見丁，十五日乾象盈甲，十七日旦巽象退辛，二十三日艮象消丙，三十日坤象滅乙。（坤注云：「二十九日。」）晦夕朔旦，坎象流戊。日中則离，离象就己。戊己土位，象見於中。『日月相推而明生焉』，故『縣相著明，莫大乎日月』者也。」虞又說：「二十九日消乙入坤，滅藏於癸，坎戊离己。三十日一會於壬。」又說：「乾主壬，坤主癸，日月會北。」繫又曰：「日月相推而明生焉，寒暑相推而歲成焉。」又曰：「剛柔相推而生變化。」

說卦曰：「發揮於剛柔而生爻。」繫曰：「觸類而長之。」注云：「觸，動也，謂六畫以成六十四卦。其取類也大，則發揮剛柔而生爻也。」又曰：「其取類也大。」注云：「謂乾陽也。觸類而長之，故大也。」

按，六十四卦既備，則三百八十四爻可互相往來。於是庖犧以乾坤十二爻，剛柔相推，立消息。十二卦以十二消息，每卦兩爻，剛柔相易，覆成六十四卦，所以明乾元出陽入陰，上下无常，往來不窮，所謂「剛柔相推而生變化」也。繫曰：「日往則月來，月往則日來。日月相推而明生焉；寒往則暑來，暑往則寒來，寒暑相推而歲成焉。」象曰：「日中則昃，月盈則食，天地盈虛，與時消息。」此指説陰陽消息之大義也。凡彖傳言「往來上下」者，皆謂消息。伏羲作十言之教，曰「乾、坤、震、巽、坎、离、艮、兑、消息」。六十四卦之體，以八卦括之，三百八十四爻之往來，以消息二字括之。六十四卦以卦相重，設卦之事也。消息以爻相推，生爻之事也。凡生爻之法，六子及頤、大過、中孚、小過自乾坤來，一陰一陽之卦亦自乾坤來，兼取剥、夬、復、姤，二陰二陽之卦自臨、遯、大壯、觀來，三陰三陽之卦自泰、否來。乾坤與十辟（十二消息謂之十二辟卦。）鈞是消息卦，其所生卦（謂爻之所成卦與重卦别一事。）皆消息所生〔二〕卦，消息於六十四卦無不周。綜核羣言，此其綱要。然文王繫辭有乾坤往來之卦兼取十辟者，有不取十辟而取六子者，有既取十辟，兼取雜卦相之者，有取反對爲義、旁通爲義、兩象易爲義者，此則易含萬象，惟變所適。聖人從心所欲，精義入神。辭也者，各指其所之。學者當據辭以定象，不可泥法以繩辭。虞氏、張氏之言消息詳矣，惜其混消息與重卦爲一事，遂若成卦之由，可彼可此，遊移不定，俾焦氏循等得以投間抵

〔二〕書頁損壞。自「十四爻之往來以消息二字括之」至此，据嚴本增補。

隙，奮其私智，盡舉古法而破壞之。失之毫釐，差以千里，由辯之不早辯也。今删定：以消息爲生爻之事，非重卦之事。既重卦，而後以爻相往來，謂之消息。重卦以兩象相重，消息以一爻往來，上下重卦之法畫然整齊，生爻之法惟變所適，兩義迥别，彖有明文。張氏之説惟此爲誤，餘皆得之，謹删著其説如左。

張氏曰：「日月者，太極之神。天地、四時、陰陽、詘信之象，皆於日月著之。月三日昏見於庚，明生於下，震象也。八日上弦見丁，明盛於下，兑象也。十五日盈於甲，明滿，乾象也。是謂陽息。十七日晨見於辛，魄生於下，巽象也。二十三日下弦見丙，魄盛於下，艮象也。二十九日入於乙，明盡，坤象也。是謂陽消。晦朔之間，日月藏於癸，合於壬，陰陽相通，坎、离象也。日月之會不可見，以望之月中、晝之日中見其象，故坎、离位乎中宫，壬、癸、戊、己皆坎、离也。聖人以日月進退爲乾元之象，故以乾元觸類而長，六爻發揮旁通，成六十四卦，所以發明一陰一陽之道，乾變坤化之神。」〔二〕「其法有爻之，有旁通，有消息卦，有消息所生之卦。蓋乾坤十二辟卦爲消息卦之正。其自臨、遯、

〔二〕張惠言，周易虞氏消息，卷一，日月在天成八卦第二。

否、泰、大壯、觀生者，謂之爻例，自乾、坤生者，不從爻例。每二卦旁通，則皆消息卦也。消息卦皆在乾、坤相合之時，則剥、復、夬、姤、泰、否之交也。」〔二〕䷀乾注云：「乾始開通，以陽通陰。」䷁坤注云：「陰極陽生，乾流坤形。坤含光大，凝乾之元。終於坤亥，出乾初子。」

乾通陰，下有伏坤；坤息陽，中有凝乾。

䷗復注云：「陽息坤，與姤旁通。」䷫姤注云：「消卦也，與復旁通。」繫曰：「龍蛇之蟄，以存身也。」注云：「陰息初，巽爲蛇。陽息初，震爲龍。十月坤成，十一月復生，姤巽在下，龍蛇俱蟄。」姤象傳注云：「復震二月，東方；姤五月，南方；巽八月，西方；復十一月，北方。皆總在初，故以誥四方。」又注繫「退藏於密」云：「陽動入巽。」齊於巽，以神明其德，即此復姤旁通之義。蓋謂乾陽牝坤，出震，伏巽在下，以神明其德。坤陰入乾，體復一爻以通陰，極姤而生巽也。

䷒臨注云：「陽息至二，與遯旁通。」䷠遯注云：「陰消姤二也。」

〔二〕张惠言，周易虞氏消息，卷一，八卦消息成六十四第六。以下幾圖皆取自此節。

臨消於遯，八月有凶，謂否泰反類也。遯不云與臨旁通者，闕也。鄭氏義以爲，臨自周二月用事，訖其七月。至八月，而遯卦受之，終而復始。明辟卦古有二卦貞一歲之法，即旁通意也。

䷊泰注云：「陽息坤，反否也。」䷋否注云：「陰消乾，又反泰也。」雜卦曰：「否泰，反其類也。」凡否泰之成，无不即反。故乾九三陽息泰，就三反復道，能接乾生乾。坤三已發成泰，不能體復，至四反成否，故六四括囊而成觀。又既濟彖注云「終止於泰，則反成否」，是其義也。

䷡大壯注云：「陽息泰也。」䷓觀注云：「反臨也。」觀不云「陰消否」者，泰反復道，則息大壯。否不反泰，括囊而成觀，反臨爲義，陽道也。取義既别，故不云旁通，其實亦旁通也。

䷪夬注云：「陽決陰也，與剥旁通。」䷖剥注云：「陰消乾也，與夬旁通。」剥彖曰：「君子尚消息盈虛，天行也。」注云：「易虧巽、消艮、出震、息兑、盈乾、虛坤。」夬出乾，剥入坤，皆乾爲之。繫注云「以乾原始，以坤要終」，此之謂也。

右十二卦，陽出震爲復，息兑爲臨，盈乾爲泰。泰反否，括囊成觀，終於剥而入坤。復反於震，陽虧於巽爲姤，消艮爲遯，虚坤爲否。否反泰，復成大壯，決於夬而就乾，復入於巽。是爲十二消息。坎、离者，乾、坤之合，不入消息中。乾、坤既合，則坎、离爲舍，出生萬物，是其用也。故復曰「出入无疾」，注云「謂出震成乾，入巽成坤。坎爲疾，十二消息不見坎象，故出入无疾」是也。

䷜坎注云：「乾二五旁行流坤，與离旁通。於爻，觀上之二。」䷝离注云：「坤二五之乾，與坎旁通。於爻，遯初之五。」

歸妹注云：「乾主壬，坤主癸，日月會北。」天地以离、坎戰陰陽，所謂「易出乾入坤」者，离、坎之神也。既從乾、坤，又云觀、遯來者，天地之交，出入无形。其成爻象，必假十二消息。凡乾、坤詘信之卦皆同此。或表嫌明微，則不從十二卦矣。

䷛大過注云：「大壯五之初，或兑三之初。」䷚頤注云：「晉四之初，或臨二之上。與大過旁通。」

大過，坎象也。頤，离象也。皆從乾、坤來。大過象注云：「陽伏巽中，體復一爻，潛龍之德，乾初同義。」頤象注云：「反復不衰，與乾、坤、坎、离、大過、小過、中孚同義。」故知大過體坎，乾初所伏；頤體离，坤初所伏。大過亨頤，故頤云「與大過旁通」。大過不言者，略也，此別異之。從兑、晉仍有大壯、臨爻例者，蓋在消卦中，依息卦而成象。坎、离在息卦，依消卦成象，明乾、坤合也。兑陽之盛晉，乾之遊魂也。

䷽小過注云：「晉上之三，當從四陰二陽，臨、觀之例。臨陽未至三，而觀四已消也。」䷼中孚注云：「訟四之初也，此當從四陽二陰之例。遯陰未及三，而大壯陽已至四，故從訟來。」

小過内离而外坎，中孚内坎而外离，此亦乾、坤交通。二卦兼有消息。不旁通。

右此六卦，坎、离、乾、坤之合。自剥至復，陽由此出。歸妹注云「日月會壬，震爲玄黄，天地之雜」是也。自夬至姤，陰陽當會於大過、頤，大過所謂「陽伏巽中，體復一爻」，則通頤而巽生震下，可知也。以日月消息言之，二十九日滅坤會壬，三日而生震，坎、离之合也。十五日盈甲，十七日消巽，則十六日會於中宫。若正坎、离交，則當息陽。故知大過、頤合乾坤，成消體也。小過、中孚不旁通，其消息在臨、觀、遯、大壯之間。則否、泰反類，乾、坤所交。泰消於小過，否息於中孚，亦與剥、復、夬、姤同義也。

䷎謙注云：「乾上九來之坤，與履旁通。彭城蔡景君説剥上來之三。」䷉履注云：「與謙旁通，以坤履乾。」

䷆師注闕。䷌同人注云：「旁通師卦，以乾照坤。」

䷇比注云：「師二上之五，得位，與大有旁通。」䷍大有注云：「與比旁通，大有亨比，以乾亨坤。」又繫注云：「乾五動之坤。」（謂比五是乾五。）

右此六卦皆體坎、离，是乾、坤之交，蓋剥、復之消息也。注雖不備，以文推之，復入坤出震之義可見。乾盡於剥，消藏坤中，上九之坤爲艮，成謙，復注云「剛不從上來，反初」，又云「三復位時，离爲目、坎爲心」是也。謙以三之坤初爲復，上息，（小畜例。）通謙成履，离、坎在三。謙三之坤二爲師，師二之坤初爲復，上息，通師成同人，坎、离在二。師二上之坤五，正位爲比，比五之坤初爲復，上息，通比成大有，坎、离在五，天心正矣。所謂復見天地之心者，繫曰：「精氣爲物，遊魂爲變。原始及終，故知死生之説。」其謂是乎？京氏積筭，乾遊魂用离，坤遊魂用坎，亦此義也。三微成著，故坎三息而玄黄成，蓋由是而合於离、坎。

䷂屯注云：「坎二之初，剛柔交震。」䷱鼎注云：「大壯上之初，與屯旁通。」

鼎彖注云：「五得上中，應乾五剛。」此乾五即屯五也。鼎乾通屯坤。

右此二卦旁通，義同前六卦，蓋离、坎後將出震之消息也。日月會壬癸，震爲玄黃，天地之雜，此屯象也。鼎乾通之，陽出震而復見。雜卦曰「鼎取新」，則此也。屯坎二之初，則鼎离二之初。陽生不取陰卦，故從大壯而變其例。

䷏豫注云：「復初之四，與小畜旁通。」䷈小畜注云：「與豫旁通。豫四之坤初爲復，復小陽潛，所畜者小，故曰小畜。」

䷬萃注云：「觀上之四。」䷙大畜注云：「大壯初之上，與萃旁通。此萃五之復二成臨，臨者，大也，故名大畜。」

䷦蹇注云：「觀上反三。」䷥睽注云：「大壯上之三，在繫蓋取无妄二之五。」

右此六卦，蹇、睽雖不言旁通，然蹇五注云「睽兑爲朋」，是旁通睽也。睽注云：「五應乾五，伏陽，與鼎五同義。」乾五伏陽，則是蹇五。故此二卦與豫小畜、萃大畜同爲旁通，注闕耳。此夬、姤中間消息也。文言注云：「乾爲積善，以坤牝陽，滅出復震爲餘慶；坤積不善，以乾通坤，極姤生巽爲餘殃。」是知坤凝乾元，麗陽而生。夬之生姤，亦乾元入坤爲之。姤注云：「夬時三動，离爲見。」蓋夬決於上，坤上六反三，動而體坎，爲坤之遊魂。豫自復初之四者，姤、復旁通。復初本乾上，降三，夬三卽乾三。復初之四，實夬三之坤四。言復初，明其爲乾元也。豫四降初爲復，息成小畜，陰畜復陽，所謂凝乾元也。豫四息五成萃，二陽反，故云「觀上之四」。萃五之復二成臨，息大畜，陰畜臨陽。萃四反三成蹇，蹇三之復二成臨，息睽，陰凝乾五，故云「睽五應乾五」。伏陽蓋由是，而乾、坤合於大過、頤也。剥、復之卦，唯以乾、坤通息。夬、姤之卦，必兼爻變者。乾施於陰，非其消息，故假於消息卦來也。

䷃蒙注云：「艮三之二。」䷰革注云：「遯上之初，與蒙旁通。」彖注云：「坤革而成乾。」

右此二卦以革乾通蒙坤，猶屯、鼎。蓋大過、頤後，將姤巽之消息也。蒙二注云：「震剛爲夫，伏巽爲婦。」此見姤巽成於蒙震也。革乾通之，天地相遇。雜卦曰：「革，去故也。」故謂乾陽。屯、鼎由坎、离，蒙、革蓋由大過、頤，皆初之二。以陰消之，故取艮成終遯消乾也。

䷑蠱注云：「泰初之上，與隨旁通。」䷐隨注云：「否上之初。」

蠱彖注云：「初變至二，賁時；至五，无妄時。」是隨乾通蠱坤。

䷩益注云：「否上之初。」䷟恒注云：「與益旁通。乾初之坤四。」

恒彖注云：「終變成益，終則有始。」云「終則有始」，是以恒通益，恒變還成益也。

右此旁通四卦。泰、否相變，蓋蠱、隨、泰爲否之消息也，在小過前；益、恒、否爲泰之消息也，在中孚前。

䷷旅注云：「賁初之四，否三之五，非乾坤往來也。與噬嗑之豐同義。明慎用刑而不留獄。」

䷶豐注云：「此卦三陰三陽之例，當從泰二之四。而豐自噬嗑上來之三，折獄致刑。」

右此二卦特變。賁自泰來，而旅從否；噬嗑否來，而豐從泰。否、泰相接，當在蠱、隨、益、恒之前。剥、復、夬、姤明天道，泰、否以明人事。將泰折獄致刑，將否无敢折獄，亦其義也。

䷲震注云：「臨二之四。」䷸巽注云：「遯二之四。」五爻注云：「震巽相薄，雷風无形，當變之震矣。震究爲蕃鮮，白謂巽白。巽究爲躁卦，躁卦謂震也。」䷳艮注云：「觀五之三也。」䷹兑注云：「大壯五之三也。」象注云：「伏艮爲友。」右此四卦非消息，故云「變伏而不旁通」。六子皆乾、坤來，而取爻例者，不繫之爻无以成消息也。

六十四卦消息

䷗復（陽初出震）

䷒臨（兑二得朋）

䷭升（初之三）

䷣明夷（二之三）

䷧解（初之四）

䷲震（二之四）

䷊泰乾盈

䷯井初之五

䷾既濟五之二

䷨損初之上

䷵歸妹三之四

䷻節三之五

䷕賁上之二

䷷旅賁初之四，否三之五

䷋否泰反

䷑蠱泰初之上

䷐隨否上之初

䷽小過臨陽未至三而觀四已消，於爻晉上之三

䷓觀虧巽

䷢晉四之五

䷳艮五之三

䷖剝消艮

䷁坤入坤

䷎謙乾上九來之坤

䷉履謙三之坤初爲復，上息

䷆師謙三降之坤二

䷌同人師二之坤初爲復，上息

䷇比師二上之五

䷍大有比五之坤初爲復，上息

䷝离坤二五之乾，於爻遯初之五

䷜坎乾二五之坤，於爻觀上之二

䷂屯坎二之初

䷱鼎大壯上之初，實离二之初

䷗復以陰牝陽，滅出復震爲餘慶

陽盈

䷫姤乾坤相遇，巽象退辛

䷠遯艮象消丙

䷋否坤虛

䷘无妄上之初

䷅訟三之二

䷤家人初之四

䷸巽二之四

䷮困二之上

䷩益否上之初

䷟恒泰初之四

䷊泰否反

䷼中孚遯陰未及三而大壯陽已至四，於爻自訟四之初

䷡大壯陽息泰

䷄需四之五

䷿未濟二之五

䷴漸三之四

䷞咸三之上

䷺渙四之二

䷔噬嗑五之初

䷶豐噬嗑上之三，泰二之四

兌五之三

夬陽決陰

乾陰就乾

豫復初之四

小畜豫四之坤初爲復，上息

萃觀上之四，實豫四息五

大畜萃五之復二成臨，於爻大壯初之上

蹇觀上反三，即萃四反三

睽大壯上之三，實蹇三之復二成臨，上息；或无妄二之五

大過陽伏巽中，體復一爻，於爻大壯五之初，或兌三之初

頤晉四之初，或以臨二之上，巽伏震中

䷃蒙艮三之二，實頤初之二

䷰革遯上之初，實大過初之二

䷫姤以乾通坤，極姤生巽爲餘殃

陰虛

右圖以陰順陽，以乾通坤，所謂「和順於道德而理於義」。

復、姤、夬、剥无生卦，陰陽微，不能變化。豫自復初，乃乾三也。

臨、遯所生各四卦。臨二陽大而未通，之三、之四而不能之五。遯艮子弑父，无妄與訟皆以乾來正之，非消卦。无妄上之初，損、益之例，所以成中孚也。故乾元復正訟，陰陽相爭，消則始矣。家人巽皆之四，不進上體，似當爲「不進至五」。不足爲消也。爻例所生，臨有頤，遯有离、革。

大壯、觀所生各二卦。需、晉皆四之五，正例也。所以接剥、夬、艮、兑，皆五之三變之，所以扶剥陽、正夬陰也。爻例所生，大壯有鼎、大畜、睽、大過，觀有坎、萃、蹇。

泰、否所生各九卦。注云：「唯豐、旅變噬嗑、賁，餘皆乾、坤往來也。」蠱、隨、益、恒、旅、豐爲消息，其外各六卦，自既濟、未濟以下爲反類之卦。泰之反否，變也，失其元矣，故損以初之上爲特變以誡之。既濟不以二之五者，自上下下，交泰之道自二往，雖盛德猶爲上干也。賁不以二之上者，泰之壞陰爲之也。否之反泰，小人悔禍也。故漸、咸以陰求陽，正否則由君子，故渙、噬嗑變之由陽來也。泰三陽，初三之變，而二則否，二不正也。否三陰，二三之變，初則否，初陰微也。二變失位，爲困、爲未濟。三變正位，爲漸、爲咸。

損初上行，陰猶未入。初上相易而巽消，見事壞矣，故爲蠱。隨者，所以飭之，二、五正，震在初，陰隨陽，雖在否，猶泰也。陰不隨陽，故小過矣。益以上之初，反其元，非恒不貞，終則有始，故中孚矣。

京氏積筭，遊魂在四，歸魂在三。乾窮剥反三，歸魂也。坤、小畜在四者，凝乾之魂，乾以遊魂索坤也。乾三息，自三而二、而五，重正位也；坤三凝，自四而五、而三，始歸魂也。乾以比五通大有离，故乾歸魂在离。坤以睽三凝蹇坎，故坤歸魂於坎。由谦之大有，乾、坤、坎、离皆見焉。屯、鼎以坎、离生，震、巽、豫、小畜、乾、坤、坎、离象見焉，萃、大畜、大過、頤之象見焉，而交乾、坤，蹇、睽、兩坎、兩离之象見焉。明大過、頤之爲离、坎也，蒙、革、大過、頤、坎、离之象皆見焉。而震、巽生二，二者，坤乙之正位也，故生姤、巽。

坎生卦一，屯也。故知离、大過、頤亦當生鼎、蒙、革也。

艮、兑各生卦一，蒙、大過也。艮、兑，陰陽之盛，故亦之變。然皆非正，生若震、巽，則猶復、姤也。

非消息而生卦者，晉有小過、頤，无妄有睽，訟有中孚。晉，乾遊魂卦也。无妄取其正乾元，訟明其消始，皆以義取之也。賁特變爲旅，噬嗑特變爲豐，亦是泰、否相就，假義以生爻耳。

凡陽盈之卦，三十有二，剛爻八十，柔爻一百一十有二；陰虛之卦，三十有二，剛爻一百一十有二，柔爻八十。

按，以上皆張氏所述虞義，揆之鄭、荀諸家，疏密或異，大旨當同，故録入通例。此編明例與圖表劃分。然消息之次，非圖不顯，勢不能割置兩處，故特變其例，欲使學者尋省易了也。凡書中變例，皆放此。

六十四卦每卦六爻相襍，乾元用九、六，和順於道德而理於義，窮理盡性以至於命，變化各正成既濟，一陰一陽，乾元貞五，坤元貞二，而易成位乎其中。

惠氏棟曰：「説文據祕書曰：『日月爲易。』虞仲翔注繫辭曰：『易謂坎、离。』蓋坎上离下，成既濟，定六爻，得位利貞之義。既濟彖曰：『利貞，剛柔正而位當也。』荀慈明注：『易以乾在二者，當居坤五；在四者，當居坤初；在上者，當居坤三。坤在初者，當居乾四；在三者，當居乾上；在五者，當居乾二。如此則六爻得位，所謂日月爲易，剛柔相當，合於坎离之義。』」〔一〕

張氏惠言曰：「乾坤立位，一陰一陽，自成三才，非爲兩象。消息至泰，二、五合坎、离，成既濟卦焉，六爻皆正，乃反乎乾坤之元。文王推爻陰陽之位，乾變坤化，使之各正性命，六十四卦之爻皆就乾坤六位之正，故曰：『同歸而殊途，一致而百慮。』然不

〔一〕惠棟，易例，卷一。

可云變成三才，又不可云變成太極，故假既濟之卦以爲名也。繫注云：『乾六爻，二、四、上非正，坤六爻，初、三、五非正：是謂雜物。』此知卦位皆當成既濟也。又曰：『爻不正則道有變動。』乾坤用九六，所以立消息、正六位也。陰陽雖分用九、六，皆一以乾元摩蕩，故曰天下之動貞夫一，乾元用九而天下治。」〔二〕

姚氏配中曰：「乾坤成既濟，离日坎月，乾坤以日月戰陰陽，故上經以坎离終，下經以既濟未濟終。天之道非日月不彰，易之道非坎离不著。坎离者，乾坤之中氣，易之缊也。日往月來，月往日來，一陰一陽，往來屈信而易道周。終於既濟未濟。未濟六爻失正，則又陽分爲陽，陰分爲陰，自乾坤起矣。故曰：『既濟定，定則不易；未濟窮，窮則通。』未濟思所以濟之，是以『易』字從日下月，一未濟象也。每卦必成既濟，反之正也。聖人作易，撥亂反正，以乾爲首，象首出之大人焉。易者，彌綸天下之道，而爲五常之原者也。」〔三〕

〔二〕张惠言，周易虞氏消息，卷二，乾元用九第八。

〔三〕姚配中，周易姚氏學，自序，定名第三。

以上生爻及六十四卦變成既濟。

凡元發爲畫，畫變成爻，爻極乃化。聖人據卦爻變化而繫之辭。

姚氏配中曰：「元發爲畫，畫變成爻，爻極乃化。鄭氏用九注云：『六爻皆體乾，羣龍之象也。舜既受禪，禹與稷、契、咎繇之屬並在於朝。』是鄭氏以六爻爲禹、稷諸人，而舜則用九者，不在六爻之數，所謂乾元也。虞氏坤象注云：『坤含光大，凝乾之元，終於坤亥，出乾初子。』謂乾元藏於中。坤含光大，凝乾元，則坤元也，坤元亦不在六爻之數。而復，德之本也。虞注云：『復初，乾之元者。』以元不可見，終亥出子，藏於中宮，因其始動以目其未動，故獨繫之復初。復初，陽始來復，天地之心也。是虞義與鄭同。荀氏『大衍之數五十』注云：『卦各有六爻，六八四十八，加乾坤二用，凡有五十。乾初九潛龍勿用，故用四十九。』其說五十雖似與鄭異，鄭義以天地之數五十五，五行減五，故五十，似與荀異。但既減五，即以象八卦，爻數及二用義互相濟也。而云『加乾坤二用』，則亦以乾元坤元不在爻數。用九用六，實有用之者矣。云『初九潛龍勿用，故用四十九』者，蓋亦以乾元隱初入微，義與虞同。下文言傳云『陽氣潛藏』謂元，下也，釋爻，自初至終，无非元之所爲。元實起於一卦之始，而舉其義於一卦之終，以見元无不在，非上九之後又有用九也，故既云『加乾坤二用』，又云『潛龍勿用』，指元爲説，非謂元用而初爻不用。馬以一爲北辰，京以一爲天之生氣，辭異而義悉同也。夫資始者天，資生者地。乾元資始，父道也；坤元資生，母道也。娠身者母，致養者坤，故坤元獨包四十八而爲之母。萬物資始於乾元，而致養於坤元，故合五十爲大衍，太極之全數也。許氏説文云：『惟初太始，道立於一，造分天地，化成萬物。』此則元之所以爲元也。漢書律厤志云：『十一月，乾之初九，陽氣伏於地下，始著爲一。萬物萌動，鐘於太陰，故黄鐘爲天統，律長九寸。九者所究極中和，爲萬物元也。』云『始著爲一』，云『究極中和，爲萬物元』，則其所謂元非初九，明矣。其所謂『太陰』即坤元，藏乾元者也。蓋元者，視之不見，聽之不聞，範圍不過，曲成不遺，在天成象，在地成形，見乃謂之象，形乃謂之器，皆元也。故曰：『八卦成列，象在其中矣。乾坤成列，而易立乎其中矣。』象者言乎象。卦畫者，元之象也。爻者言乎變。九六者，畫之變也。謂之變者，畫變而爲爻；謂之爻者，效天下之動者也。乾鑿度云：『一變而爲七，七變而爲九。九者，氣變之究也。』又云：『陽動而進，陰動而退。故陽以七、陰以八爲彖。』陽動而進，變七之九，象其氣之息也；陰動而退，變八之六，象其氣之消也。鄭注云：『彖者，爻之不變動者，（即畫。）九六，爻之變動者。（七變九，八變六，由七八而變爲九六，非陰變陽、陽變陰之謂。革九五，大人虎變，宋衷注云：「九者變爻，謂九爲七之變。若云變之陰，則五失位矣，何大人虎變之云乎？」）一變而爲七，是今陽爻之象。（畫是也。繫辭傳云：「爻象動乎內。」爻之本象卦首六畫是也。）七變而爲九，是今陽爻之變。（爻爲畫所變，諸稱九六，皆由畫變也。）八變而爲六，（八，今本誤作二，據乾鑿度正文改正。）是今陰爻之變。二變而爲八，（二，今本誤作六，據乾鑿度正文改正。）是今陰爻之象。』然則畫者七八，由七八而變爲九六，是之謂變。由變而通陰陽，易乃謂爲化。卦畫⚊⚋〔一〕而以爲七八者，繫辭傳云：『聖人有以見天下之賾，而擬諸其形容，象其物宜，是故謂之象。』畫⚊⚋象其賾也，所謂剛柔立本，一變爲七，二變爲八，七八之義即在是矣。（乾用九傳云：「乾元用九。」彖傳云：「大哉乾元。」坤彖傳云：「至哉坤元。」虞以復初爲乾元，荀以潛龍爲不用之一策，皆推本言之，爻畫之所由生也。唐志一行議：「陽七之靜始於坎，陽九之動始於震，陰八之靜始於离，陰六之動始於兑。」案，冬至陽生，爲陽之始。一變爲七，是爲正東，故陽七之靜始於坎。至正東則陽已成七。七爲變之始，七變而九，是爲東南，故陽九之動始於震。由一而七，由七而九也。三微成著，正東陽乃著見成畫，七也。冬至之陽，是爲賾元也。正東陽已出地，乃有形容，七也。故曰：「聖人有以見天下之賾，而擬諸其形容，象其物宜，是故謂之象。」此由元而成畫者也。陽九之動始於震，由正東至東

〔一〕分別爲陽爻和陰爻的圖案。下同。

南，七變成九，此由畫而成爻也。夏至陰生，陽極將化，陰盛西北，陽化而伏矣。陰八之靜，陰六之動，義亦如此。以此推之，賾與爻畫，昭然可知矣。擬諸形容，是爲人；天下之賾，則心也。有是人當有是事，是曰物宜，宜如此而未如此者也。故君子居則觀其象，喜怒哀樂之未發爲中也。及其動，則典禮行焉，君臣、父子、夫婦、昆弟、朋友，各行其所當行。故曰：『聖人有以見天下之動，而觀其會通，以行其典禮，繫辭焉以斷其吉凶，是故謂之爻。』典禮行則得失著，故吉凶斷也。蓋九六之爻根於畫，如人喜怒哀樂之發本於性，而得失則斷以禮。性偏者發亦偏，性正者發亦正。偏則失，正則得，吉凶之斷以是分焉，所謂爻象動內而吉凶見外者也。畫之未動也，其吉者是曰吉人，其凶者是曰凶人。吉凶者，宜也，未來之吉凶也。吉人動而爲吉事吉報焉，凶人動而爲凶事凶報焉，已來之吉凶也，所謂見乎外、生乎動也。此畫之變而爲爻者也。若凶人遷而之善，吉人而反爲不善，則皆化矣。得位之化由內而外，其基深，其化難，根於六畫之定位也。失位者其化易，所當化者即伏於本位也。得位之化，化之外，失其本也；失位之化，化之內，反其常也。是故彖辭或言其人，卦畫。或即其人本其生，元。或即其人度其事。動也，如屯，利建侯，傳申之云「宜建侯」，則是度之可知，所謂宜也。爻辭或言其變，九六。或本其畫以及其變，或即其變以溯其畫，或由其變以推其化。是以道立於一，以一函三，元是也。

太極元氣，函三爲一，有天地人道焉。發爲六畫，是爲三才。才，材也，始也。未極，故曰才。彖者，材也。六畫者，三才之道。天地人材始之道也。六畫既变則曰爻，爻效天下之動也，是爲三極。六爻之動，三極之道，由才而極也。陽極於九，陰極於六也。」[二]案，畫變成爻，變也。爻極乃化，亦變也。七變之九，八變之六，是謂畫變。陽變之陰，陰變之陽，是謂爻變。畫變則成爻，爻變則別成一卦。以乾卦言之：潛龍，元也。時當潛而潛，當飛而飛。潛、見、惕、躍、飛、亢，皆畫動而用事，畫變也。乾元用九，二四上亨坤，成既濟，爻變也。陽性欲升，陰性欲承。姚氏謂：「性偏者發亦偏，性正者發亦正。」然偏陰偏陽皆可以之正成既濟，孟子所謂「乃若其情，則可以爲善」。畫變、爻變皆由元也。

凡繫辭取象之本，曰重卦，曰生爻。其別曰旁通，曰反對，曰兩象易，曰互體，曰卦氣，曰爻辰，曰游魂歸魂，曰半象。其用曰時，曰位，曰應，曰據承乘，曰變，曰升降，曰權。其道曰陰陽。其德曰元亨利貞，曰剛健柔順，曰中正其事，曰典禮。其占曰吉凶悔吝无咎。統而名之曰易，其用之以崇德廣業，開物成務，與民捍患，曰君子。凡繫辭，重卦與

[二] 姚配中，周易姚氏學，自序，贊元第一。

生爻義同者合言之。

如泰以重卦言爲天地交，以生爻言爲陽息至三，小往大來。小往大來，則是天地交也。否以重卦言爲天地不交，以生爻言爲陰消至三，大往小來。大往小來，則是天地不交也。又如師，貞，大人吉[一]，无咎，以剛中行險而順。大有，元亨，柔得尊位大中，剛健而文明。皆重卦、生爻義一貫。

義異者别言之。

如訟以生爻言，遯三之二。陽與陰訟，故有孚，咥惕，中吉，剛來得中。以重卦言，上剛下險，陽與陽訟，故九二自下訟上，不克訟。履，乾履兑則吉，故象辭「履虎尾，不咥人，亨」，據重卦言也。柔履剛則凶，故六三「履虎尾，咥人，凶」，據生爻言也。

凡繫辭以卦象指説卦變。

如乾爲馬，坤凝乾元，故辭曰「利牝馬之貞」。坤爲牛，离爲坤中氣，故辭曰「畜牝牛，吉」。辭也者，各指其所之。見馬知乾，見牛知坤，觀其所取何象，則知其所指何卦，

[一] 按，周易原文爲「丈人吉」。

故象足尚也。王弼謂：「義苟合健，何必乾乃爲馬？義苟合順，何必坤乃爲牛？」然則易者，將聖人妄爲，多駢旁枝以迷誤後世耶？不知象，不知變，烏足以知辭？

凡卦名或據重卦。

如「險而止，蒙」、「險而健，訟」之等。

或據生爻。

如「柔得位而上下應之，曰小畜」、「柔得尊位大中而上下應之，曰大有」之等。

凡卦爻精義，當名即辨卦序卦氣，皆據名爲義。

張氏惠言曰：「卦氣之序，先儒未始言之。俗士疑其但以卦名爲次，義似淺，非也。六十四卦之名本以陰陽消息之象命之。舉其名，則其象其氣自无不應。卦氣之候雖不依消息卦次，而以消言消，以息言息，各從其氣，故比其名而氣應。楊子雲作太玄，以中準中孚，以周準復，以礥閑準屯，少準謙，戾準睽。則知卦氣精義即在卦名，學者知卦之所以名，則无疑於其義矣。如序卦亦只用卦名相次，韓康伯以爲非易之精，不知名生於象，象生於氣，此正易之精也。故卦氣以候日，序卦以貞歲，吉凶各以其類應。後世如先天後天

圖，整設而排比之，自謂整齊自然，不知於消息已顛倒謬盭。豈有名不相次而義通者哉？故風雨寒温驗於此而不驗於彼也。」〔二〕

凡兩卦陰陽對，易謂之旁通。六十四卦皆旁通，繫辭或取義，或不取義。

一陰一陽之謂道。六十四卦陰陽兩兩相對，更興互伏，謂之旁通。乾陽在此則坤陰在彼，此可見天下之生，一治一亂，治世不能無小人，亂世何嘗無君子？特消長不同耳。易道以陽通陰，以陰息陽，内君子而外小人。乾道變化，各正性命，六爻發揮旁通，成兩既濟，所謂盡其性以盡人之性，盡物之性。成己，仁也；成物，知也。六十四卦皆旁通。但易含萬象，言非一端，故繫辭或取義，或不取義。虞氏、張氏於十二辟卦及其所謂「消息卦在剥、復、夬、姤閒」者，皆以旁通言，近得之。

凡旁通，或以卦陰陽相變。

如謙息履、師息同人、比息大有之等。此坤息乾之例，以消息言。

或以爻剛柔上下相易。

〔二〕張惠言，周易虞氏消息，卷二，卦氣用事第七。

如乾二升坤五、坤五降乾二之等，以六位言。

凡旁通卦，多兩卦剛柔相應。

如鼎五應屯五、睽五應蹇五之等。

凡全卦倒置謂之反對。六十四卦，惟乾、坤、坎、离、頤、大過、中孚、小過反復不衰，餘皆反對。繫辭或取義或不取義。

六十四卦自反復不衰卦外，每卦反之，則別成一卦。物極則反，故泰成則反否，否成則反泰。既濟終止則亂，則反成未濟；未濟剛柔相應，猶可反爲既濟。此可見禍福倚伏，安危得失止一轉移間。惟聖罔念作狂，惟狂克念作聖，苟得其道，則雖愚必明，雖柔必强，因禍爲福，轉敗爲功。否則，知進而不知退，知存而不知亡，知得而不知喪，三者不知則三者及之矣。故君子終日乾乾，反復道也。此所以撥亂世反之正，否可使爲泰，泰不使爲否也。

凡泰否、隨蠱、漸歸妹、既濟未濟，反對即旁通。

漸、歸妹旁通，據虞説，繫辭不取義。

凡序卦每兩卦反對，往來屈伸，反復相受，以盡物理。

凡卦自八純外，得上下兩象相易。

虞氏據繫辭傳三言「後世聖人易之以」，爲取兩象易。今以經考之：澤中有火爲革，兩象易爲睽。睽火動而上，澤動而下，柔進而上行。山下出泉爲蒙。蒙以亨行，時中也。兩象易爲蹇。蹇，利西南，往得中。此經言兩象易之明文。

凡卦與卦相重，則有互體。繫辭取象，重卦爲經，互體爲緯。凡互體之別曰半象。

王氏應麟曰：「以互體求易，左氏以來有之。凡卦爻二至四、三至五兩體交互，各成一卦。是謂一卦含四卦，繫辭謂之中爻，所謂「八卦相蕩」，六爻相雜，唯其時物，雜物撰德是也。唯乾坤無互體，蓋純乎陽純乎陰也。餘六子之卦皆有互體。坎之六畫，其互體含艮震，而艮震之互體亦含坎。离之六畫，其互體含兑巽，而兑巽之互體亦含离。三陽卦之體互自相含，三陰卦之體亦互自相含也。」〔二〕

張氏惠言周易鄭氏義曰：「互卦有二例：蒙注云『互體震』，同人注云『卦體有

〔二〕鄭玄，周易鄭注，王應麟輯，敘録。

巽』，頤注云『自二至五有二坤』之等，三爻爲卦也；大畜注云『自九三至上九有頤象』，四爻爲卦也。然則當有五爻之互，闕不具耳。又既濟九五爻云『互體爲坎』，旅初六云『爻互體艮』，或鄭以上下分象皆爲互體。」〔二〕

案，兩象既重，自有互體。每卦重卦兩象爲經，互卦兩象爲緯。故傳曰：「易有四象，所以示也。」繼之曰：「繫辭焉，所以告也。」則繫辭取象兼據重卦、互卦可知。七八九六，四象也。重卦、互卦亦得四象。生著成卦，數適相符，繫辭當兼據之。王弼、鍾會輩力排互體。夫易含萬象，豈有其象顯在一卦中，爲六十二卦之通例，而反遺之者乎？不論互體，不知卦變，宜其於象乖隔鮮通，而有忘象之謬說，顯背「易者象也」之文而不顧矣。

又案，三爻之互互全卦，四爻五爻之互互半卦，此即虞氏半象之說。但鄭取六畫卦爲半象，虞取三畫卦爲半象耳。

凡六十四卦用事謂之卦氣。

〔二〕張惠言，周易鄭荀義，卷上，略例。

凡卦氣以三畫卦言，則八卦分主四時。

說卦曰：「萬物出乎震。震，東方也。齊乎巽。巽，東南也。离也者，明也，萬物皆相見，南方之卦也。坤也者，地也，萬物皆致養焉。兑，正秋也。乾，西北之卦也。坎者，水也，正北方之卦也。艮，東北之卦也，萬物之所成終，而所成始也。」

張氏惠言曰：「乾鑿度說：『八卦布散用事，「說」字今增。震生物於東方，位在二月；巽散之於東南，位在四月；离長之於南方，位在五月；坤養之於西南方，位在六月；兑收之於西方，位在八月；乾制之於西北方，位在十月；坎藏之於北方，位在十一月；艮終始之於東北方，位在十二月。八卦之氣終，則四正四維之分明，生長收藏之道備，陰陽之體定，神明之德通，而萬物各以其類成矣。』又曰：『歲三百六十日而天氣周。八卦用事，各四十五日，方備歲焉。故艮漸正月，巽漸三月，坤漸七月，乾漸九月，而各以卦之所言爲月也。』此爲三才、八卦用事之氣。通卦驗候卦炁，乾主立冬，坎主冬至，艮主立春，震主春分，巽主立夏，离主夏至，坤主立秋，兑主秋分。然若以冬至起子，四十五日立春

而艮受之，是艮不得位十二月，坤不得位六月也。當是八卦各以中爻用事二分二至。」〔一〕

以六畫卦言，則坎离震兑四正卦主四時，十二消息主十二月。消息合雜卦，凡六十卦，卦主六日七分。

惠氏棟曰：「孟氏卦氣圖以离坎震兑爲四正卦，餘六十卦，卦主六日七分，合周天之數。内辟卦十二，謂之消息卦。乾盈爲息，坤虚爲消，其實乾坤十二畫也。繫辭云：『乾之策二百一十有六，坤之策一百四十有四，凡三百有六十，當期之日。』夫以二卦之策當一期之數，則知二卦之爻周一歲之用矣。四卦主四時，爻主二十四氣。十二卦主十二辰，爻主七十二候。六十卦主六日七分，爻主三百六十五日四分日之一。辟卦爲君，雜卦爲臣，四正爲方伯。二至二分，寒温風雨，總以應卦爲節。是以周易參同契曰：『君子居室，順陰陽節。藏器俟時，勿違卦月。謹候日辰，審查消息。纖芥不正，悔吝爲賊。二至改度，乖錯委屈，隆冬大暑，盛夏霜雪。二分縱横，不應漏刻，水旱相伐，風雨不節，蝗蟲湧沸，羣異旁出。』此言卦氣不效則分至、寒温皆失其度也。漢書谷永對策曰：『王者

〔一〕張惠言，易緯略義，卷一。

躬行道德則卦氣理效，五徵時序；失道妄行則卦氣悖亂，咎徵著郵。』後漢張衡上疏亦言：『律歷卦候，數有徵效。』樊毅修華嶽碑云：『風雨應卦，灘潤萬物。』是漢儒皆用卦氣爲占驗。魏正光歷推四正卦術曰：『十一月，未濟、蹇、頤、中孚、復。十二月，屯、謙、睽、升、臨。正月，小過、蒙、益、漸、泰。二月，需、隨、晉、解、大壯。三月，豫、訟、蠱、革、夬。四月，旅、師、比、小畜、乾。五月，大有、家人、井、咸、姤。六月，鼎、豐、渙、履、遯。七月，恒、節、同人、損、否。八月，巽、萃、大畜、賁、觀。九月，歸妹、无妄、明夷、困、剥。十月，艮、既濟、噬嗑、大過、坤。』又云：『四正爲方伯，中孚爲三公，復爲天子，屯爲諸侯，謙爲大夫，睽爲九卿。升還從三公，周而復始。』易緯稽覽圖曰：『甲子卦氣起中孚，六日八十分日之七。』鄭康成注云：『六以候也，八十分爲一日。日之七者，一卦六日七分也。』易緯是類謀曰：『冬至日在坎，春分日在震，夏至日在离，秋分日在兑。四正之卦，卦有六爻，爻主一氣。餘六十卦，卦主六日八十分日之七。歲有十二月，三百六十五日四分日之一，六十而一周。』〔一〕

〔一〕惠棟，易漢學，卷一，孟長卿易上。

張氏惠言曰：「六日七分，其傳有孟氏，有京氏。劉向所謂『易家惟京氏爲異』，則孟氏之傳，田何本學也。孟氏章句亡，其説僅見於新唐書一行卦議，故采其語焉。卦議云：『十二月卦出於孟氏章句，其説易本於氣，而後以人事明之。京氏又以卦爻配期。坎离震兑，其用事自分至之首，皆得八十分日之七十三。頤、晉、井、大畜皆五日十四分，餘皆六日七分。自乾象厤以降，皆因京氏，惟天保厤依易通統軌圖。自人十有二節，五卦初爻相次用事，及上爻與中氣，皆終非京氏本指，及七略所傳。案郎顗所傳，皆六日七分，不以初爻相次用事。齊厤謬矣。京氏減七十分爲四正之候，其説不經，欲附會緯文「七日來復」而已。夫陽道消，靜而無迹，不過極其正數，至七日而通矣。七者，陽之正也，安在益其小餘，合七日而後雷動地中乎？當據孟氏，自冬至初，中孚用事。一月之策，七九八六，是爲三十。而卦以地六，候以天五，五六相乘，消息一變，十有二變而歲復初。坎离震兑，二十四氣，次主一爻，其初則二至二分也。坎以陰包陽，故自北正，微陽動於下，升而未達，極於二月，凝涸之氣消，坎運終焉。春分出於震，始據萬物之元，爲主於內，則羣陰化而從之，極於南正，而豐大之變窮，震功究焉。离以陽包陰，故自南正，微陰生於地下，積而未彰，至於八月，文明之質衰，离運終焉。仲秋陰形於兑，始循萬物之末，爲主於內，羣陰降而承之，極於北正，而天澤之施窮，兑功究焉。故陽七之靜始於坎，陽九之動始於震，陰八之靜始於离，陰六之動始於兑。故四象之變，皆兼六爻，而中節之應備矣。易爻當日，十有二中直全卦之初，十有二節直全卦之中。齊厤又以節在貞，氣在悔，非是。』」〔一〕王氏應麟曰：「上繫七爻起於中孚『鳴鶴在陰』，下繫十一爻起於咸『憧憧往來』。卦氣圖自復至咸，八十八陽九十二陰，自姤至中孚，八十八陰九十二陽，咸至姤，凡六日七分，中孚至復，亦六日七分，陰陽自然之數也。」〔二〕

莊氏存與曰：「自中孚迄井，陽爻八十九，陰爻九十一，共一百八十，當半歲。實其在晉以前，陽爻三十八，解以後，陽爻五十一，厤日在春分前則少，在春分後則多之象也。自咸迄頤，陽爻九十一，陰爻八十九，共一百八十，當半歲。實其在大畜以前，陽爻五十四，賁以後，陽爻三十七，厤日在秋分前則多，在秋分後則少之象也。陽爻多則陰爻

〔一〕張惠言，周易虞氏消息，卷二，卦氣用事第七。

〔二〕王应麟，困学纪闻，卷一。

少，象形度之縮焉；陽爻少則陰爻多，象形度之盈焉。自解迄大畜，陽爻一百有五，陰爻七十五，晝永而夜短也。自賁迄晉，陽爻七十五，陰爻一百有五，晝短而夜永也。二至相距，陰爻陽爻不正九十，而多一少一者何也？曰：吾以是知歲實之有消長也。」張云：「此言定朔，亦出於卦氣也。」略附一隅，世有精於厤法者自能通之。[一]

凡乾坤十二爻陰陽相間，直十二辰，成兩既濟，謂之爻辰。

案，一陰一陽之謂道，大極之本體，既濟之定象也。荀、虞皆有成既濟之説，爲易中第一大義。鄭注闕，不具據。鄭以爻辰説易。爻辰者，一陰一陽相間，正乾坤十二畫，成兩既濟之位，與消息升降義一貫。十二消息陰陽相推，孔沖遠謂：「陰陽二氣共成歲功。陰興之時，仍有陽在；陽生之月，尚有陰存。所以六律六吕，陰陽相間。」此即爻辰與消息相通之義，而升降之位所由定也。其在乾曰：「用九，見羣龍无首。吉。」謂六陽爲首，六陰承之，是爻辰之義也。在坤曰：「西南得朋，東北喪朋。安貞吉。」惠氏謂：「爻辰，

[一] 莊存與與張惠言語，皆引自張惠言，周易虞氏消息，卷二，卦氣用事第七。

初在未。未，西南，陰位，故得朋。四在丑。丑，東北，陽位，故喪朋。地闢於丑，位在未，未衝丑爲地，正承天之義，故安貞吉。」是爻辰之義也。坤彖此文異説致多，惟惠氏發明承天之義，最合經旨，虞、荀大師均不及之。以此見爻辰之説確有承受，著在經文，不可誣也。其爻辰取象之例，據鄭注遺文亦略可指説。但其學曠絶無傳，諸家均所不説，故通其大義於此，而別以惠、張所述法數入鄭氏例。

又案，乾文言「潛龍勿用，下也」一章言消息，「潛龍勿用，陽氣潛藏」一章則言爻辰。何則？「見龍在田，天下文明」，惟爻辰在建寅之月，天地和同，草木萌動，故文明。若據消息，當建丑之月，則屯難草昧之時，非文明也。「或躍在淵，乾道乃革。」惟建午之月，陰起消陽，故謂之革。若建卯之月，則乾方盛息，何革之云？此二條非以爻辰説之不能通。三隅反之，則此章皆據爻辰爲説，甚明。所謂「與時偕行」者，謂三月之時，陽氣盛行也；所謂「與時偕極」者，謂九月之時，陽氣剥盡，剥上即乾上也；所謂「乃位乎天德」者，謂七月萬物已成，陰陽各得其位。所謂天尊地卑，乾坤定也。荀義。易含萬象，爲道屢遷，固不可以一端盡也。

凡爻辰以乾坤例。諸卦三百八十四爻皆出乾、坤，陽爻就乾位，陰爻就坤位。

凡卦陰陽相伏。

凡爻失位者，當位之陰陽即伏其下。

凡卦陰陽相變而本體不亡，剥極於上則復生於下。剥、復、夬、姤之間，陰陽相摩相蕩，是謂遊魂歸魂。凡八卦變、伏、游、歸之法視乾、坤。

變、伏、游、歸之義，張氏述虞義，發之甚精，詳生爻例。其法則本於京氏，而荀氏、干氏用之。張氏曰：「京氏積算法，六十四卦爲八宫，八純卦上爻爲世不變。變初，一世；變二，二世。以至於五，則四反而爲游魂，下體復爲歸魂。游魂、歸魂二字今增。之卦，乾坤用坎离，坎离用乾坤，震巽用艮兑，艮兑用震巽。凡乾與坤、坎與离、震與巽、艮與兑互相伏。八卦之世雖變，其本體皆伏於下。」又曰：「伏有以爻位言者，如坤六三。荀注云：『六三，陽位，下有伏陽。』」〔一〕

〔一〕張惠言，周易鄭荀義，卷下。

案，卦世游歸之説，見今所傳京氏易傳。據繫辭有「游魂爲變」之文，則其法所從來遠矣。但易傳係占筮書，與章句不同。謂卦世遊歸爲易中取義所及則可，定指何文爲卦世游歸而設，則雖慈明大儒，或猶疑其未爲定詁。今述其本法於此，而以推説之義別入荀氏例。又案，世即消息也，伏即旁通也，游歸即乾坤交坎离也，上世不變即蔡景君説「剥上之坤三成謙」也。六子則以乾坤例之也，虞氏專以十二消息爲義，故不及六子。

凡卦有時，爻有位，爻位莫貴乎中，故易尚時中。

惠氏棟曰：「易道深矣，一言以蔽之，曰：時中。孔子作彖傳，言時者二十四卦，言中者三十五卦。象傳言時者六卦，言中者三十八卦。其言時也，有所謂時者，待時者，時行者，時成者，時變者，時用者，時義、時發、時舍、時極者。其言中也，有所謂中者，中正者，正中者，大中者，中道者，中行者，行中者，剛中柔中者。而蒙之彖則又合時中而命之。蓋時者，舉一卦所取之義而言之也；中者，據一爻所適之位而言之也。時無定而位有定，故象多言中少言時。然六位又謂之六虚，唯爻適變，則爻之中亦無定也。位之中者，惟二與五，漢儒謂之中和。楊子法言曰：『立政鼓衆，莫尚于中和。』又云：『甄陶天下，其在和乎？龍之潛亢，不獲其中矣。是以過則惕，不及中則躍，其近於中乎！』注云：『二五得中，故有利見之占。』大玄曰：『中和莫尚于五。』故彖傳凡言中者，皆指二五。二尚柔中，五尚剛中，五柔二剛亦得无咎。二與四同功而二多譽，三與五同功而五多功，以其中也。復六四中行獨復，象曰：『中行獨復，以從道也。』四得位應初，獨得所復。四非中而稱中行者，以從道也。其時中之義歟？（案，此虞義，與鄭異，詳下。）愚謂孔子晚而好易，讀之韋編三絕，而爲之傳，蓋深有味於六十四卦、三百八十四爻時中之義，故于彖傳、象傳言之，重詞之復。子思作中庸，述孔子之意，而曰『君子而時中』。孟子亦曰：『孔子，聖之時。』夫執中之訓，肇於中天，時中之義，明于孔子，乃堯、舜以來相傳之心法也。其在豐彖曰『天地盈虛，與時消息』，在剥曰『君子尚消息盈虛，天行也』，文言曰『知進退存亡而不失其正者，其惟聖人乎』，皆時中之義也。知時中之義，其于易也，思過半矣。』〔一〕

〔一〕惠棟，易漢學，卷七，荀慈明易。

凡爻位以三才言，初二爲地道，三四爲人道，五上爲天道。

凡初三五爲陽位，二四上爲陰位。陽居陽，陰居陰，爲當位。反是爲失位。

凡天道陽，貴五；地道陰，貴二；人陽近地，貴三。

姚氏配中曰：「卦有六畫，三才各二，兼三才而兩之。天位乎上，地位乎下，人位乎中，故初二爲地，三四爲人，五上爲天。天地之道，非人不顯。二五近人，得其中正，故陽貴五，陰貴二。人陽近地，故人重三。初在地中，上位天上，四亦陰位，非人所居，皆非三才之正。」[一]

凡六爻當位爲正，二五爲中。

凡二五爲兩體之中，三四爲互體之中。

乾文言：「九三上不在天，下不在田。九四上不在天，下不在田，中不在人。」姚氏配中曰：「三四兩爻各兼上中下。三居下體，一卦之上，是之謂上，而非五，故不在天。三與四五互一卦，三在下，故曰下，而非二，故不在田也。四與二三共互一卦，四在上，

[一] 姚配中，周易姚氏學，卷一。

故曰上。爲上卦之下，故曰下。三五互卦，四在其中，故曰中，而非三，故不在人，二四互卦，三亦在中，不言之者，以其在人也。上中下三者俱備，唯三四兩爻。初上無兼稱。二下中，五上中，各得兩稱。互體，五在上，二在下也。魏志鍾會傳會嘗論易无互體，亦不知易耳。」〔一〕案，互體之中，即全卦之中。文言明云「中不在人」，則三四爲中可知。復六四中行獨復，鄭以爲全卦之中，與文言義協。

復姤爲天地之中。

虞氏以復初爲中，是。

三百八十四爻有中正者。

六二、九五。

有中而不正者。

九二、六五。

有正而不中者。

〔一〕姚配中，周易姚氏學，卷二。

九三、六四。三過中，四不及中。初上本末，但論正不正，不論中不中。

有不中不正者。

六三、九四。

有中而之正者。

若乾二、坤五。

中與正劃然兩義。

虞氏以繫辭中爻爲正，非也。中爻對初上言，謂中四爻耳。張氏又以「象在其中」、「爻在其中」之等皆爲正，尤誤。此數「中」字皆當訓爲「内」，猶論語云「餒在其中」、「樂在其中」耳，與「正」義均不相涉。

凡失正謂之邪，失中者當及時以求中。

惠氏棟説乾文言曰：「二四不正，故皆言邪；三四不中，故皆言時。及時，所以求中也。」〔二〕

〔二〕惠棟，周易述，卷十八。

時中則無不正。

張氏曰：「乾以二五摩坤，坤以二五摩乾，乾坤所以變化，在乎二五，故爻位爲中。然彖、象所以謂之中者，皆謂其有中德，能正己正人。故乾二稱中，謂其變而利見也。坤五黄中，謂其變而正位也。蒙二時中，謂其通五養正也。」〔一〕

凡爻位以兩體言，三畫以下爲地，四畫以上爲天。動於地之下者，應於天之下，動於地之中者，應於天之中，動於地之上者，應於天之上。初以四，二以五，三以上爲應。惟大過得過以相應。

凡一陰一陽之卦皆上下應之。

凡旁通之卦相應。

凡易重當位，其次爲應。六十四卦有當位而應者，有當位而不應者，有不當位而應者。若皆陽皆陰謂之敵應。

惠氏棟曰：「易重當位，其次重應，而例見於既、未濟彖辭。既濟彖曰：『利貞，剛

〔一〕張惠言，周易虞氏消息，卷二，中第十。

柔正而位當也。』此言當位也。未濟彖曰：「雖不當位，剛柔應也。」此言應也。未濟六爻皆不當位而皆應，易猶稱之，則易于當位之外，其次重應，明矣。六十四卦言當位者十三卦，言不當位者二十二卦，言應者十七卦。」〔二〕

凡敵應者，不當位之爻變而相應。

凡相與爲應，相近爲比。

凡爻相比、相應而相得者，謂之獲，又謂之田。

凡爻近而不相得，遠而不相應，則言害。

凡陽在陰上爲據，陰在陽下爲承，陰在陽上爲乘。

凡易氣從下生。初爲下，終爲上。初爲本，上爲末。

凡二與四同功而異位，二多譽，四多懼。三與五同功而異位，三多凶，五多功。

凡乾初四，震爻；二五，坎爻；三上，艮爻。坤初四，巽爻；二五，离爻；三上，兑爻。

〔二〕惠棟，易例，卷一。

凡陽在初，爲幾、爲深、爲隤、爲潛、爲隱、爲微。

凡陽在二五稱孚，在三四稱修。

凡言喜慶皆陽爻。

凡言黃者皆陰爻在中。

凡爻位，初爲足、爲趾、爲拇，二爲腓，三爲股、爲限，四爲心，五爲脢，上爲首、爲頂、爲頄、爲面、爲舌。

凡爻近取諸身，則初爲趾，上爲首；遠取諸物，則初爲尾，上爲角；取諸植物，則初爲本，上爲末。

凡巽，剛爻爲木，柔爻爲草。

凡內卦爲貞，外卦爲悔。以卦位言，則外爲前，內爲後。

需坎在外，象曰：「險在前也。」履兌在下，兌爲虎，在下，故經稱「履虎尾」。

以易氣言，則初爲先，上爲後。

繫曰「幾者，動之微，吉之先見」，謂復初。比「後夫凶」，謂上。

凡剛柔相推而生變化。對文，則晝變稱變，爻變稱化，乾爲變，坤爲化，春夏爲變，秋冬爲化。散文皆曰變。

凡晝變曰變、曰動、曰發。

凡爻變曰變、曰化、曰動、曰發、曰易、曰渝、曰征、曰往、曰行。凡失位者皆須學問以養成之。

凡之應曰征、曰往、曰行。

凡使他爻變，若應，曰牽、曰攣、曰引。

凡變應自内曰往、曰進、曰上、曰升，自外曰來、曰退、曰下、曰降。

凡易位，初爲元士，二爲大夫，三爲三公，四爲諸侯，五爲天子，上爲宗廟。凡此六者，陰陽所以進退，君臣所以升降。

凡陽由七上九，陰由八降六，故陽性欲升，陰性欲承。乾元用九六登降於六位。

凡升降之法，乾在二者當上升坤五，在四者當下居坤初，在上者居坤三。坤在五者當下居乾二，在三者居乾上，在初者居乾四。乾、坤二卦成兩既濟，六十四卦皆準此。

案，此以爻言，爲六十四卦之通例。

凡乾在下者當升，經於需卦明之。

案，此以卦言，與六位消息取義各殊。故否，消卦也，而繫云「天尊地卑，乾坤定矣」，荀義。序卦下篇發首言「有天地」，虞義。皆指否言。大壯，息卦也，而左氏説「雷承乾，曰大壯」。六十四卦，惟需卦用此例最明。經曰：「有不速之客三人來，敬之，終吉。」謂乾三爻升也。升則上六變爲上九，失位，而於天尊地卑之義得之。故象曰：「雖不當位，未大失也。」易含萬象，辭多舉隅，荀氏又推此例以説泰、升等卦，故其升降之義，或據卦，或據爻，不同，學者當分別觀之，非如張氏所譏，謂否、遯、姤之義大于既濟也。

凡乾六爻爲六十四卦之君。初、二、三、四皆當升五，上由三升五。

案，復初、臨二、謙三、大壯四皆當升五，謙三由乾上降，故荀氏〔一〕謂：「乾者，君卦，六爻皆當爲君。」

〔一〕原文爲『荀氏』，當爲『荀氏』之禄。

凡爻變而得位者皆曰則。

凡得位者不變，惟卦有巽者，九三權變受上，所謂巽以行權。

虞氏於家人、漸皆有「三變受上」之說。漸九三稱鴻漸於陸，而上九與之同文，明是三變，上來居之。三本得位，變而受上，使成既濟，所謂反乎經，然後有善也。焦氏深譏虞說，乃欲加之罪而爲之辭。共和之於周，平、勃之於漢，社稷之臣濡迹救時，豈得以小廉曲謹繩之？苟能濟國，孰謂其非正？

凡坎、离爲經，巽爲權。

坎、离，震所由出，陽出正位，羣陰順從，經也。巽，震所入，陽伏待時，陰爲之藉，權也。

凡兵事以權濟，故巽爲軍旅之卦。

凡小過當以經正之，大過當以權濟之。

凡无妄之世，當以權益人，不以正災人。

凡消卦有不成既濟者皆權，權行而後歸於正。

凡一陰一陽之謂道。分陰分陽，各得其一，之謂德。陽當升，陰當承，之謂命。陽欲升，陰欲承，之謂性。性發爲情，性命各正，得其分理，協于事宜，之謂理義。

凡易道貴陽，消息皆以陽言。消者消陽，息者陽息。

凡陰陽，離則異氣，和則同功。陰消陽爲逆，凝陽爲順，乘陽爲逆，承陽爲順。

凡乾起坎而終於离，坤起离而終於坎。离、坎者，乾、坤之家而陰陽之府。

凡陽稱大，陰稱小，陽爲實，陰爲虚。

凡陽生陰殺，陽吉陰凶，陽貴陰賤。

凡陽道不絶，陰道絶。

凡陽爲德，陰爲刑。

凡陽爲人，陰爲財。小畜以財養人，大畜以德養民。

凡陽爲君，陰爲民。陽爲君子，陰爲小人。

凡陽得正爲君子、爲聖人，失正爲庸人；陰得正爲君子，失正爲小人。凡陰消至三爲匪人。

凡乾、坤皆爲聖人、爲賢人。以爻言，則乾初、乾五爲聖人，乾三爲君子。震初體乾初，坎五體乾五，爲聖人。艮上據陰，別取養賢之義，爲賢人。艮上亦體乾三。

凡小人道消，則君子道長。君子道長則爲泰。泰者，通而治。君子道消，則小人道長。小人道長則爲否，否者，閉而亂。

凡陰以小人言則當遠，以民言則不可遠。

遯，君子以遠小人。姤，无魚之凶，遠民。

凡陽與陽、陰與陰爲朋、爲類、爲羣、爲彙。陰陽相襍爲文，文不當，故吉凶生。

凡陽卦多陰，陰卦多陽。

凡卦一陽而五陰，則以一陽爲主；一陰而五陽，則不以一陰爲主。

案，程子謂：「卦一陽五陰，則一陽爲主；一陰五陽，則不以一陰爲主。」王弼云「一陰爲之主」，非也。夫陽者，天也、父也、君也、夫也、君子也；陰者，地也、臣也、子也、妻也、小人也。地不可先天，臣不可僭君，子不可擬父，妻不可乘夫，小人不可陵君子，則陰不可主陽，明矣。易道扶陽抑陰，所以正人倫，明王道，塞亂源。故一陽之卦，若師、謙、豫、比，皆一陽爲五陰主。其一陰之卦，若同人、履、小畜、大有，則師、謙等陽爻所息，義皆主陽不主陰，卦中一陰皆凝陽，非消陽。一陽之卦，重在陽爻，必吉；一陰之卦，不重在陰爻，不必吉。自漢以來，皆無以陰主陽之説。王弼之學出於老、莊，其用在陰柔，其弊爲陰慝，其毒爲陰禍。魏、晉之間，民彝泯亂，篡盜相仍，讒慝賊賢，清談誤國，積弱昧之極，以取亂亡，戎狄豺狼，遂據有中土，未始非此等異言兆之亂也。陽爲生、爲福，陰爲死、爲禍。民之所欲，天必從之。學術盛衰，生民與爲休戚。程子辭而闢之，有功名教大矣。

凡陽始乾元，陰始坤元，六十四卦皆受始於乾元，由坤而生。

凡經言元者，義主陽則謂乾元，義主陰則謂坤元凝乾。

彖曰「大哉乾元」「至哉坤元」，以例諸卦。如屯「元亨利貞」，元謂初九，訟「元吉」，繫於九五以陽訟陰，比「元永貞」，據九五乾元正位之等，義皆主陽，謂乾元也。大有「元亨」，據柔得尊位，應比五，离六二「黃离，元吉」與坤六五「黃裳，元吉」同，義皆主陰，謂坤元凝乾也。

凡經言亨者，皆謂乾、坤交。

凡消息升降，皆乾元亨坤之事。

凡經言利貞者，皆爻當位，或變之正，或剛柔相易。

凡失位者，以之正爲貞；得位者，以之不動爲貞。

程子曰：「凡貞吉，有既正且吉者，有得正則吉者。」〔二〕亦此意。

凡易爲君子謀，不爲小人謀，故言「利貞」，不言「利不貞」，言「貞吉」，不言「不貞吉」。

凡言「貞凶」者，謂雖貞猶凶。

雖貞猶凶，況不貞乎？

凡言「不可貞」，言「不利君子貞」者，謂當行權。

凡亨者，元所爲；貞者，利所在。四德合之，實兩義。元亨對小亨言，利貞對不可貞言，故諸卦彖傳約其義曰：「大亨以正。」

凡卦具四德者，皆謂成既濟。

〔二〕程頤，伊川易傳，上經傳卷一。

惠氏棟曰：「易道晦蝕且二千年矣。元亨利貞，乃二篇之綱領。魏、晉已後，注易者皆不得其解。案革彖辭曰：『巳日乃孚，元亨利貞，悔亡。』虞注云：『悔亡，謂四也。四失正，動得位，故悔亡。已成既濟，乾道變化，各正性命，保合太和，乃利貞，故元亨利貞，悔亡。』與乾彖同義。又乾文言曰：『時乘六龍以御天也。雲行雨施，天下平也。』荀注云：『乾升於坤爲雲行，坤降於乾爲雨施，乾、坤二卦成兩既濟，陰陽和均而得其正，故曰天下平也。』是漢已前解四德者，皆以既濟爲言。莊三年，穀梁傳曰：『獨陰不生，獨陽不生，獨天不生，三合然後生。』乾鑿度曰：『天地不變，不能通氣。』鄭注云：『否卦是也。』又曰：『陰陽失位，皆爲不正。』注云：『初六陰不正，九二陽不正。』故虞注下繫云：『乾六爻，二四上非正；坤六爻，初三五非正。』蓋乾必交坤而後亨，爻必得位而後正。若四德專謂純乾，獨陽不生，不可言亨，二四上爻不可言貞。既非化育之常，又失用九之義，微言既絶，大義尤乖。今幸東漢之易猶存，荀、虞之説具在，用申師法，以明大義，以遡微言，二千年絶學庶幾未墜，其在兹乎？」〔二〕陳氏澧曰：「虞仲翔注

〔二〕惠棟，易例，卷一。

乾卦云『成既濟』，惠定宇周易述云：『乾六爻，二四上匪正；坤六爻，初三五匪正。乾道變化，各正性命，保合太和，乃利貞。傳曰：利貞，剛柔正而位當也。』澧案，乾之所以利貞者，以變既濟，而六爻各正，既濟彖傳乃説『利貞』二字之通例，此虞氏之最精善處，亦惠氏最精善處，此真以十篇説經者矣。」〔二〕案，乾、坤二卦成兩既濟，彖傳所謂「各正性命」也。焦氏循以成一既濟爲貞吉，成兩既濟爲貞凶，則是性命有正，有不正，成己爲貞吉，成己而兼成物爲貞凶矣，甚矣其好爲異説而不顧也。

凡乾、坤合於一元。元者，善之長。以天道言則陰陽皆善，以人事言則善屬陽，不善屬陰，故乾爲積善，坤爲積不善。

凡易道尚通，反通爲窮，窮則凶。

凡易道尚明，反明爲迷，迷則凶。

凡易道尚變，變動以利言，變而通之以盡利，不變則不能利。乾道變化，各正性命，不變則不能貞。

〔二〕陳澧，東塾讀書記，卷四。

凡利莫大于制器，聖人備物致用，立成器以爲天下利，未有器不備而能利者。君子藏器於身，待時而動，未有器不成而能動者。

凡天下能事，皆易之緼。器出于象，象立于幾。惟幾也，故能成天下之務，引伸觸類，變通盡利。

凡易道尚强。强生于明，故乾爲健，又爲大明。离爲日、爲火、爲電、爲文明，又爲甲胄、爲戈兵。

凡乾爲君，坤爲臣、爲民；乾爲健，坤爲順。君健而後臣民順，一人晏安則萬事斁倫，故乾元用九乃見天則。

凡乾爲敬，坤爲義。敬則健，非剛愎；義則順，非悦從。

凡乾爲剛健，坤爲柔順，成既濟，則皆歸于中正。以乾元、坤元言謂之中，以六位言謂之正，以陰陽合德言謂之和。致中和，天地位，萬物育。故易者，聖人贊化育之書。

凡易之義莫大于贊化育，故六十四卦歸于既濟。其次爲寡過，故六十卦消息始于復。

凡易道貴誠，故文言於乾二、三皆言誠。中孚「信及遯魚」，爲消息出復之本。

凡樹德莫如本，故乾初確乎不拔；防患莫如豫，故坤初辯之早辯；去惡莫如盡，故夬一陰在上，居德則忌。

凡自知者明，自勝者强，善建者不拔，勝人者有力。

凡易道尚謙。一謙而四益，故艮在地下爲謙，在澤下爲虚，乾上九亢則無民，反三勞謙則萬民服。禹、湯罪己，其興也勃。謙，所以不遠復。

凡得民爲治天下之本，故初九在陰下者多吉；尚賢爲得民之本，故六五承上九者多吉。

凡不信仁賢則國空虚，坤虚无君則陽來伐之，故師、謙、升、明夷等皆有征伐之象。

凡上下无常，民心服，而後可以辯上下。故謙以制禮，民可近也，而不可下也。故以乾履兑，猶曰「履虎尾」。

凡上下不辯必亂，經於履卦明之；上下不交必亡，經於否卦明之。

凡上下交爲泰，上下不交爲否。損下益上爲損，損上益下爲益。

凡陽決陰稱夬，陰消陽則稱剥，正名之義。

凡小人禍君子，適以自禍。易爲小人開悔禍之門，故剥五取承陽之義。

凡卦有剥復，時有消長，而乾元常存，故君子之道無中絶於天下之時。

凡君子德孚於小人則吉，行牽於小人則危，未及其時，无備而觸之則凶。經於大壯、夬、姤、解、革深切言之。

凡姤、遯、否皆言救亂，君子遠小人，藏器以待時。

凡姤爲消之始，聖人救之，一在防小人，一在求賢人，剛遇中正，則小人退矣。

凡易道懼浸。積德累行，不知其善有時而用；棄義背理，不知其惡有時而亡。故君子慎所積。

凡敏則有功。易貴速賤緩，緩必有所失。故損曰：「損其疾，使遄有喜。」解曰：「有攸往，夙吉。」

凡易懼以終始，其要无咎，震无咎者存乎悔，故恐懼修省爲守宗廟社稷之本。

凡民豫則吉，上豫則凶。國家閒暇，及是時，明其政刑，雖大國必畏之，故勞謙有終，吉；國家閒暇，及是時，般樂怠敖，是自求禍，故鳴豫志窮，凶。

凡養民莫先理財。故謙爲陽息之始，君子以掊多益寡，稱物平施。泰爲陽息之成，后以財成天地之道，輔相天地之宜，以左右民。

凡保民在迪民哲，故臨教思无窮，容保民无疆，其五曰「知臨，大君之宜，吉」。

凡不教而誅謂之虐，故噬嗑先以臨，觀明罰勑法，使民灼知而不犯。

凡刑之用，當平如水，故坎言刑；兵之用，莫烈于火，故离言兵。

凡易言刑者六卦，其四有离，其二爲中孚、解。中孚，誠也。离，明也。悉其聰明，致其忠愛以盡之，非惡積罪大者赦。

凡易者，禮象。道之大原出于天，有天地、萬物、男女、夫婦、父子、君臣、上下，禮義有所錯，易象莫大于是。

凡禮之大本在三綱，六十四卦成于八卦，六子生于乾、坤。父爲子綱，故易首乾、坤。

凡君爲臣綱，夫爲妻綱。天先乎地，君先乎臣，夫先乎婦，故乾先乎坤。

凡乾爲天，又爲父、爲君。故君者臣之天，父者子之天，夫者妻之天。天德不可爲首，故父至尊，君至尊，夫至尊。

凡乾爲天、爲君、爲父、爲聖人，故禮以天地、先祖、君師爲三本。要君者無上，非聖人者無法，非孝者無親，是謂無天。

凡天降下民，作之君，作之師。故乾坤既定，屯建侯以治之，蒙養正以教之。

凡孝爲百行之本，故震初長子，繼世守宗廟，爲乾元。不孝之罪，五刑莫大，故离四惡人，三百八十四爻无所容。

凡陰從陽，婦承夫，故歸妹爲天地之大義。男正位乎外，女正位乎内，故家人爲天地之大義。

凡婦人從一而終，經於恒見之。婦人雖在外，必有歸宗，經於歸妹見之。

凡乾坤交索，以長少序六子，故兄弟爲天倫。

凡傷於外者，必反其家。家道窮，必睽，睽必有難。家之不正，而天下受其禍，故家人次以睽、蹇。家之本在身，故蹇君子以反身修德。

凡天積衆精以自剛，聖人積衆賢以自强，故易重得朋。

凡君臣之義，莫著于文王與紂之事，故繫辭三陳九卦，明西伯之於紂不失上下。

凡易者，所以正人倫，明王道。三百八十四爻，吉凶悔吝，斷之以禮。

凡吉凶者，言乎其失得；悔吝者，言乎其小疵。得位爲吉，失位爲凶。失而知悔則吉，吝于改過則凶。

凡陽生爲吉，陰殺爲凶。陽息，吉也。陰得位則麗陽，出陽知生，陰之吉皆陽。陰消，凶也。陽失位則傾而入陰，入陰懼死，陽之凶皆陰。

凡聖人吉凶與民同患，撥亂世反諸正，其道大，其情懼，其辭危。

凡趨吉避凶，其要无咎。

凡易道尚占。上古之世，民未知吉之爲吉，凶之爲凶。聖人教之以吉凶，而民知吉由于善，凶由于惡，日改過遷善而不已，故易爲開物成務最先之書。

凡易取天地之數，備三才、五行。

凡三易爲三統所自出。

凡乾、坤爲易之缊，坎、离爲易之用。

凡易一名而含三義，曰易簡，曰變易，曰不易。

易簡，乾元、坤元也；變易，乾元亨坤，用九用六也；不易，成既濟定，各正性命，保合太和，乃利貞也。虞所以言消息，荀所以言升降，鄭所以言爻辰，皆是義。

凡易道勉人爲君子，戒人爲小人。爲君子則吉，爲小人則凶。卦有否泰，君子用之皆吉，故六十四象皆言「君子以」。

孫氏星衍曰：「易者，聖人效天法地之書。人與天地參，則易與天地準。通天地人之謂儒。天大地大人亦大，故易稱大人，亦稱君子。爾雅釋詁『君，大也』，君子即大人。大人者，合于天地、日月、四時、鬼神。先奉時而後不違，則自天佑之，吉无不利。大象必稱『君子以』『先王以』者，以，用也。卦有否泰，道有消長，君子用之，皆吉。道消，斯用儉德也。易不可以占險，是以黄裳元吉，不利小人。易緯言『易有三名』，其在人道，乾爲積善，坤爲積不善。言善則應，言不善則違。言行，所以動天地。易知易能，所謂易也；知進退、存亡、得喪，所謂變易也；知而不失正，所謂不易也。」〔二〕

凡聖人作易，始于幽贊神明，終于乾元用九而天下治。

凡易有太極，君子法之，爲中；易有乾元，生生之謂易，君子法之，爲仁。乾坤生六子，

〔二〕孫星衍，孫氏周易集解，序并注。

君君、臣臣、父父、子子、兄兄、弟弟、夫夫、婦婦，朋友講習，君子法之，爲三綱五倫，以錯禮義。易有三才，引而伸之，至萬有一千五百二十，當萬物之數，君子法之，爲知。乾元周流，三百八十四爻終而復始，自强不息，君子法之，爲誠、爲信、爲强。日月爲易，君子法之，爲明。天尊地卑，君子法之，以崇德廣業。易氣自下生，君子法之，以極深研幾，積小成大。易道尚變，君子法之，以變化氣質，遷善改過，化民易俗，日新其德。易道尚正，君子法之，以正心修身，立不易方，非禮勿履，言有物，行有恒，正家而天下定。易有消息，君子法之，以樂行憂違。易有否泰反類，君子法之，以撥亂反正。易有反復不衰，君子法之，以獨立不懼，臨節不奪。易有旁通，君子法之，以立人達人，開誠布公，集思廣益。易有吉凶、悔吝、无咎，君子法之，以懲惡勸善，大改過易。陽爲實，君子法之，以立誠。陰爲虛，君子法之，以虛受。易之時即君子之時，易之位即君子之位。易之情，近而不相得，則凶，或害之，悔且吝，君子以知民之情僞，類族辨物，各正性命。易尚象，君子以備物致用。易尚占，君子以履信思順、尚賢，吉无不利。其道甚大，百物不廢，六十四象始於自强不息，終於思患豫防，以治萬世之天下。

凡乾、坤，陰陽之本，故爲上篇始；坎、离，乾、坤之中氣，故爲上篇終；咸、恒，夫婦之道，人倫之本，故爲下篇始；既、未濟，所以明戒慎而全王道，故爲下篇終；泰、否，乾、坤之交，故爲上篇中；損、益，泰、否之交，故爲下篇中。凡上篇明天道，下篇明人事。

以上繫辭。

凡伏羲畫卦，文王、周公繫辭，謂之經。經分上下二篇。孔子作十翼，謂之傳。傳分十篇。

凡伏羲之卦，首乾，謂之易。神農更其次，首艮，謂之連山。夏易因之，取以人事平地成天之義。黄帝又更神農之次，首坤，謂之歸藏，亦曰坤乾。殷易因之，取撥亂反正之義。文王始復伏羲氏之次，謂之周易，取乾元首出庶物之義。孔子贊周易，不贊連山、歸藏，舉三綱以示萬世。

凡夏、殷易占象，有卦辭，无爻辭。周易占變，有卦辭，復有爻辭。

凡卦爻辭，散文則通名象，亦通名象，對文則卦辭稱象，爻辭稱象。

凡乾、坤卦爻辭皆文王作，孔子謂之「文言」。屯以下，卦辭文王，爻辭周公。故上繫七爻，下繫十一爻，不入文言。

凡彖傳言一卦之大義，象傳示一卦之大用。

凡象傳皆先言下體，後言上體。

凡彖傳言變化有二義，一釋重卦，一釋生爻。義同者合釋之，義異者别釋之。

凡彖傳言往來上下，皆據十二消息，亦有以六爻定位言者。

凡离在上，而彖欲見柔居尊者，皆曰「柔進而上行」。

凡坎在上者，皆乾二往之坤五，故蹇彖曰「往得中」。

按，此二條以六爻定位言。

凡辭有定，象無定，彖、象傳説經皆以辭定象。

如乾下坎上爲需。象不曰「健而險」，而曰「剛健而不陷」。以健以行險，非需義，且无以利涉大川也。巽下兑上爲大過，象不曰「澤中有風」，而曰「澤滅木」，以大過陽滅上六，所以象滅頂也。坎下兑上爲困，象不曰「澤中有水」，而曰「澤无水」，以困則澤竭也。此等皆據卦名、卦辭以定卦象，故辭不離象，而象不害辭。聖傳説經，以意逆志，辭象一貫若此。後世泥象、忘象兩家均習焉不察，何哉？

凡經文實事有象，虚辭無象。十翼雖依卦象爲説，不必語語有象。

説十翼之法，如姚氏配中，可。

凡易象自古傳之。其通例大義，孔子始發明之。

易象見春秋傳頗詳，至其所以爲象，則絶無文。蓋孔子讀易，韋編三絶，始發凡起例，創通大義，以示萬事。前此，微言奥義湮絶無傳，失其義，陳其數以爲卜筮之用已耳。故繫辭明之曰：「夫易何爲者也？夫易，開物成務，冒天下之道，如斯而已者也。」又曰：「夫易，聖人之所以崇德而廣業也。」又曰：「夫易，聖人之所以極深而研幾也。」易有聖人之道四，而卜筮其一。又諸章屢以「易之爲書」發端，明易者聖人之大道，而卜筮其一隅。易之爲易，不明於天下者久，故爲之反復提撕，以著明之。子曰：「書不盡言，言不盡意。」聖人之意，其不可見乎？聖人之情見乎辭，而其辭文，其旨遠。如傳所稱三才、六位、中正、變應、互據、承乘、消息、上下之等，求之經文，雖觸處皆是，而未嘗一質言之。藉非聰明睿智之聖，加以好古敏求之功，安能於人亡道息之後，據至簡至奧至變之文，推明義例，批郤導窾，使萬象一貫，昭昭揭日月而行乎？居今日而言易例，雖叵復見之遠流，其詳可得略説。當孔子時，則如羲和之測天行，在歴法未建之時；大禹之辨地脈，在洪水懷山之日。雖天縱之聖，猶必韋編三絶，而後彬彬焉。後人或疑十翼非夫子作，其妄固不待辯。近焦氏循又謂「如先儒舊解」，則易道初無難明，韋編何待三絶？此尤大謬之説，不顧是非，不知難易深淺，徒欲以私智穿鑿聖文，破壞古義，大爲經學風氣之害，且啟人心不靖之憂。孟子曰：「所惡於智者，爲其鑿也。」此之謂矣。

凡繫辭傳爲易之釋例，禮中庸記爲易之義疏。

惠氏、姚氏皆以中庸與易互相證明。

以上十翼。

別例

傳易者如傳春秋，左氏、公羊、穀梁三家，其傳春秋，莫不有例。其例各於經有合，有不合，於他傳有同，有不同。其同焉者，微言未息，大義未乖，師師相傳無異說，固春秋之例也。其不同，而一傳之例，於經獨有密合顯據，無參錯抵牾、同事相違之失，協諸義而協施諸行事，而足以爲教爲治。若然者，亦可確然定其爲春秋之例。若夫傳家既各乖離經文，難可折衷，則其孰爲春秋本例與否？當從蓋闕，而以各傳之例歸之各傳。故治春秋者，求經例於傳，尤當別傳例於經。經例、傳例劃然區別，而後專就經例以求經義，則爲功甚易。而聖人所以明王道，正人倫，撥亂世反諸正者，固已具在其中，即此已足治身心、治家國、治天下，萬世而有餘矣。微特春秋，治易亦然。漢儒傳易，皆以例爲主。亡闕之餘，據李氏集解，略可見者十餘家。其較著者，鄭、荀、虞三家。今考其說，有確知爲易例者，有未敢斷以爲易之本例者。如乾元也，三才也，六位也，互體也，旁通也，反卦也，消息往來上下也，時也，中也，正也，應也，據承乘也，變化成既濟也，此易例也。十翼有明文也，諸家所同也，虞之以消息序六十四卦也，荀之乾升坤降也，鄭之禮象也，此易例也；十翼有明文也，諸家説有詳略而無不同也，鄭之爻辰也，虞之半象、權變、兩象易也，京氏、荀氏之游歸、世伏也，猶易例也。易含萬象，經文時一及之，諸家有説，有不説，當並存之也。凡此今皆定爲通例。若夫鄭之爻辰取象，虞之以納甲説太極生次、八卦方位，荀之以卦世説象、爻辭，皆各自爲法，無以觀其會通。而二篇、十翼又無灼然徵驗，年代縣流，師資道喪，零文墜簡，不可得詳。今且以鄭例歸諸鄭，荀例歸諸荀，虞例歸諸虞，謂之别例。劉更生有言：「易家皆祖田何、楊叔、丁將軍，大義略同。」今觀鄭、荀、虞之説，大同如彼，小異如此，以此别諸鄭、荀、虞則可，以此譏短鄭、荀、虞則不可。張氏惠言之治易也，宗虞而於鄭、荀通其要於諸家，論其略，蓋因惠氏易例、易漢學而修明之。今删著其説，并以所出别例若干事附焉。傳曰：「易簡，而天下之理得矣。」凡先儒經説，其通焉者，易且簡者也，童蒙之流一覽而悟也。其别焉者，繁且難者也，老師大儒窮年累壽聚訟，莫之能決也。近世經學家好爲苟難，舍通同之定論，而惟别異之是攻，或力申，或力駁，或盡棄古義，别生異論，是皆志不在經，志不在天下國家，而惟求勝求名之爲務。是以口説愈賸，躬行愈薄，經解愈多，儒效愈寡。天下既通，患不學無術，而一二學者，其術又如是，何怪道之不明，人才之少，國無與守，而敵無與禦乎？今别其所别，俾學者專力以通其所通，因例以求其義，反之身心，措之事業，則六十四象所謂「君子以」，繫傳所謂「開物成務」「崇盛德而廣大業」者，庶幾有道可履，有階可升也夫。

鄭氏例

張氏惠言周易鄭荀義序曰：「漢儒説易，大恉可見者三家：鄭氏、荀氏、虞氏。鄭、荀，費氏易也；虞，孟氏易也。鄭氏言禮，荀氏言升降，虞氏言消息。昔者虙犧作十言之教，曰乾、坤、震、巽、坎、离、艮、兑、消息。鄭氏贊易，實述之。至其説經，則以卦爻無變動謂之彖辭。夫七八者彖，九六者變，經稱用九用六，而辭皆七八，名與實不相應，非虙犧氏之旨也。爻象之區既隘，則乃求之于天。乾坤六爻，上繫二十八宿，依氣應宿，謂之爻辰。若此，則三百八十四爻，其象十二而止，殆猶溓焉。此又未得消息之用也。案，「至其説經」以下至此，非是。辨見下。然其列貴賤之位，辨大小之序，正不易之倫，經綸創制，吉凶損益，與詩書禮樂相表裏，則諸儒未有能及之者也。荀氏之説消息，以乾升坤降，萬物始乎泰，終乎否。夫陰陽之在天地，出入上下，故理有易有簡，位有進有退，道有經有權，歸于正而已。而荀氏言陽常宜升而不降，陰常宜降而不升，則是姤、遯、否之義大于既濟也。案，「荀氏言陽常宜升」至此，亦非是。辨見前。然其推乾坤之本，合于一元，雲行雨施，陰陽和均，而天地成位，則可謂得易之大義者也。虞氏考日月之行，以正乾元；原七九之氣，以定六位；運始終之紀，以敘六十四卦；要變化之居，以明吉凶悔吝；六爻發揮旁通，乾元用九則天下治，以則四德。蓋與荀同原，而閎大遠矣。王弼之説，多本鄭氏，而棄其精微。後之學者習聞之，則以爲費氏之義，如此而已。其盈虚消息之次，周流變動之用，不詳於繫辭、彖、象者，概以爲不經。若觀鄭、荀所傳，卦氣、十二辰、八方之風、六位世應、爻互卦變，莫不彰著。劉向有言：『易家皆祖田何，大義略同。』豈特楊叔、丁將軍哉？治易者如傳春秋，一條之義，各以其例，時若可比，究則迴殊。李鼎祚、朱震合諸家而爲説，是知日之圓，而不知其不可以爲規也。（今所以分通例、别例。）余既述虞氏之注，爲消息，以發其義，故爲鄭、荀各通其要，以俟後之治古文者正焉。」

曹元弼周易鄭氏義序曰：「鄭君易注久亡，然亡而可復存。其義例存也，其家法存也。鄭君治費氏學者也，費氏以彖、象、文言十篇解説上下經者也。然則凡以十篇説易者，皆費學也，即皆鄭學也。荀慈明亦治費學，其易傳據爻象、承應、陰陽變化之義，以十篇之文解説經義。然則凡爲費學者，無不以十篇説易也。十篇説易之大義，若消息，若變通，若往來升降上下，考諸荀傳，靡不彰著。而鄭注頗略不言，言又不能明辯以晢，説者遂謂鄭未得消息之用，不知此數事者，非虞仲翔所謂秘説，乃聖傳明文。易之大經大緯，鄭君無容不知。此而不知，則費氏所據以解經者，盡失其守矣，何以注爲？且伏羲作十言之教，曰乾、坤、震、巽、坎、离、艮、兑、消息，鄭君易論實述之，是鄭未嘗不言消息也。時乘六龍以御天，謂陰陽六爻上下，鄭駁五經異義實言之，是鄭未嘗不言升降也。六龍謂六陽，而鄭兼陰陽言。陰陽各六爻，升降於六位之中，即乾坤十二爻成兩既濟，此與荀、虞之説何異？又鄭易論及易贊云：『易一名而函三義，易簡也，變易也，不易也。』皆引繫辭證之。夫易簡者，其德也，元亨利貞是也。變易者，其氣也，用九用六，往來上下，變通趣時，以成既濟是也。不易者，其位也，太極之本象，既濟之定位是也。論、贊既具列三義，經注乃得其一而失其二，有是理乎？然則消息變通、往來上下之略，不見於鄭注，何也？曰：非不見鄭注，不見於今所存之鄭注耳！蓋鄭注説此數事，與荀、虞大同。李氏鼎祚集解以荀、虞爲主，鄭説與荀、虞同者，既引荀、虞，不復引鄭，其引鄭者又多彖下之注。彖者，言乎象，宜其據本象説卦德，而不及變也。他如陸氏釋文，僅列異字。孔、賈疏義，惟徵禮象，而禮象多本爻辰。後儒輯鄭注者，從此數書左右采獲，故以爲鄭氏之易，卦德焉而已耳，爻辰焉而已耳，禮象焉而已耳。至於變通消息之義，皆以爲鄭所本無，而不知其爲闕，又從而議之。嗚呼！讀書論世，而不能遊心千載，深考源流，徒執殘缺之文，以蔽古人之是非，難矣！必若所云，則孟氏章句引見集解、釋文者甚微，豈孟氏之易如斯而已乎？要之，鄭君治費氏學，則必以十篇説經。凡諸家以十篇説經者，皆可以補鄭。今輯鄭注，輔以羣言，以漢書費直傳一語爲家法，以定條例。引伸觸類，演贊其志，同殊途之歸，一百慮之致，坐井觀天，日月有明，儻亦見容光之照乎？」

爻辰

張氏惠言曰：「爻辰者，乾坤六爻生十二律之位也。三百八十四爻皆本於乾坤，故陽爻就乾位，陰爻就坤位。其原出于三統。漢書律厤志載劉歆說：『三統者，天施、地化、人事之紀也。十一月，乾之初九，故黄鐘，爲天統；六月，坤之初六，故林鐘，爲地統；正月，乾之九二，故大簇，爲人統。其于三正也，黄鐘，子，爲天正；林鐘，未之衝丑，爲地正；大簇，寅，爲人正。三正正始，是以地正適其始紐于陽東北丑位。易曰：東北喪朋，迺終有慶。答應之道也。』是易爻取律位之義。朱子發圖鄭注周禮，律吕相生，誤引其文，以乾六爻左行陽六辰，坤六爻右行陰六辰。惠定宇正之以乾起子，坤起未，間時順行，引周官太師注云：『黄鍾，初九也，下生林鍾之初六。林鍾又上生大簇之九二，大簇又下生南吕之六二。南吕又上生姑洗之九三，姑洗又下生應鍾之六三。應鍾又上生蕤賓之九四，蕤賓又上生大吕之六四。大吕又下生夷則之九五，夷則又上生夾鍾之六五。夾鍾又下生無射之上九，無射又上生中吕之上六。』又引韋昭注周語云：『十一月黄鍾，乾初九也；十二月大吕，坤六四也；正月大簇，乾九二也；二月夾鍾，坤六五也；三月姑洗，乾九三也；四月中吕，坤上六也；五月蕤賓，乾九四也；六月林鍾，坤初六也；七月夷則，乾九五也；八月南吕，坤六二也；九月無射，乾上九也；十月應鍾，坤六三也。』其説是也。惠又以爲此即乾鑿度。乾貞于子而左行，坤貞于未而右行，則非乾鑿度。泰自論六十四卦貞歲之法與此不涉，彼乾坤左右行，此乾坤皆左行也。爻辰取象有三例。泰六五注云：『五，爻辰在卯，仲春之月。』坎上六云：『爻辰在巳，巳爲蛇。』明夷六二云：『辰在酉，酉在西方。』困九二云：『爻辰在未，未爲土。』此以辰論四方、五行、十二月、十二肖，一也；賁九三云：『位在辰，得巽氣，爲白馬。』明夷九三云：『九三爻在辰，得巽氣，爲股。』此以辰得卦氣，二也；比初六云：『爻辰在未，上值東井。井水，人所汲。』坎六四云：『爻辰在丑，丑上值斗。斗上有建星，形似簋。』困九二云：『辰在未，未上值天，厨酒食象。』此以辰得宿象，三也。」〔二〕

〔二〕張惠言，周易鄭荀義，卷上，略例。

荀氏九家例

張氏曰：「九家，或云即淮南九師，或云荀爽集古易家凡九。」皆非也。惠徵士云：「六朝人説荀氏易者。」爲得其實。

消息

張氏曰：「虞義，乾息則吉，坤消則凶。荀則不然。九家云：『陽稱息者，起復成巽，（謂乾立于巳。）萬物盛長也。陰言消者，始姤終乾，（謂坤建于亥。）萬物成熟。成熟則給用，給用則分散，故陰用特言消也。（繫注：「利用，陰道用也。」）』然則息者，陽之生，消者，陰之用也，九家釋坤初六謂：『陰始消陽，始于微霜，成于堅冰。』其義則以霜爲乾之命，堅冰爲陰功成。（坤在亥合乾，故成于堅冰，亦乾爲堅冰也。）坤初六之乾四，履乾命令，陰順乾之性，而成堅冰。荀云：『乾氣加之性而堅，象臣順君命而成之。』則坤之消乾，正所以成乾，所謂地道无成而代有終也。」[一]

[一] 張惠言，周易鄭荀義，卷下。

世伏

張氏曰：「京氏積算法，六十四卦爲八宫，八純卦上爻爲世不變。變初，一世；變二，二世。以至于五，則四反而爲游魂，下體復爲歸魂。游魂歸魂（二字今增。）之卦，乾坤用坎离，坎离用乾坤，震巽用艮兑，艮兑用震巽。凡乾與坤、坎與离、震與巽、艮與兑互相伏。八卦之世雖變，其本體皆伏于下。荀注：『隨者，震之歸魂，震歸從巽，故大通。蠱者，巽也，（巽之歸魂。）巽歸合震，故元亨。恒，震世也，（三世。）巽來乘之，陰陽合會，故通，无咎。解者，震世也，（二世。）仲春之月，草木萌芽。』九家云：『謙者，兑世，（五世。）艮與兑合，故亨。夬本坤世，（五世。）下有伏坤。屯上六體坎爲血，伏离爲目。（屯，坎二世。）』用京氏法也。又涣注云：『离日上爲宗廟。』亦以涣离世、上离爻也。」「荀以震巽合爲元亨。據九家，則凡陰陽卦合皆亨。然推恒之例，則諸三世之卦，（否、泰、益、既濟、未濟、損、咸。）皆陰陽合。推謙之例，則四世、五世之卦，（四世：觀、大壯、升、无妄、革、蒙、睽、蹇。五世：剥、夬、井、噬嗑、豐、涣、履。）皆陰陽合，而諸卦或不言亨。蒙之亨，注又以艮爻動交説之，其

義參錯，不可得詳。」〔二〕

虞氏例

張氏周易虞氏義序曰：「自漢成帝時，劉向校書，考易説，以爲諸易家皆祖田何、楊叔、丁將軍，大義略同，唯京氏爲異。而孟喜受易家陰陽，其説易本於氣，而後以人事明之。八卦、六十四象、四正、七十二候、變通消息，諸儒祖述之，莫能具。當漢之季年，扶風馬融作易傳，授鄭康成，康成作易注。而荊州牧劉表、會稽太守王朗、潁川荀爽、南陽宋忠皆以易名家，各有所述。唯虞翻傳孟氏學，既作易注，奏上之獻帝，曰：『臣聞六經之始，莫大陰陽，是以伏羲仰天縣象而建八卦，觀變動六爻爲六十四，以通神明，以類萬物。臣高祖父故零陵太守光少治孟氏易，曾祖父故平輿令成纘述其業，至臣祖父鳳爲之最密，臣亡考故日南太守歆受本於鳳，最有舊書。世傳其業，至臣五世。前人通講，多玩章句，雖有祕説，於經疏闊。臣生遇世亂，長於軍旅，習經於枹鼓之間，講論於戎馬之

〔二〕張惠言，周易鄭荀義，卷下。

上，蒙先師之説，依經立注。所覽諸家，解不離流俗，義有不當實，輒悉改定，以就其正。』又奏曰：『經之大者，莫過於易。自漢初以來，海内英才，其讀易者解之率少。至孝靈之世，潁川荀諝號爲知易。臣得其注，有愈俗儒。至所説「西南得朋，東北喪朋」，顛倒反逆，了不可知。孔子歎易曰：知變化之道者，其知神之所爲乎！以美大衍四象之作，而上爲章首，尤可怪笑。又南郡太守馬融，名有俊才，其所解釋，復不及諝。孔子曰：可與共學，未可與適道。豈不其然！若乃北海鄭玄，南陽宋忠，雖各立注，忠小差玄，而皆未得其門，難以示世。』案，仲翔歷詆前哲，非博學知服之義，通人之蔽，不願學者效之也。荀諝者，荀爽也。是時少府孔融善其書，與翻書曰：『自商瞿以來，舛錯多矣。去聖彌遠，衆説騁辭。曩聞延陵之理樂，今睹吾子之治易，知東南之美者，非徒會稽之竹箭也。又觀象雲物，察應寒温，原其禍福，與神合契，可謂探索旁通者已。』翻之言易，以陰陽消息，六爻發揮旁通，升降上下，歸於乾元用九而天下治。依物取類，貫穿比附，始若瑣碎，及其沈深解剥，離根散葉，暢茂條理，遂於大道，後儒罕能通之。自魏王弼以虚空之言解易，唐立之學官，而漢世諸儒之説微。獨資州李鼎祚作周易集解，頗采古易家言，而翻注爲多。其後古書盡亡，易陰陽之大義盡晦。清之有天下百年，元和徵士惠棟，始考古義孟、京、荀、鄭、虞氏，作易漢學，又自爲解釋，曰周易述。然掇拾於亡廢之後，左右采獲，十无二三。其所述大氐宗禰虞氏，而未能盡通，則旁徵他說以合之。蓋從唐、五代、宋、元、明，朽壞散亂千有餘年，區區修補收拾，欲一旦而其道復明，斯固難也。翻之學既世，又具見馬、鄭、荀、宋氏書，考其是否，故其義爲精。又古書亡，而漢、魏師說可見者十餘家，然唯鄭、荀、虞三家略有梗概可指說，而虞又較備。然則求七十子之微言，田何、楊叔、丁將軍之所傳者，舍虞氏之注，其何所自焉？故求其條貫，明其統例，釋其疑滯，信其亡闕，爲虞氏義九卷。又表其大恉，爲消息二卷。庶以探賾索隱，存一家之學，其所未寤，俟有道正焉耳。」

日月在天成八卦

繫曰：「庖犧氏始作八卦。」注云：「謂則天，八卦效之。易有大極，是生兩儀，兩儀生四象，四象生八卦。八卦乃四象所生，非庖犧之所造也。而讀易者咸以爲庖犧之時天未有八卦，恐失之矣。」又曰：「縣象著明，莫大乎日月。」注云云。詳生爻例。又曰：「兩儀生四象，四象生八卦。」注云：「四象，四時也。乾坤生春，艮兑生夏，震巽生秋，坎离生冬者也。」又曰：「五位相得而各有合。」注云：「謂五行之位。甲乾、乙坤相得合木，謂天地定位也；丙艮、丁兑相得合火，山澤通氣也；戊坎、己离相得合土，水火相逮也；庚震、辛巽相得合金，雷風相薄也；天壬、地癸相得合水，言陰陽相薄而戰於乾。故五位相得而各有合。或以一六合水，二七合火，三八和木，四九合金，五十合土也。」張氏曰：「日月者，太極之神，天地、四時、陰陽，詘信之象，皆於日月著之。月无光，受日爲明，以此知陰之生皆陽也。繫曰：『天一，地二；天三，地四；天五，地六；天七，地八；天九，地十。』鄭氏云：『天一生水于北，地二生火于南，天三生木于東，地四生金于西，天五生土于中。陽无偶，陰无配，未得相成。地六成水于北，天七成火于南，地八成木于東，天九成金于西，地十成土于中。』月令曰：『春，其日甲乙；夏，其日丙丁；中央，其日戊己；秋，其日庚辛；冬，其日壬癸。』鄭氏注云：『日之行，春东從青道，發生萬物，月爲之佐，時萬物皆解孚甲，自抽軋而出，故名甲乙。日之行，夏南從赤道，長育萬物，月爲之佐，時萬物皆炳然著見而强大，故名丙丁。日之行，四時之間從黄道，月爲之佐，至此萬物皆枝葉茂盛，其含秀者抑屈而起，故名戊己。日之行，秋西從白道，成熟萬物，月爲之佐，萬物皆肅然改更，秀實新成，故名庚辛。日之行，冬北從黑道，閉藏萬物，月爲之佐，時萬物懷任於下，揆然萌芽，故名壬癸。然則五行之數爲四時之體，十日之數爲四時之象。所謂兩儀生四象者，甲乙春，丙丁夏，庚辛秋，壬癸冬也。由是而觀日月之行，則月三日昏見於庚，明生，震象。八日見丁，明盛，兑象。十五日盈甲，明滿，乾象。十七日晨見於辛，魄生，巽象。二十三日見丙，魄生，艮象。二十九日入乙，明盡，坤象。晦朔之間，日月藏於癸，合於壬，坎离象。故月至甲乙而乾坤象見，故乾坤生乎春。乾甲坤乙，相得合木也。至丙丁而艮兑象見，故艮兑生乎夏。艮丙兑丁，相得合火也。至庚辛而震巽象見，故震巽生乎秋。震庚巽辛，相得合金也。日月會於壬癸，而坎离象見，故坎离生乎冬。日月之會不可見，以望之月中、晝之日中見其象，故坎离生乎壬癸，而位乎中宫。〔一〕坎戊离己，相得合土。天壬地癸，相得合水。戊、己、壬、癸皆坎离也。此之謂四象生八卦。』按，虞云『讀易者咸以爲庖犧時天未有八卦』，則納甲

〔一〕从「東從青道」至此，底本缺页，據嚴本補。

非孟氏舊義，明矣。此說得之姚君晉圻。餘辨見前。」[一]

庖犧則天八卦

說卦曰：「昔者聖人之作易也，幽贊於神明而生蓍。」繫曰：「易有大極，是生兩儀，兩儀生四象，四象生八卦。」注又云：「兩儀謂乾坤也。乾二五之坤，成坎、离、震、兌。震春，兌秋，坎冬，离夏，故兩儀生四象。乾二五之坤則生震、坎、艮，坤二五之乾則生巽、离、兑，故四象生八卦。」說卦曰：「乾，天也，故稱乎父；坤，地也，故稱乎母。震一索而得男，故謂之長男；巽一索而得女，故謂之長女；坎再索而得男，故謂之中男；离再索而得女，故謂之中女；艮三索而得男，故謂之少男；兑三索而得女，故謂之少女。」張氏曰：「日月之象，若止觀其進退，唯震、兑、乾、巽、艮、坤六卦可見，而乾坤之象疑於日月。聖人觀天之文，察地之理，得乾坤爲天地之象，因以得乾坤相合爲日月之象，因以得日月進退爲乾元之象。故其作易也，先以三畫象大極之一七九，又效法爲

[一] 張惠言，周易虞氏消息，卷一，日月在天成八卦第二。

二八六之三畫，以爲乾坤，而象天地，是大極生兩儀。由是而觀乾元之行，一施而爲坎，再施而爲离，一息而爲震，再息而爲兑，故曰乾二五之坤，成坎、离、震、兑，（二五者中氣，非謂爻名。）皆陽生也。由是而布之坎陽之中以爲月而配冬，天地一生水，乾元亦一生坎也。离陽之見以爲日而配夏，天地二生火，乾元亦二生离也。震陽之生以爲雷而配春，三生木也。兑陽之成以爲雨而配秋，四生金也。此兩儀生四象矣。既象其息，乃復象其消。兑之反爲巽，雨之散則爲風。震之反爲艮，雷自上則爲霆。於是乾下就坎以成陽而配寒，坤上就离以成陰而配暑，然後與日月之象合焉。繫曰：『剛柔相摩，八卦相蕩，鼓之以雷霆，潤之以風雨，日月運行，一寒一暑。』謂此也。故震成艮，坎藏乾，兑成巽，离藏坤，此四象生八卦也。由是而布之，八卦成列，乾得甲一，坤得乙二，艮得丙三，兑得丁四，坎得戊五，离得己六，震得庚七，巽得辛八，天九地十，合於坎离得三十，爲一月之日數。則乾一、艮三、坎五、震七皆得天數，故以乾爲父而生三男，故曰：『乾二五之坤，則生震、坎、艮也。』（說卦云「一索」「三索」，明易逆數。）坤二、兑四、离六、巽八皆得地數，故以坤爲母而生三女，故曰：『坤二五之乾，則生巽、离、兑也。』繫曰：『乾道成男，坤道成女。』謂此也。消息之象，离、震、兑、乾爲陽，坎、巽、艮、坤爲陰，所以明乾元變化。大極八卦已具，則乾、震、坎、艮爲陽，坤、巽、离、兑爲陰，所以明乾坤，正陰陽，出入易道，此庖犧所以幽贊神明也。由是而承天地之數五十有五，地不盈而從天，太玄曰：「五與五相守，十亦五也。」則大衍之數五十，乾甲合离六爲七，坤乙合坎五爲七，七七四十九，故其用四十有九，虚一以象乾元焉。陽息於震七，陰消於巽八，其數之奇偶與消息不殊，故七八爲陰陽之彖數。坎离合天地，坎五進，而天九、地十退，而离六陰動退，陽動進。坎於消息陰而數變陽，离於消息陽而數變陰，故九六爲陰陽之變數。不用三四者，易數一、七、九、二、八、六也。故曰：『四營而成易。』則七八九六謂之易也。夫是之謂生蓍。」[一]案，張氏申虞甚精，然究以後師之説加諸説卦之上，故不入通例，而别著於此，學者擇焉。易道廣大，反覆皆通，自漢以來，説者屢變，其法見知見仁，莫不持之有故，言之成理。漢易之納甲猶宋易之先天，其説皆本參同契。謂與易相通則可，即以爲易之本義則不可。然則易之本義果何在哉？在十翼

[一] 張惠言，周易虞氏消息，卷一，庖犧則天八卦第三。

之本文而已。

漢、魏諸易家例

張氏易義別録序曰：「孔子曰：『天下同歸而殊塗，一致而百慮。』水之爲川也，源有大小，流有長短，而皆可以至於海，則斷港絶潢莫得而儗焉者，其塗通也。吴、秦人之生也同聲，及其長而不相通，然累譯而皆得相喻者，其意同也。聖人之道，著之於經，傳之其人，師弟子相與守之。然夫子没而微言絶，二百餘年之間，以至漢興，詩分爲四，春秋分爲五。此皆七十子所親受，世世傳業，口授而筆記，猶尚如此，源遠末分，非秦火之禍也，況乎去聖久遠，經簡廢絶，承學之士各自爲宗，差若毫釐，謬以千里，可勝道邪？然揆其本原，罔不依經附傳，承師論法，雖汎濫殊等，其歸不同者尠矣。故規矩之所出，非一木之材也，皆成器焉，器不足以盡，規矩則有之矣。求之於規矩之外而得之者，未之有也。易之傳自商瞿子以至於田生，惟一家。焦氏後出，及費氏爲古文，而漢之易有三。自是之後，田氏之易，楊、施、孟、梁邱、高氏而五，惟孟氏久行。焦氏之易爲京氏、費氏興，而孟、京微焉。夫以傳述之統，田生、丁將軍之授受，則孟氏爲易宗無疑。而其行不及費氏者，以傳受者少，而費氏之經與古文同，馬融、鄭康成爲之傳注故也。王弼注行而古師説廢，孔穎達正義行而古易書亡。其見於釋文人叙録者，自晉以前三十有二家，李鼎祚集解所引二十有三焉，皆微文碎義，多不貫串。蓋易學埽地盡矣，可不惜哉！夫不盡見其辭而欲論其是非，猶以偏言决獄也。不盡通各家而欲處其優劣，猶援白而嘲黑也。余於易取虞氏，既已推明其義，以鄭、荀二家注文略備，故條而次之。自餘諸家，雖條理不具，然先士之所述大義要指，往往而有不可得而略也。乃輯釋文、集解及他書所見，各爲别録，義有可通，附著於篇，因以得其源流同異。若夫是非優劣，亦可考焉。凡孟氏四家：孟氏、姚信、翟元、蜀才。京氏三家：京氏、陸績、干寶。費氏七家：馬融、宋衷、劉表、王肅、董遇、王廙、劉瓛。子夏傳非漢師説，别爲一家。凡易書，五代之季盡亡。宋人所著書，如太平御覽、晁以道古周易、吕祖謙音訓、朱震漢上易傳圖叢説，往往猶有古義，蓋取之佗書所徵引，時有譌謬，然或有今人所不逮見，故據而存之。若李衡義

海撮要、項安世玩辭、李心傳丙子學易編，愈遠愈謁，無取焉爾。」〔一〕

孟氏

張氏易義別録曰：「漢興，言易者自田何。田何之傳，王同、周王孫、丁寬、服生，各著易傳。楊何受王同，蔡公受周王孫，亦各爲傳。田王孫受丁寬，授施讎、孟喜、梁邱賀，施、孟、梁邱各爲章句。當漢之季年，馬融、鄭衆、康成、荀爽好費氏學，由是費氏大興，而田氏説微，獨會稽虞翻作注，傳孟氏。史稱孟喜好自稱譽，得易家候陰陽災異書，自言師田生且死時枕喜絜，獨傳喜。梁邱賀以爲妄言，喜竟以改師説，不得爲博士。今觀虞氏所説陰陽消息之序，神明參兩之數，九六變化之用，精變神眇，將非田生之傳，果有得其祕奥者哉？然遺文所存，皆零文碎字，其大義絶不可得見。藉非虞氏，則商瞿所受夫子之微言，其遂歇滅矣。夫學者求田何之傳，則惟孟氏此文，求孟氏之義，則惟虞氏注説，其大較也。然虞氏雖傳孟學，亦斟酌其意，不必盡同。蓋古人之學，傳業世精，

〔一〕 此後漢、魏諸易家皆引自張惠言易義別録，不再注明。

非苟爲稱述而已。孟氏卦候消息，惠徵士爲易漢學既發明之，故不具著。今采入通例。」案，易家皆祖田何、楊叔、丁將軍，大義略同。費氏之學，班書儒林傳不詳其師承，然必與施、孟、梁邱同源。故荀、鄭皆治費氏易，而荀注多爲虞所本。鄭注雖闕，其乾鑿度注多與荀、虞相表裏。張氏以商瞿之傳專屬諸仲翔，因謂向無虞氏，則商瞿所受夫子之微言將遂歇滅。然夫子之微言，著在十翼，無歇滅之時，三語本陳氏灃。張說似失之過。愚請易之曰：向無鄭、荀、虞氏，則夫子十翼之文，所以訓釋上下經者，師師相承之確解定論，將遂無傳。庶乎得之。

姚氏

張氏曰：「余治易始虞氏，以其說見于集解者，視他家爲多，猶可參校，而得其義。又商瞿之傳至漢末而絶，唯虞爲孟氏學，七十子之大義倘有存者，故樂得而考之。其後觀蜀才注卦變之法，與虞氏同而未得其本，翟子元者，時有所合而未詳，然皆孟氏之支系也。最晚乃讀姚氏注，其言乾坤致用，卦變旁通，九六上下，則與虞氏之注若應規矩。元直豈仲翔之徒歟？抑孟氏之傳，元直亦得有舊聞與？惜其所傳者止此，無以証之。自商瞿受易三百年而至田何，田何之傳四百年而僅得虞翻，虞翻之後三百年而亡，其略可見者，姚信而已耳，翟子元、蜀才而已耳。故吾于三家之書，雖闕文殘字，不可比義，猶寶貴愛惜，紬繹而不敢忽者也。」

翟氏

張氏曰：「陸德明云荀爽九家集解有翟子玄。子玄不詳何人，爲易義。釋文雖時引翟文，而敘録不列子玄易義，則知德明未見其書，特就九家集解引之。李鼎祚所集亦自九家，可知九家之文，往往指釋荀注，而旁引他家以證成之。觀子玄諸文，皆與荀義相近，則其采自九家又益信。然子玄之易，蓋孟氏，非費氏。何以言之？荀氏有卦變，無爻變，今子玄於泰則云：『五虛，無君，二上包五。』於姤則云：『九五遇中處正。』此皆虞氏之義，與荀氏殊。故知子玄爲孟氏易也。」案，荀氏未嘗無爻變。觀師二五、謙四注，可知張說似失之。

蜀才氏

張氏曰：「蜀才之易，大約用鄭、虞之義爲多。卦變全取虞氏。其不同者，剥爲師，夬爲同人，此即蔡景君『剥上九爲謙』之義。推其意，蓋以剥爲師，師爲比，爲乾之消息。夬爲同人，同人爲大有，爲坤之消息。於虞氏旁通之義，則未概聞。然剥、夬下降，師、同人上升，窮上反下，其序猶有合者。」

京氏

張氏曰：「京房受易梁人焦延壽，今所謂京氏易者也。釋文敘録京房章句十二卷，其占候書見於史傳。有遺文者，曰易傳，曰積算，曰飛候，曰易占，曰易妖，曰易數，曰風雨占候，其存者，積算，易傳三卷，雜占條例一卷。延壽自云嘗從孟喜問易，房以延壽易即孟氏學，孟氏之徒翟牧、白生不肯，曰非也。及劉向典校書，考易説，以爲諸家皆祖田何，大誼略同，惟京氏爲異黨。焦延壽獨得隱士之説，托之孟氏，不與相同。漢書藝文志孟氏京房十一篇，災異孟氏京房六十六篇，此京氏注孟也。自君明長於災異，易家世應飛伏、六位十甲、五星四氣、六親九族、福德刑殺皆出京氏。然嘗推求漢、唐以來引京氏言災異者，皆舉其易傳，而未嘗及章句。至陸德明、李鼎祚，往往引京氏之文，率與易傳大異，蓋出於章句，將非京氏自以易説災異，而未始以災異説易，後世之言京氏者失其本邪？余嘗善陸績治易京氏，而其言純粹，與干寶絶不相類。如其言，雖謂之出孟氏也可。

使京氏章句而在，其不當在陸下，章章明矣。六日七分，卦候消息，風雨寒温，此孟氏所傳。以一行所議京氏法，四時卦用事，上減九卿卦之七十三分，則亦其不與孟氏相應之大者。惜乎！章句之文百不存一，京氏之大義亡矣。惠定宇易漢學發明京氏積算爲詳，余以爲非京氏之所以爲易，故不録。」案，京氏八卦配十干之法，爲仲翔納甲之説所本，焦氏循剖裂頗明，今節取其説。

焦氏曰：「納甲之法，始見京房易傳，其説云：『分天地乾坤之象，益之以甲乙壬癸。震巽之象配庚辛，坎离之象配戊己，艮兑之象配丙丁。八卦分，陰陽立，位配五行。』陸績注云：『乾坤二分，天地陰陽之本，故分甲乙壬癸。陰陽之終始，庚陽入震，辛陰入巽，戊陽入坎，己陰入离，丙陽入艮，丁陰入兑。』然十干之配八卦，第以陰陽，分配六子，而乾坤爲之始終。其乾卦傳云：『甲壬配外内二象。』注云：『乾爲天地之首，分甲壬，入乾位。』蓋以乾内三爻配甲，外三爻配壬，初二三爲始，四五上爲終也。沈括夢溪筆談説之最精：『乾坤始於甲乙，則長男長女乃其次，宜納丙丁，少男少女居其末，宜納庚辛。乃反此者，卦必自下生，先初爻，次中爻，末乃至上爻。』其説是也。蓋由壬癸而庚辛，而戊己，而丙丁，而甲乙，自終而始，亦循環之義也。其說第以紀後先之敘，於說卦傳東南西北之位未嘗紊。魏伯陽參同契本京氏此文，而係之於日月爲易之說，假庚辛丙丁甲乙爲月出没之方。虞翻直據魏伯陽之說，而定八卦之方位，四時之所生，於孔子离南、坎北、兑正秋之位悖矣。「矣」字今增。」〔二〕案，焦氏駁詰先儒，多訾非其理，惟此說辨證頗確。蓋京氏納甲與消息本不相謀，易含萬象，以納甲紀八卦終始長少之序，可也。以爲八卦所自生，不可也。納甲本無方位，以納甲繫之方位，以識别消息，猶可也。即以識别消息所假之方位，紊八卦四時之定位，不可也。蠱巽之甲庚，虞氏以乾震言，不過如君明舊法，於說卦文尚無害。坤、蹇之西南、東北，虞以庚西、丁南、乙東、癸北說之，則顯戾聖傳，非所敢從。總之，納甲不必爲易象所無，以納甲繫之消息，不必爲易理所無。惟以納甲方位爲八卦所自出，則說卦明文，勢難强解，學者信十翼而舍後師可也。

〔二〕焦循，易圖略，卷八，論納甲第六。

陸氏

張氏曰：「陸公紀注周易，又與虞翻同撰日月變例，又注京氏易傳，其易京氏也。余嘗以爲，京氏既爲易章句，又別爲易傳、飛候之書，以謂易含萬象，不可執一隅。然則積算之法，殆不用之章句，以易傳、飛候求易者，爲京氏者之末，失也。今觀公紀所述，凡納甲、六親、九族、四氣、刑德、生剋，未嘗一言及之。至言六爻發揮旁通，卦爻之變，有與孟氏相出入者，京氏自言其易即孟氏學，公紀儻得之邪？京氏章句既亡，存于唐人所引者，僅文字之末，不足以見義。由公紀之説，京氏之大恉庶幾見之。公紀以少年與仲翔爲友，觀其書，亦幾欲與荀、虞頡頏矣。」

干氏

張氏曰：「史稱干寶好陰陽術數，留心京房、夏侯勝之傳，故其注易，盡用京氏占候之法以爲象，而援文、武、周公遭遇之期運，一一比附之。易道猥雜，自此始矣。蓋嘗論之：易者象也，象也者，象也。易以陰陽往來、九六升降上下，而象著焉，陰陽以天地日月進退次舍，而象生焉，故曰消息。鄭氏之言爻辰用事，荀氏之言乾升坤降，虞氏之言發揮旁通，莫不參互卦爻，而依説卦以爲象。其用雖殊，其取于消息一也。令升則不然。其所以爲象者，非卦也，爻也；其所取于爻者，非爻也，干支也。由干支而有五行四氣、六親九族、福德刑殺，此皆無與于卦者也。故乾之爲甲也，震之爲庚也，离之爲己也，案，「革已日乃孚」，虞并不讀爲「己」。先甲先庚，鄭君舊義，王氏引之推衍頗精確，不必定如仲翔所說。此見于經者也。干支爲卦象也，以甲壬名乾，以乙癸名坤，見辰戌名艮，見巳亥名兑，則卦爲干支象也。以甲子爲水而乾象淵，以庚辰窮水而震象姦邪？顛例乖舛説卦之義，盡謬矣。京氏之義，其本在卦氣消息，其用在爻變。考之其傳及章句遺文，可知令升曾不之察，而獨取其所以占候者以爲象。然則令升之爲京氏易者，非京氏也。昔韓宣子見易象與魯春秋曰：周禮盡在魯矣！故易者，文王垂萬世憲章，周公監之以制作者也。鄭氏知之，故推象應事，周官典則一一形著於易，故曰制而用之謂之法，舉而措之天下之民謂之事業。若乃應期受命，革而用師，商、周之所以興廢，固亦見焉。案，爻辭作于周公，故見之。今令升之注僅存者三十卦，而又不完。然其言文、武革紂，周公攝成王者，十有八焉。至于禮樂政典，治亂之要，蓋未嘗及，則是以易爲周家紀事之書，文、武所以自旃其伐也。且文王作卦辭，干以卦、爻辭皆文王作。而蒙託成王遭周公，未濟託祿父不終，微子爲客，則是易爲讖數之言，妖災之紀也。故京氏以易陰陽推後世災變，令升以易辭推周家應期，故曰令升之爲京氏者，非京氏也。魏、晉之代，易學中微，令升知空虛之壞道，而未得其門，欲以蕞瑣附會之説勝之，遂使後之學者指漢師爲術數而不敢道，則易之墜，令升實與有責焉耳。雖然，其論法象始于天地，疾虛誕之言若邪説，豈非卓然不回，憂後世之遠者乎？」案，令升之失，誠有如張氏所譏者。然其名言正論多，足以維持名教，警覺昏頑。如乾九三，坤六五、上六，及乾文言「君子行此四德」之注，於國家興亡之故言之，若是其剴切沈摯也，於人倫正變之際言之，若是其光明正大也。易者，開物成務、撥亂反正之書，令升之志，蓋在通經致用。學者合晉紀總論讀之，千載下如見其心。其序卦注力斥虛妄之説，惠定宇謂「即此一條，可從祀文廟」，蓋深予其衛道之功。而解經之疏密，自可棄瑕取玖也。聖賢之干城，志士之模範，遺言餘教，所存無多，君子將愛惜之不暇，而又忍苛求之哉？

馬氏

張氏曰：「費氏古文易徒以彖、象、繫辭、文言解説上下經，無章句。七録有費氏章句四卷，蓋僞託，不足信。案，當係費氏之徒述師説而爲之，非僞也。傳之者，前漢王璜，後漢陳元、鄭衆，皆無著書，有書自馬融始。融爲易傳，授康成，康成爲易注，于是費氏遂興。然陸德明以爲，永嘉之亂，鄭注行世，而費氏之易無人傳者，豈以僞託之章句爲費氏邪？荀爽亦注費氏易者，其義又特異。或者費氏本無訓説，諸儒斟酌各家以通之，馬、鄭、荀各自名家，非費氏本學也。案，馬、鄭、荀蓋皆祖述費學，而以己意附之，所謂傳業世精也。三家注皆殘缺，一條之義此有彼無，無以見其必異。鄭易之于馬，猶詩之于毛。然注詩稱箋，而易則否，則本之于馬者蓋少矣。今馬傳既亡，所見僅訓詁碎義。就其一隅而反之，大抵以乾坤十二爻論消息，以人道政治議卦爻，此鄭所本于馬也。馬于象疏，鄭合之以爻辰；馬于人事雜，鄭約之以周禮。此鄭所以精于馬也。故録馬氏之傳，著鄭氏所以同異，爲費氏學者可以考焉。」

宋氏、劉氏

張氏曰：「虞仲翔表云：『北海鄭玄，南陽宋忠，雖各立注，忠小差玄而皆未得其門。』今以殘文推之，仲子言乾升坤降、卦氣動靜，大抵出入荀氏，虞君以爲差勝康成者或以此。景升章句尤闕略難考。案，其義于鄭爲近，大要兩家皆費氏易也。然費氏易无變動，而仲子注革五云：『九者，變爻。』則其異于鄭、荀者，不可得而聞云。」案，「九者，變爻」，謂七變爲九，非陽變爲陰，姚氏配中始發明之。

王肅

張氏曰：「王肅著書，務排鄭氏，其託于賈、馬以抑鄭而已。故于易義，馬、鄭不同者則從馬，馬與鄭同則并背馬。故鄭言周禮，則肅申馬，禴爲殷春祭是也。鄭言卦氣，本於馬，則肅附説卦而棄馬，西南陰方、東北陽方用馬注，而改其春秋之文是也。馬、鄭取象必用説卦，是以有互有爻辰，則肅并棄説卦，剥之以坤象牀，以艮象人是也。然其訓詁大義，出于馬、鄭者十七，蓋易注本其父朗所爲，肅更撰定。疑其出于馬、鄭者，朗之學也，其掊擊馬、鄭者，肅之學也。自馬、鄭注行，而費氏易興，諸家皆廢。荀、宋雖費氏而宗之者，不及馬、鄭，以馬、鄭主于人事，而不及易家動變之説也。王朗父子竊取馬、鄭，而棄其言禮、言卦氣爻辰之精切者。王弼祖述王肅，而并棄其比附爻象者。于是空虛不根，而清談廟略，世變亟矣。九字今易。嗚呼！魏、晉以莊、老亂天下，而易先受其禍。聖道不亂，邪說不興，時數會之，于肅奚咎哉？」

董氏

張氏曰：「董遇著書在王肅前，故無與肅合者，其與鄭、荀則多同。義雖不可考，要之，爲費氏易也。」

王世將氏、劉子珪氏

張氏曰：「東晉以後言易者，大率以王弼爲本，而附之以玄言。其用鄭、宋諸家，小有去取而已，非能通其說，如王廙者是也。齊代鄭義甚行，史稱子珪承馬、鄭之後，一時學徒以爲師範。其于易或宜宗鄭黜王，殘缺之餘，無聞焉耳。」

子夏傳

張氏曰：「釋文敘録子夏易傳三卷。七略云：『漢興韓嬰傳。』案漢書藝文志，易有韓氏二篇，儒林傳稱韓生亦以易授人，推易意而爲之傳，不聞其所受，意者出于子夏，與商瞿之傳異邪？今所傳子夏傳十一卷，惠徵士棟以爲宋人僞爲之。然即唐時釋文、集解所引，亦非真韓氏書，其文淺近卑弱，不類漢人，殆永嘉以後，羣書既亡，好事者聚斂衆説而爲之也。朱子發云：『孟喜、京房之學，大要皆自子夏傳而出。』此不察之言也。孟、京之易，傳之商瞿，豈得出於子夏哉？子發又以『七日來復』傳證京房六爻之義，以『井谷射鮒』傳證並爲五月之卦，固有合者。要之，爲傳者取于孟、京，非孟、京取於此傳，觀其文義可知也。」

王弼注例

晉范武子以爲，王弼、何晏二人之罪浮於桀紂。近儒朱氏彝尊、錢氏大昕、陳氏澧皆謂其疾之已甚。愚謂，王弼有變亂聖經之罪，有變亂名教之罪。其變亂聖經也，舉商瞿以來師師相傳之古義，一切屏棄，甚至顯背十翼而不顧，使後之人不復知易之所以爲易。考繫辭云：「聖人立象以盡意，繫辭以盡言。」而王弼乃曰：得意忘象，得象忘言。孔子方欲盡之，而王弼欲忘之，豈王弼聖於孔子乎？程子曰：「得於辭不達其意者有矣，未有不得於辭而能通其意者也。」如之何其忘言也？朱子云：「易之取象，固必有所自來。顧今不可考，則姑闕之。」是欲求象而不可得也，非得象而忘之也。王弼所以持忘象之説者，以爲卦與象不相應，如乾爲馬，而卦或有馬無乾，先儒案文責卦，求之互體，求之卦變，求之五行，皆失其本也。考説卦云：「乾爲馬，坤爲牛。」又震坎皆有馬象，則經言馬者，非乾即震坎也。言牛者，坤也，説卦明云「乾爲馬，坤爲牛」。而王弼乃曰：「何必乾乃爲馬，坤乃爲牛？」非顯駁聖傳乎？易者，唯變所適，各指所之。有馬無乾，正以馬指乾。凡有是象無是卦者，皆以此象指此卦。故説卦備列其象，以通釋之。若必卦體有乾，而後見馬象，卦體有坤，而後見牛象，則雖愚者可推而知，説卦不已贅乎？且卦象皆膠於一定，所謂變，所謂往來上下者，於何見之乎？文言曰：「上不在天，下不在田。」繫辭曰：「二與四同功，三與五同功。」皆謂互體。彖、象傳言往來、上下、發動，皆謂卦變，曾謂易無互變乎？繫辭「天數五，地數五」及「天一，地二」云云，明言五行。漢儒據説卦以定象，據象以推變，而後所謂位當位不當，中正承應，一一若合符節。至於互體，則本象自明。至於五行，則偶一及之而已。王弼所譏，舛謬殊甚。易有三才六位，一陰一陽之謂道，故既濟彖傳曰「利貞，剛柔正而位當也」，六十四卦六爻陰陽之位準此。

而王弼以爲，初上無陰陽定位。果爾，則漸、蹇、家人皆剛柔正而位當矣，孔子何獨於既濟釋之？乾之上曰「貴而无位」，謂失位也，非陽无位，陰亦无位也。需之上曰「雖不當位」，謂三人來，則上六變爲上九，謂九失位，非謂六本失位也。凡得位者吉，失位者凶。失位而吉者，言乎變者也；得位而凶者，因乎時者也。故乾二利見而三厲。王弼不知變，故有陰處陽、陽處陰爲善之説，其謬甚矣。凡此皆其變亂聖經之大者。略例昌言之，故其注盡棄漢師之法，而并棄繫辭以下，置之不論。自時厥後，易象遂廢，而聖人贊化育、寡過之大義幾乎息矣，其變亂名教即在乎此。而又有甚者，王弼以空虛之言説易，當時風尚翕然宗之，人尚玄虛，家習放曠，莊、老之説奉爲師祖，周、孔之教棄若土苴，浸淫不已，朝野同風。菲薄名教，則篡竊視爲固然。絶滅禮學，則荒淫無所不至。綱紀敗壞，萬事失正，人類爲禽獸之行，中國召夷狄之禍，雖非王弼一人所致，而作俑階厲，伊誰之咎？嗚呼！聰明才辯之士，其趨向議論，足以轉移風會。一或不慎，天下蒼生誤於其手。近世言公羊學者好古好異，取漢儒有爲言之之説，如黜周王魯、素王改制之等，力爲申述張大，以競勝於鄭學、朱子，而不覺其言之有弊。數傳以後，遂爲姦人藉口，成犯上作亂、糜爛生民之禍。以今況古，於王弼不能有恕辭矣。至其訓詁，猶往往本於漢儒，其名理之言，非無一二可采，如困學紀聞所引。分别觀之可也。

孔氏正義例

孔沖遠知鄭氏易，而其作正義，乃阿詔旨，用王弼注，不能力爭，非大臣事君、大儒衛道之義。然疏中往往引鄭，其言乃儒家，非道家也。陳氏澧曰：「孔正義用王注，近人以王注，「以」字今易。并詆正義，此未知正義之大有功也。」沖遠正義序云：「江南義疏十有餘家，皆辭尚虚玄，義多浮誕。若論住内住外之空，就能就所之説，斯乃義涉於釋氏，非爲教於孔門也。」據此，則江左説易者，不但雜以老氏之説，且雜以釋氏之説。沖遠皆掃棄之，大有廓清之功也。

李氏周易集解例

陳氏澧曰：「李鼎祚集解序云：『王、鄭相沿，頗行于代，鄭則多參天象，王乃全釋人事。且易之爲道，豈偏滯於天人者哉？』」此李氏於鄭、王皆有不滿之意也。」又曰：「集解多采虞氏説，但以諸家佐之耳。如艮卦，惟采鄭康成一條，李氏自作案語二條，餘皆采虞氏；漸卦，惟采干寶一條，李氏自作案語一條，餘皆采虞氏；兑卦，李氏案語二條，餘皆采虞氏。其專重虞氏，可見矣。中孚，豚魚吉，李氏云：『案，坎爲豕，訟四降初，折坎稱豚。初陰升四，體巽爲魚。中，二。孚，信也。謂二變應五，化坤成邦，故信及豚魚矣。虞氏以三至上體遯，便以豚魚爲遯魚。雖生曲象之異見，乃失化邦之中信也。』澧案，此虞氏異見，李氏能不阿好曲從。然其所自爲説，則純似虞氏，可見李氏本虞氏之學也。」〔二〕今案，集解序云：「集虞翻、荀爽三十餘家，刊輔嗣之野文，補康成之逸象。」三十餘家中，獨舉虞、荀。且虞在荀後，而以先荀，則其專重虞氏可知。刊者，削去其非；補者，增成其是。漢儒説易，大義略同。虞、荀與鄭本不相遠，故以相補。至王弼以老、莊説易，始大相刺謬。故取此則刊彼。晁公武謂李氏刊王存鄭，補鄭即以存鄭也。李氏密於求象，故不即采鄭，而以虞、荀代之。且當時鄭義猶頗行於代，不若虞、荀之垂

〔二〕陳澧，東塾讀書記，卷四。

絶，或李氏意在闡幽表微歟？

李氏集解網羅天下放失舊聞，使千載下得以考見商、田以來古義，厥功甚偉。顧其書，雜引諸家，似不貫串。考李氏作注，又作索隱，索隱即釋例。其去取離合之故，必於索隱見之，惜今不可考。以意求之，約有數端：一，李書以虞爲主，輔以荀氏，又輔以諸家。一，李氏於象多采荀、虞，於卦之大義多采鄭。蓋鄭之取象與荀、虞大同，而荀、虞尤詳；荀、虞之説，義亦與鄭大同，而鄭尤精。一，鄭氏爻辰之説，李皆從闕；虞氏好易經字，李不據以改經。皆其慎。一，漢儒説易各有師法，大同小異。每並存之，相反相成。往往而有一兩説不同，多以前一説爲主。一，諸家異義，分附彖辭、象辭、彖傳、象傳之下，多移易合并，使一家之言，一條中首尾完具。張氏多就中分析之。一，諸家説得失相參，則删著之。或象取此而義取彼，其有未當，則辨正之。總之，李氏博采諸家，悉以己意斟酌融貫，學者潛心玩索，條理自見。初非强彼附此，鑿枘相戾也。若其解經大義，如消息、升降、比應、互變之等，則一以師師相傳之例爲例云。

程傳例

六經而下，經師大儒之書，懸諸日月而不刊者三：一曰鄭君三禮注，一曰朱子四書章句集注，一曰程子周易傳。易自王弼注行，聖道爲異學所亂。孔沖遠始返之於儒，然明而未融。程子奮自千載之後，以閑邪存誠、敬義夾持之功，身體力行，本其所得，依經立傳，平實説理，而後聖人窮理盡性、開物成務之道復明於世。顧氏炎武謂：「説易者，無慮數千百家，然未見有過於程傳者。」其説義之精，得乎人心之所同然。自天命民彝，聖教王政，物理世變，無不言之，深切著明，日可見之行事。學者觀象玩辭，通經致用，莫近於此。至其訓釋辭旨，慎思明辨，不必求同於漢儒，而自能合其真是，不必求異於王弼，而自不淆於積非。愚嘗取程傳與漢儒遺説、王弼注，逐條比勘。有王弼之謬，程傳辭而闢之者，如一陰五陽之卦，王弼謂「一陰爲之主」，程子謂「衆陽説於一陰，説之而已，非陰爲陽主」之等是也。有漢儒之説，待程傳而明者，如虞氏説「貞有二義：失位者，以之正爲貞；得位者，以不動爲貞」，程子謂「經言貞吉，有貞正而吉者，有得正則吉者」，義與虞同。虞注履卦謂「與謙旁通，以坤藉乾，以柔履剛」，又謂「謙坤爲虎，艮爲尾。乾兑乘謙，震足蹈艮，故履虎尾。坤履乾，乾履坤，二義糾纏，若矛盾之甚」，程傳曰「履，踐也，藉也。履物爲踐，履於物爲藉」，分「履」爲二義，虞義乃明，（以坤藉乾，以乾踐坤。）是也。有程傳密合經旨，獨勝古今諸儒者，如姤言防小人，即言用君子，張皋文謂「諸儒並言防陰，惟程傳言求賢，與象爲脗合」之等，是也。有經中難義，程傳沈潛反復，得其本旨，足以豫闢後世邪説者，如彖傳三言柔進而上行，虞例不能畫一，使焦氏緣隙，奮筆破壞古義，程傳一言以蔽之曰「凡离在上，而彖欲見柔居尊者，皆曰柔進而上行」，足以豫執巧説衺辭之口，是也。此類致多，姑舉一二爲例，學者知此，可以破除漢、宋門户之見，而專心致力，以求精義利用矣。

朱子本義例

易之大義，程傳已備，故朱子惟以尚占爲教，使讀經者知如何則吉，如何則凶。不待卜筮而敬，吉；怠滅義從欲，凶。善慶惡殃，不啻羲、文、周、孔耳提面命。龜象著數，日出其兆，所謂「无有師保，如臨父母」，雖欲不改過遷善、去邪存誠，而有所不能。易者，聖人贊化育、寡過之書，而其明得失，以濟民行，則存乎卜筮。其書在周時，不列於樂正四術，而掌於太卜，故朱子以占言易，而名其書曰本義。本義篇次復孔門十二篇之舊，國朝諸儒興復古學，皆由朱子開之，此其一端也。

惠氏易學例

王弼注行而易象亡，李氏存之，易理亂。孔氏稍正之，至程子而易理明，至惠氏而易象明，其興滅繼絶、振衰起廢之功，當與聖經並垂不朽。其書曰易漢學，曰周易述，曰易微言，曰易例。易例、易微言未成，然易漢學敘述漢師家法，表章古義，條舉件繫，即無異釋例。微言大義，則周易述具矣。謂之述者，述漢師之義，以荀、虞爲主，而參以鄭、宋諸家。其例一準漢師之例。其大義在正乾元，以立中和之本，乾坤相通，以陰從陽，成兩既濟，六爻和會，剛柔位當，所謂致中和、位天地、育萬物。易備三才，聖人以至誠無息參天地，故六十四象皆言君子。時有否泰，位有失得，君子因時以求中，閑邪以正己正人，故學易無大過。陽息陰消，往來上下，變通趣時，歸於既濟，雲行雨施而天下平。其精言要旨，多融會羣經，周、秦、漢古籍而出，足以明道立教。學者讀之，有益于身，有用于世。蓋自李氏集解而後，千餘年僅見。此書間有千慮之失，如「箕子之明夷」，用趙賓說；繫辭、説卦中，或以聖傳爲後師之説；改易經字，不盡確據；徵引禮象，或乖鄭義；業已宗尚虞學，則求象不免過密。凡此數端，皆其小疵，要不足以掩大醕也。

張氏易學例

張氏易學本惠氏而修明之。其虞氏義、虞氏消息，專申一家之學。視惠氏研覈，尤精鄭、荀義，易義别録本易漢學而加詳。又以爲易者禮象。易家言禮，惟鄭氏，其原文本質，使周家一代之制，損益俱備，後有王者，監儀在時。惜殘闕，不盡存，故以虞注推禮，以補鄭闕，爲虞氏易禮。孟氏説易本于氣，而以人事明之。虞氏論象備矣，皆氣也，人事雖具説，然略不貫穿。蓋易道廣大，象无所不具，而事著于一端，故漢儒説人事，多爲舉隅之辭，爻象往往錯雜。後學不得其通，乃始苦其支窒而不能騁，於是悉舉而廢之，而相辨以浮辭。夫理者無迹，而象者有依，舍象而言理，雖姬、孔無所據以辯言正辭，況多歧之説乎？故因虞氏之象，推説人事，比類合誼，爲易事、易言。易本于氣，爲虞氏易候。六經之緯，原出七十子之徒，蓋夫子五十學易而知天命，游、夏之徒口受其傳，旨益增附推闡以相傳授。秦、漢間師儒第而録之，亦有技能之士，以其所能推説，于篇，參錯間出，故其書雜而不能醕。易緯自乾、坤鑿度，僞書乾元序制記出宋人鈔撮而成，坤靈圖、是類謀、辨終備多亡佚，不可指説外，稽覽圖、通卦驗存孟、京氏學。乾鑿度論乾坤消息，始于一，變而七，進而九，一陰一陽相並，而合于十五，統於一元，正於六位，通天意，理人倫，明王度，蓋易之大義，條理畢貫，諸儒莫能外之，其爲夫子之緒論。田、楊以來，先師所傳習較然無疑，故條而次之，通其可知者，闕其不可知者，爲易緯略義。宋以後易圖晚出最多，爲易圖條辨。張氏易學精密，該貫如此。蓋大義已盡創通于惠氏，繼起者易爲力也。張氏深于禮，故闡發禮象至精，易事、易言多通達治體之論，其辨君子小人消長之機、國家安危存亡之故，足爲從政者蓍蔡。惟虞氏義求象太密，於經文似爲碎義不急。恐學者苦其難，而不知其益，故姚仲虞變通其法云。

姚氏易學例

漢易自惠氏創通大義，後張氏繼之，姚氏又繼之。惠、張主虞氏，姚主鄭氏。虞氏逸象最多，故李氏以補康成。夫易者，象也。舍象而言義，非易也。然象由義出，義因象著，忘象而言義，則義非其義，王弼是也。略義而論象，則象亦瑣碎。無用之象，虞學固不若是，而其流失或將至於是。張氏知其弊，故爲易事、易言，推卦象以極論人事。然其虞氏義終苦求象太密，有乖易簡理得之旨。竊考之説卦八卦之象，實者多，虚者少。然則經文當實事有象，虚辭無象。舉一隅言之，乾之六爻稱龍，象也。其潛、見、惕、躍、飛、亢，則以爻位上下言，可取象，可不取象。至用九之見羣龍，羣龍即六龍。六位時成，即見羣龍，更不當論「見」字何象，「羣」字何象，而張氏必一一象之。若夫孔子十翼，所以發明卦象，似不當於卦爻之外别自取象。猶注家之用訓詁，所以發明經中古字古義，更不當於注中多用古字，以待後人之訓釋。且夫子談經，亦猶後世屬文，若字字有象，何以成辭？繫辭諸篇縱横變化，其不牽窒於象可知。顧氏炎武於文言「同聲相應」一節深譏荀、虞，然此等實處，不得謂無象，且所取象明白易曉。惟文言「日可見之行」，虞於「日」字取离象，繫辭「居則觀其象」一節，虞因「自天右之」二句，附合於大有象，若此之類，頗涉迂曲，鄭注而在，當不其然。姚氏由虞、荀以通鄭，涵泳經傳本文，以定諸家之得失，而去取之，依象以説義，不泥象以室義。又師惠氏之法，博采漢以前古説，足證發經義，裨補政教者，以己意推演之。當道光之季，經術已衰，邪説方興，世變將作，凡今日內憂外患，當時皆已萌兆。姚氏見微知著，憂深思遠，故其書于倫理治化、是非得失之故，辯之早辯，合于作易憂患之旨。其説經之例，與惠、張大同。惟據乾鑿度「陽動而進，變七之九；陰動而退，變八之六」之文，於爻變外，推出畫變一義，爲理藏于古而得之于今。然主持太過，據以説經處太多。又以乾元爲在坤元中，係歸藏首坤之義，非周易首乾之旨。且未免義涉老氏學者，分别觀之可也。

治易例

陳氏澧曰：「漢書儒林傳云：『費直以彖、象、系辭十篇、文言解説上下經。』澧案，「十篇」二字當在「文言」二字下，文義乃順。釋文序録無「十篇」二字。此千古治易之準的也。孔子作十篇，爲經注之祖。費氏以十篇解說上下經，乃義疏之祖。費氏之書已佚，儒林傳云「亡章句」，釋文序録則云「費直章句四卷殘缺」，澧謂，此章句蓋傳費氏學者筆之於書，非費直自作。而鄭康成、荀慈明皆傳費氏學。此後諸儒之說，凡據十篇以解經者，皆得費氏家法也，其自爲說者，皆非費氏家法也。說易者當以此爲斷。」又曰：「儒林傳云：『丁寬作易說三萬言，訓故舉大誼而已。』此班氏特筆也。『訓故舉大誼』，凡說經者皆然，豈復有加於此？而此獨云『訓故舉大誼而已』，若有所減損者。漢時易家有陰陽災變之說，丁寬易說則無之，惟『訓故舉大誼』，故特著之也。自商瞿至丁寬六傳，而其說不過如此，此先師家法也。」〔一〕案，「訓故舉大誼」，體崇簡要，蓋如毛詩訓詁傳之比，與章句繁文不同，故當時謂之「小章句」。言其略，實則易簡理得，使學者用力少而蓄德多，說經之法莫善于此。說卦以乾健坤順與乾爲馬、坤爲牛等並舉，蓋易之象即訓詁，言訓詁則象在其中。「訓詁舉大誼」，象與義一以貫之矣。

〔一〕陳澧，東塾讀書記，卷四。

程子曰：「易之爲書，卦、爻、彖、象之義備，而天地萬物之情見。聖人之憂天下來世，其至矣：先天下而開其物，後天下而成其務。是故極其數以定天下之象，著其象以定天下之吉凶。六十四卦，三百八十四爻，皆所以順性命之理，盡變化之道也。『易有太極，是生兩儀。』萬物之生，負陰而抱陽，莫不有太極，莫不有兩儀，絪緼交感，變化不窮。形一受其生，神一發其智，情僞出焉，萬緒起焉。易所以定吉凶而生大業。故易者，陰陽之道也；卦者，陰陽之物也；爻者，陰陽之動也。卦雖不同，所同者奇耦；爻雖不同，所同者九六。是以六十四卦爲其體，三百八十四爻互爲其用。遠在六合之外，近在一身之中，暫於瞬息，微於動靜，莫不有卦之象焉，莫不有爻之義焉。至哉易乎！其道至大而无不包，其用至神而无不存。時固未始有一，而卦未始有定象；事固未始有窮，而爻亦未始有定位。以一時而索卦，則拘於无變，非易也。以一事而明爻，則窒而不通，非易也。知所謂卦、爻、彖、象之義，而不知有卦、爻、彖、象之用，亦非易也。故得之於精神之運，心術之動，與天地合其德，與日月合其明，與四時合其序，與鬼神合其吉凶，然

後可以謂之知易也。」〔二〕

顧氏炎武曰：「易之爲書，廣大悉備，一爻之中，具有天下古今之大，所謂此爻爲天子，此爻爲諸侯，特識其大者而已。其實人人可用，故曰：『君子所居而安者，易之序也；所樂而玩者，爻之辭也。』故夫子之傳易也，於『見龍在田』而本之以學問寬仁之功，於『鳴鶴在陰』而擬之以言行樞機之發，此爻辭之所未及，而夫子言之。案，此爻辭本意，夫子發明之，顧說未確。然於觸類引伸之道得之。然天下之理實未有外於此者。素以爲絢，禮後之意也；高山景行，好仁之情也；諸姑伯姊，尊親之序也。夫子之說詩，猶夫子之傳易也。後人之說易也，必以一人一事當之，此自傳注之例宜然，學者舉一隅而以三隅反可爾。且以九四或躍之爻論之，舜、禹之登庸，伊尹之五就，周公之居攝，孔子之歷聘，皆可以當之，而湯、武特其一義。又不可連比四五之爻，爲一時之事，而謂有飛龍在天之君，必無湯武革命之臣也。是故盡天下之書，皆可以注易，而盡天下注易之書，不能以盡易，此聖人所以立象以盡意。而夫子

〔二〕程頤，伊川易傳，序。

作大象，多於卦爻之辭之外別起一義，以示學者，使之觸類而通，此即舉隅之説也。天下之變無窮，舉而措之天下之民者亦無窮，若但解其文義而已，韋編何待於三絶哉？『子所雅言，詩、書、執禮。』詩、書、執禮之文，無一而非易也。下而至於春秋，二百四十二年之行事，秦、漢以下史書，百代存亡之迹，有一不該于易者乎？故曰：『易有聖人之道四焉：以言者尚其辭，以動者尚其變，以制器者尚其象，以卜筮者尚其占。』愚嘗勸人以學易之方，必先之以詩、書、執禮，而易之爲用存乎其中。然後觀其象而玩其辭，則道不虛行，而聖人之意可識矣。」〔二〕又曰：「聖人所聞所見，無非易也。若曰埽除聞見，并心學易，是易在聞見之外也。六十四卦，三百八十四爻，皆所以告人行事，所謂『擬之而後言，議之而後動』者也。若夫墮枝體，黜聰明，此莊周列禦寇之説，易無是也。」〔三〕

〔二〕顧炎武，顧亭林詩文集，卷三，與友人論易書一。
〔三〕顧炎武，顧亭林詩文集，卷四，與人書二。

要旨第二上

孔子曰：「方上古之時，人民無別，羣物無殊，未有衣食器用之利。於是伏羲乃仰觀象於天，俯觀法於地，中觀萬物之宜，始作八卦，以通神明之德，以類萬物之情。故易者，所以經天地，理人倫，而明王道。是故八卦以建，五氣以立，五常以之行。象法乾坤，順陰陽，以正君臣、父子、夫婦之義。度時制宜，作罔罟，以畋以漁，以贍人用。於是人民乃治，君親以尊，臣子以順，羣生和洽，各安其性。」

又曰：「陽三陰四，位之正也。故易卦六十四，分而爲上下，象陰陽也。夫陽道純而奇，故上篇三十，所以象陽也；陰道不純而偶，故下篇三十四，所以法陰也。乾坤者，陰陽之根本，萬物之祖宗也，爲上篇始者，尊之也。离爲日，坎爲月，日月之道，陰陽之經，所以終始萬物，故以坎离爲終。咸恒者，男女之始，夫婦之道也。人道之興，必由夫

婦，所以奉承祖宗，爲天地主也，故爲下篇始者，貴之也。既濟、未濟爲最終者，所以明戒慎而存王道。」〔二〕

鄭氏易論及易贊曰：「易一名而含三義：易簡，一也；變易，二也；不易，三也。故繫辭云：『乾坤，其易之緼邪？』又云：『易之門户邪？』又云：『夫乾，確然示人易矣；夫坤，隤然示人簡矣。易則易知，簡則易從。』此言其易簡之法則也。又云：『爲道也屢遷，變動不居，周流六虚，上下無常，剛柔相易，不可爲典要，唯變所適。』此言順時變易，出入移動者也。又云：『天尊地卑，乾坤定矣。卑高以陳，貴賤位矣。動靜有常，剛柔斷矣。』此言其張設布列，不易者也。據此三義而説易之道，廣矣大矣。」

又曰：「易道周普，無所不備。」

又六藝論曰：「易者，陰陽之象，天地之所變化，政教之所生。」

焦氏循原卦曰：「伏羲氏之畫卦也，其意質而明，其功切而大。或以精微高妙説之，則失矣。陸賈新語云：『先聖乃仰觀天文，俯察地理，圖畫乾坤，以定人道。民始開悟，

〔二〕易緯乾鑿度。

知有父子之親，君臣之義，夫婦之道，長幼之序。於是百官立，王道乃生。』白虎通云：『古之時，未有三綱六紀，民人但知其母，不知其父。於是伏羲仰觀象於天，俯察法於地，因夫婦，正五行，始定人道，畫八卦以治下。』譙周古史考云：『伏羲制嫁娶，以儷皮爲禮。伏羲之前，有男女而無定偶，則人道不定。伏羲定人道，而夫婦正，男女别。』繫辭傳云：『天尊地卑，乾坤定矣。』序卦傳云：『有天地，然後有萬物。有萬物，然後有男女。有男女，然後有夫婦。有夫婦，然後有父子。有父子，然後有君臣。有君臣，然後有上下。有上下，然後禮義有所措。』所以明伏羲定人道之功也。知母不知父，則同於禽獸。父子、君臣、上下禮義，必始於夫婦，則伏羲之定人道，不已切乎？以知識未開之民，圖畫八卦以示之，而民即開悟，遂各遵用嫁娶，以别男女，而知父子。非質而明，能之乎？故在後世，觀所畫之卦，陰陽奇偶而已。而在人道未定之先，不知有夫婦者；知有夫婦，不知有父子者；知有父子，人倫王道自此而生。非聖神廣大，何以能此？然則伏羲之卦可知矣，爲知母不知有父者示也。故乾坤定位，而後一索、再索、三索，以生六子。有父子，而長少乃可序。吾知伏羲之卦，必首乾而次坤。或謂伏羲之卦爲連山，連山首艮，是仍無父之子矣，伏羲不爾也。案，伏羲之卦，固當首乾。但連山首艮，別有取義，不得如焦氏所譏。故傳云『天尊地卑，乾坤定矣』，明伏羲之卦，首定乾坤也。乾、坤生六子，六子共一父母，不可爲夫婦，則必相錯焉，此六十四卦所以重也。猶是巽之配震也，坎之配离也，兑之配艮也。在三畫則同一父母之所生，在六畫則已爲陰陽之相錯。相錯者，以此之長女配彼之長男，以彼之中男、少男，配此之中女、少女。一相錯而婚姻之禮行，嫁娶之制備。『八卦成列，因而重之，』吾於此知伏羲必重卦，爲六十四。或謂伏羲但作八卦，不重卦，則所以制夫婦之禮，即用一父母所生之男女矣，伏羲必不爾也。故傳云『有男女，然後有夫婦』，不贊於乾坤，而贊於咸恒，明伏羲之定人道，制嫁娶，在相錯爲六十四也。孔子於序卦明男女之有夫婦，而於伏羲作八卦，統其辭云『通神明之德，類萬物之情』。六爻發揮，旁通情也。旁通情，即所以類萬物之情。可知卦之旁通，自伏羲已然。非旁通，無以示人道之有定，而夫婦之有別也。情性之大，莫若男女。人之性，孰不欲男女之有別也？方人道未定，不能自覺，聖人以先覺覺之，故不煩言而民已悟焉。民知母不知父，與禽獸同。伏羲作八卦而民悟，禽獸仍不悟也，此人性之善所以異乎禽獸，所謂神明之德也。民之性在飲食男女，制嫁娶，使民各有其偶也。教漁佃，使民自食其力也。聖人治天下，不過男女飲食，爲之制嫁娶、教漁佃矣。人倫正而王道行，所以參天地而贊化育者，固無他，高妙也。神農、黃帝、堯、舜踵此而擴充之，文王、周公、孔子述此而闡明之。彼先天心法之精微，豈伏羲氏之教哉！」

上經

乾：元亨利貞。

子夏傳曰：「元，始也；亨，通也；利，和也；貞，正也。言乾稟純陽之性，故能首出庶物，各得元始，開通和諧，貞固不失其宜。是以君子法乾而行四德，故曰『元亨利貞』矣。」惠氏棟曰：「乾六爻，二四上匪正；坤六爻，初三五匪正。『乾道變化，各正性命，保合太和，乃利貞。』傳曰：『利貞，剛柔正而位當也。』」又曰：「經惟既濟一卦六爻正而得位，故云『剛柔正而位當』。乾用九，坤用六，成既濟定，中庸所謂『致中

和，天地位焉，萬物育焉』是也。此聖人作易之事也。」[一]

初九

干氏曰：「初九，甲子天正之位，而乾元所始也。」[二]

九二，見龍在田，利見大人。

楊子法言曰：「甑陶天下者，其在和乎？龍之潛亢，不獲其中矣，是以過中則惕，不及中則躍，其近於中乎？聖人之道，譬猶日之中矣，又曰亨龍潛升，其貞利乎？或曰：龍何如可以貞利而亨矣？曰：時未可而潛，不亦貞乎？時可而升，不亦利乎？潛升在己，用之以時，不亦亨乎？」又曰：「時飛則飛，時潛則潛，既飛且潛，食其不妄，形其不可得而制也與？」

九三，君子終日乾乾，夕惕若厲，无咎。

鄭氏曰：「三於三才爲人道。有乾德而在人道，君子之象。」[三]干氏曰：「爻以氣表，

[一] 惠棟，周易述，卷一。

[二] 要旨引自李鼎祚周易集解所輯漢、魏諸家注。

[三] 鄭玄，周易鄭注，王應麟輯，上經乾傳第一。

繇以龍興，嫌其不關人事，故著君子焉。陽在九三，正月之時，自泰來也。陽氣始出地上，而接動物，人爲靈，故以人事成天地之功者，在於此爻焉。故君子以之憂深思遠，朝夕匪懈，仰憂嘉會之不序，俯懼義和之不逮，反復天道，謀始反終，故曰『終日乾乾』。此蓋文王反國，大釐其政之日也。凡无咎者，憂中之喜，善補過者也。」淮南子曰：「『終日乾乾』，以陽動也；『夕惕若厲』，以陰息也。因日以動，因夜以息，唯有道者能之。」王氏應麟曰：「危者使平，易者使傾，易之道也。處憂患而求安平者，其惟危懼乎？故乾以惕无咎，震以恐致福。」〔二〕

九五，飛龍在天，利見大人。

虞氏曰：「謂若庖犧觀象於天，造作八卦，備物致用，以利天下，故曰『飛龍在天』，天下之所利見也。」姚氏配中曰：「大人首出，是爲乾元。乾五天位，乾元託焉，以治天下者也。」〔三〕

〔二〕王應麟，困學紀聞，卷一。
〔三〕姚配中，周易姚氏學，卷一。

上九，亢龍有悔。

蔡澤説易曰：「『亢龍有悔』，此言上而不能下，信而不能詘，往而不能自反者也。」

淮南子曰：「同言而民信，信在言前也；同令而民化，誠在令外也。聖人在上，民遷而化，情以先之也。動於上，不應於下者，情與令殊也。故易曰『亢龍有悔』。」

用九，見羣龍。

姚氏配中説以春秋繁露曰：「王者，人之始；君者，國之元。天積衆精以自剛，聖人積衆賢以自强。天所以剛者，非一精之力；聖人所以强者，非一賢之德也。」〔一〕

大明終始

荀氏曰：「乾起坎而終於离，坤起於离而終於坎。离坎者，乾坤之家而陰陽之府。」

首出庶物，萬國咸寧。〔二〕

劉氏瓛曰：「陽氣爲萬物之所始，故曰『首出庶物』；立君而天下皆寧，故曰『萬國

〔一〕姚配中，周易姚氏學，卷一。
〔二〕「寧」字原缺最後一筆，爲避諱。

咸寧』也。」張氏惠言曰：「謂陽出震而陰靜，易以陰從陽，故於此首發其義。」〔一〕

君子以自强不息。

虞氏説以老子曰：「自勝者强。」干氏曰：「言君子通之于賢也。凡勉强以德，不必須在位也，故堯、舜一日萬幾，文王日昃不暇食，仲尼終夜不寢，顔子欲罷不能。自此以下，莫敢淫心捨力，故曰『自强不息』矣。」惠氏曰：「君子莊敬日强，故『自强不息』。子路問强，子曰：『南方之强與？北方之强與？抑而强與？』『而强』即自强也。易備三才，至誠無息，所以參天地與？」又曰：「乾坤，諸卦之祖，而象皆稱君子者，以君子備三才。故荀子王制篇曰：『天地者，生之始也；禮義者，治之始也；君子者，禮義之始也；爲之，貫之，積重之，致好之，君子之始也。故天地生君子，君子理天地。君子，天地之參也。』」〔二〕

〔一〕張惠言，周易虞氏義，卷一。

〔二〕惠棟，周易述，卷十。

飛龍在天，大人造也。

劉子政上封事讀「造」爲「聚」，説曰：「賢人在上位，則引其類而聚之於朝。」〔一〕

用九，天德不可爲首也。

宋氏曰：「純陽則天德也。萬物之始，莫能先之。」惠氏曰：「陽倡而陰和，男行而女隨，此乾坤二用之大義也。」〔二〕

利者，義之和也；貞者，事之幹也。

荀氏曰：「陰陽相合，各得其宜，然後利矣。陰陽正而位當，則可以幹舉萬事。」

貞固足以幹事。

王氏應麟曰：「貞者，元之本。周公曰『冬日之閉凍也不固，則春夏之長草木也不茂』，可以發明貞固之説。」〔三〕

〔一〕班固，漢書，卷三十六，楚元王傳第六。
〔二〕惠棟，周易述，卷十。
〔三〕王應麟，困學紀聞，卷一。

君子行此四德者，故曰：「乾：元亨利貞。」

干氏曰：「夫純陽，天之精氣；四行，君之懿德。是故乾冠卦首，辭表篇目，明道義之門在于此矣，猶春秋之備五始也，故夫子留意焉。然則體仁正己，所以化物；觀運知時，所以順天；器用隨宜，所以利民；守正一業，所以定俗也。亂則敗禮，其教淫；逆則拂時，其功否；錯則妨用，其事廢；忘則失正，其官敗。四德者，文王所由興；四愆者，商紂所由亡。」

遯世无悶

姚氏配中曰：「甽畝之中樂堯、舜之道，故无悶。」〔二〕

憂則違之

惠氏曰：「復小而辨於物，一陽不亂於五陰。」〔三〕

〔二〕姚配中，周易姚氏學，卷二。

〔三〕惠棟，周易述，卷十八。

確乎其不可拔，潛龍也。

虞氏曰：「確，剛貌也。乾剛潛初，坤亂於上。君子弗用，隱在下位。確乎難拔，潛龍之志也。」

庸行之謹

惠氏棟曰：「易者，寡過之書也。處非其位則悔吝。隨之二升坤五，復於無過，是庸行之謹。」〔一〕

脩辭立其誠

王氏應麟曰：「中庸誠敬，自有乾坤，即具此理。乾九二言『龍德中正』『庸言之信，庸行之謹，閑邪存其誠』，坤六二言『敬以直内』。」〔二〕

君德

顧氏炎武曰：「爲人臣者，必先具有人君之德，而後可以堯、舜其君。故尹告（二字今易。）之

〔一〕惠棟，周易述，卷十八。
〔二〕王應麟，困學紀聞，卷一。

言曰：『惟尹躬暨湯，咸有一德。』武王之誓亦曰：『予有亂十人，同心同德。』」〔一〕

脩辭立其誠

王氏應麟曰：「『脩辭立其誠』，脩其内則爲誠，脩其外則爲巧，言易以辭爲重。上繫終於『默而成之』，養其誠也；下繫終於六辭，驗其誠不誠也。辭非止言語，今之文，古所謂辭也。」〔二〕

上下无常，非爲邪也。

惠氏曰：「二四不正，故皆言『邪』。三四不中，故皆言『時』。及時，所以求中也。中庸曰：『君子而時中。』」〔三〕

聖人作而萬物覩。

陸氏曰：「陽氣至五，萬物茂盛，故譬以聖人在天子之位，功成制作，萬物咸見之矣。」

〔一〕顧炎武，日知録，卷一。
〔二〕王應麟，困學紀聞，卷一。
〔三〕惠棟，周易述，卷十八。

乾元用九，天下治也。

惠氏曰：「天不深正其元，不能成其化。九者，變化之義，以元用九，六爻皆正。王者體元建極，一以貫之，而君臣上下各得其位，故天下治也。」〔二〕

利貞者，性情也。

干氏曰：「以施化利萬物之性，以純一正萬物之情。」

時乘六龍，以御天也。雲行雨施，天下平也。

荀氏曰：「陽升陰降，天道行也。乾升於坤曰『雲行』，坤降於乾曰『雨施』。乾坤二卦成兩既濟，陰陽和均而得其正，故曰『天下平』。」

君子以成德為行。

干氏曰：「君子之行，動靜可觀，進退可度。動以成德，无所苟行也。」

「君子學以聚之」節

惠氏曰：「學問，所以成君德也。周書本典曰：『王在東宮，召周公曰：朕聞武考，

〔二〕惠棟，周易述，卷二十。

不知乃問，不得乃學，俾資不肖，永無惑。』是人君學問之事。」〔一〕

「亢之爲言也」節

姚氏配中曰：「進必有退，存必有亡，得必有喪。上處非其位，動則必化之陰，所謂動而有悔也，不知物極之必反。三者不知，則三者隨之矣，是之謂亢。知有退則能保其進，知有亡則能保其存，知有喪則能保其得。知失位而不動，則三者免矣。非聖人，其孰能之？」〔二〕

坤：元亨，利牝馬之貞。

虞氏曰：「謂陰極陽生，乾流坤形，坤含光大，凝乾之元，終於坤亥，出乾初子，品物咸亨，故元亨也。」張氏曰：「元亨皆乾爲之。易者乾陽，地道資生，與天合德，故義取凝乾出震也。」〔三〕案，此取以坤息乾。姚氏曰：「取牝馬者，地當承天，妻當從夫，臣當奉君。言其柔

〔一〕惠棟，周易述，卷十八。
〔二〕姚配中，周易姚氏學，卷二。
〔三〕張惠言，周易虞氏義，卷一。

順利貞，爲所當爲也。」〔一〕案，此取以坤順乾。侯果曰：「牝馬，順之至也，戒臣子當至順。」

后順得常。

張氏曰：「陰從陽，理之常。」〔二〕姚氏曰：「常謂陽尊陰卑，君尊臣卑。天先乎地，君先乎臣，夫先乎婦，道之常也。陰不爲物之始，而順從陽，以陽爲主，斯得常矣。」〔三〕董子曰：「陰道無所獨行。其始也不得專起，其終也不得分功，有所兼之義。是故臣兼功於君，子兼功於父，陰兼功於陽，地兼功於天。」〔四〕

安貞之吉。

惠氏曰：「坤道至靜，安于承天之正。」〔五〕

〔一〕姚配中，周易姚氏學，卷三。
〔二〕張惠言，周易虞氏義，卷一。
〔三〕姚配中，周易姚氏學，卷三。
〔四〕董仲舒，春秋繁露，卷十三。
〔五〕惠棟，周易述，卷八。

六二，直方大，不習无不利。

鄭氏禮注據此以爲説曰：「臣道直方。」干氏曰：「臣之事君，妻之事夫，義成者也。臣貴其直，義尚其方。士該九德，然後可以從王事；女躬四教，然後可以配君子。道成于我而用之于彼，不方以仕學爲政，不方以嫁學爲婦，故曰『不習无不利』也。」姚氏配中曰：「直其正也，方其義也，以正行義，地道之最美者。事君則忠，交友則信。」[一]

六四，括囊，无咎无譽。

王氏應麟曰：「潛龍以不見成德，管寧所以箴邴原也。全身以待時，杜襲所以戒繁欽也。易曰：『括囊，无咎无譽。』」[二]

六五，黄裳，元吉。

左氏説南蒯之將叛也，枚筮之，遇坤之比，曰：「黄裳，元吉。」以爲大吉也。示子服惠伯曰：「即欲有事，何如？」惠伯曰：「吾嘗學此矣。忠信之事則可，不然必敗。外

[一] 姚配中，周易姚氏學，卷三。
[二] 王應麟，困學紀聞，卷一。

彊內温，忠也；和以率貞，信也。故曰：『黄裳，元吉。』黄，中之色也；裳，下之飾也；元，善之長也。中不忠，不得其色；下不共，不得其飾；事不善，不得其極。外內倡和爲忠，率事以信爲共，供養三德爲善。非此三者，弗當。且夫易不可以占險，將何事也？且可飾乎？中美能黄，上美爲元，下美則裳。參成可筮，猶有闕也，筮雖吉，未也。」〔一〕干氏曰：「陰登於五，柔居尊位，若成昭之主、周霍之臣也。百官總己，專斷萬機，雖情體信順，而貌近僭疑，周公其猶病諸。言必忠信，行必篤敬，然後可以取信于神明，无尤于四海也，故曰『黄裳，元吉』也。」

上六，龍戰于野。

説文曰：「陰極陽生，故易曰『龍戰于野』。戰者，接也。」〔二〕干氏曰：「陰陽離則異氣，合則同功。」又曰：「文王之忠於殷，抑參二之强以事獨夫之紂，蓋欲彌縫其闕，而匡救其惡，以祈殷命，以濟生民也。」案，此據卦義推之，深得聖人之心。

〔一〕春秋左氏傳，昭公十三年。
〔二〕許慎，説文解字，卷十四下。

用六，利永貞。

張氏曰：「陽以得位爲正，陰以從陽爲正。」〔一〕

積善之家必有餘慶，積不善之家必有餘殃。

李氏鼎祚曰：「夫子欲見陽生陰殺，天道必然。理國修身，積善爲本，故於坤爻初六陰始生時著此微言，永爲深誡，欲使防萌杜漸，災害不生，開國承家，君臣同德者也。故繫辭云：『善不積不足以成名，惡不積不足以滅身。』是其義也。」〔二〕姚氏配中説以大戴記曰：「爲人主計者，莫如安審取舍。取舍之極定於內，安危之萌應於外。安者，非一日而安也，危者，非一日而危也，皆以積然，不可不察也。『善不積不足以成名，惡不積不足以滅身。』人主之所積，各在其取舍。以禮義治之者積禮義，以刑罰治之者積刑罰。刑罰積而民怨倍，禮義積而民和親。故世主欲民之善同，而所以使民之善者異，或導之以德教，或敺之以法令。導之以德教者，德教行而民康樂；敺之以法令者，法令極而民哀戚。哀樂之感，禍福之應也。」〔三〕

〔一〕張惠言，周易虞氏義，卷一。
〔二〕李鼎祚，周易集解，卷二。
〔三〕姚配中，周易姚氏學，卷三。

臣弑其君，子弑其父，非一朝一夕之故，其所由來者漸矣，由辯之不早辯也。

惠氏曰：「陽息成泰，君子道長；陰消成否，小人道長。皆非一朝一夕之故，由積漸使然，故君子慎所積。易曰：正其本，萬物理，君子慎始。差若毫釐，謬以千里。」[一]案，「辯之早辯」，即春秋撥亂反正之義。大史公曰：「春秋文成數萬，其指數千，萬物之散聚皆在春秋。春秋之中，弑君三十六，亡國五十二，諸侯奔走、不得保其社稷者不可勝數。察其所以，皆失其本已，故易曰：『失之毫釐，差以千里。』故曰：臣弑君，子弑父，非一旦一夕之故也，其漸久矣。故有國者不可以不知春秋，前有讒而弗見，後有賊而不知。爲人臣者不可以不知春秋，守經事而不知其宜，遭變事而不知其權。爲人君父而不通於春秋之義者，必蒙首惡之名；爲人臣子而不通於春秋之義者，必陷篡弑之誅、死罪之名。」[二]姚氏曰：「孔子作春秋，亂臣賊子懼。不嘗藥曰弑父，不越境曰弑君，辯之不可不早也。董子曰：『觀物之動而先覺其萌，絶亂塞害於將然而未形之時，春秋之志也。』」

[一] 惠棟，周易述，卷十八。
[二] 司馬遷，史記，卷一百三十，太史公自序。

又曰：「早，謂辯之於初也。董子曰：『孔子明得失，差貴賤，反王道之本，刺惡譏微，不遺大小，善無細而不舉，惡無細而不去，進善誅惡，絶諸本而已矣。』」〔一〕

君子敬以直内，義以方外。

程子曰：「君子主敬以直其内，守義以方其外，敬立而内直，義形而外方。義形於外，非在外也。敬義既立，其德盛矣，不期大而大矣，德不孤也。無所用而不周，無所施而不利，孰爲疑乎？」〔二〕王氏應麟曰：「丹書敬義之訓，夫子於坤六二文言發之。孟子以集義爲本，程子以居敬爲先，張宣公謂工夫並進，相須而相成也。」〔三〕

陰疑於陽必戰。

孟氏曰：「陰乃上薄，疑似於陽，必與陽戰也。」

屯

王氏應麟曰：「乾坤既位，人居其中，屯以建侯作之君，蒙以養正作之師。」又曰：

〔一〕姚配中，周易姚氏學，卷三。
〔二〕程頤，伊川易傳，卷一。
〔三〕王應麟，困學紀聞，卷一。

「乾坤之次，屯曰『建侯』，封建與天地並立。一旅復夏，共和存周，封建之效也。匹夫亡秦，五胡覆晉，郡縣之失也。」〔二〕

利建侯。

虞氏説以老子曰：「善建者不拔。」白虎通曰：「王者即位，先封賢者，憂民之急也。故列土爲疆，非爲諸侯，張官設府，非爲卿大夫，皆爲民也。易曰：『利建侯。』」

宜建侯而不寧。

姚氏配中曰：「雷雨者，天之所以造草昧也。建侯者，聖人之所以造草昧也。建侯所以安天下，云『不安』者，不敢安也。天下未安，立君以安之。天下既安，君長既立，制禮作樂以教之。一日萬幾，不敢安也。墨子曰：『非無安居也，我無安心也。』成既濟，六爻正則胥安矣。」〔三〕

雲雷，屯，君子以經綸。「綸」，釋文作「論」。

荀氏曰：「屯難之代，萬事失正。經者，常也；論者，理也。『君子以經論』，不失

〔二〕王應麟，困學紀聞，卷一。
〔三〕姚配中，周易姚氏學，卷三。

常道也。」惠氏棟曰：「君子謂文王也。經論大經，以立中和之本，而贊化育也。中庸曰：『唯天下至誠，爲能經論天下之大經，立天下之大本，知天地之化育。』三之正，成既濟，是其事矣。」〔一〕

以貴下賤，大得民也。

姚氏說以荀子曰：「得百姓之力者富，得百姓之死者彊，得百姓之譽者榮，三得者具而天下歸之。」〔二〕

六二

張氏曰：「陰柔凝，陽乃生。下乘則逆，上承則順。屯，陽始交陰，發承陽之義。」〔三〕

十年乃字，反常也。

九家易曰：「去逆就順，陰陽道正，乃能長養。」張氏曰：「陽正位爲常，陰從陽爲

〔一〕惠棟，周易述，卷十。
〔二〕姚配中，周易姚氏學，卷四。
〔三〕張惠言，周易虞氏義，卷一。

常。」〔一〕

六三，即鹿无虞，惟入于林中。君子幾，不如舍，往吝。

姚氏曰：「田獵者，師象也。豫，順以動則利行，師，說以犯難則民忘死，此有虞者也。屯難之卦，動而遇險，內尚不安，烏能正人？是縱之叛也，故象曰『以縱禽』。不正興師，其不自取困辱者鮮矣！故惟入于林中，君子見幾，度德量力，知往必吝窮，故不如舍。」〔二〕

九五，屯其膏。小貞吉，大貞凶。

惠氏曰：「二五貞也，而皆屯。二之屯，女子之貞也，故『小貞吉』。五，陽也，陽主施，五之屯，膏澤不下于民，故『大貞凶』。」〔三〕

上六，乘馬班如，泣血漣如。

鹽鐵論曰：「小人先合而後忤，初雖乘馬，後必泣血。」淮南子曰：「言小人處非其

〔一〕張惠言，周易虞氏義，卷一。
〔二〕姚配中，周易姚氏學，卷四。
〔三〕惠棟，周易述，卷一。

位，不可長也。」

蒙：亨。匪我求童蒙，童蒙求我。初筮告，再三瀆，瀆則不告。利貞。

鄭氏曰：「陽自動其中德於地道之上，萬物應之而萌芽生，教授之師取象焉。修道藝於其室，而童蒙者求爲之弟子，非己乎求之也。弟子初問，則告之以事，義不思其三隅，相況以反，解而筮者，此勤師而功寡，學者之災也。瀆筮則不復告，欲令思而得之，亦所以和義而幹事也。」[一]虞氏曰：「謂禮有來學，無往教。」

蒙亨。以亨行，時中也。

姚氏曰：「嗜欲未啓，故『蒙亨』，可教以禮也。二五居中，以二通五，故『以亨行，時中』，教於可教時也。大戴記曰：『習與知長，故切而不愧；化與心成，故中道若性。是殷、周之所以長有道也。』此時中之謂也。若發而後禁，則扞格而不勝；時過而後學，則勤苦而難成。』」[二]

[一] 鄭玄，周易鄭注，王應麟輯，上經乾傳第一。
[二] 姚配中，周易姚氏學，第四。

匪我求童蒙，童蒙求我，志應也。

程子曰：「賢者在下，豈可自進以求於君？苟自求之，必無能信用之理。古人之所以必待人君致敬盡禮而後往者，非欲自爲尊大，蓋其尊德樂道之心不如是不足與有爲也。」〔一〕

再三瀆，瀆則不告，瀆蒙也。

荀氏曰：「三四乘陽不敬，故曰『瀆』。瀆不能尊陽，蒙氣不除，故曰『瀆蒙』。」

按禮表記孔子曰：「無辭不相接也，無禮不相見也，欲民之無相褻也。易曰：『初筮告，再三瀆，瀆則不告。』」

蒙以養正，聖功也。

惠氏說以呂覽曰：「學者師達而有材，吾惡知其不爲聖人？」〔二〕

九二，包蒙吉，納婦吉，子克家。

張氏曰：「隱括不棄曲木，規矩不辭畸材，束脩以上，君子之所誨也。師也者，以道

〔一〕程頤，伊川易傳，上經傳卷一。
〔二〕惠棟，周易述，卷八。

覺人者也；夫也者，以智帥人者也；父也者，以矩正人者也。夫夫而婦婦，父父而子子，正身而後正人之謂也。」〔一〕

六三，勿用取女。見金夫，不有躬，无攸利。

張氏曰：「邪説必害正，淫女必亂男，非其道而求之也，必有利焉者，不失其身者，寡矣！君子不以身比不順。」〔二〕姚氏曰：「女之事夫，猶臣之事君，『見金夫，不有躬』，是懷利而忘其身也。孟子曰：『古之人未嘗不欲仕，又惡不由其道。不由其道而往者，與鑽穴隙之類也。』」〔三〕

六四，困蒙，吝。

惠氏曰：「困而不學，民斯爲下，故吝。」〔四〕

上九，不利爲寇，利禦寇。

張子曰：「易爲君子謀，不爲小人謀。」〔五〕朱子謂：「聖人作易，示人以吉凶。言利

〔一〕張惠言，虞氏易言，卷上。
〔二〕張惠言，虞氏易言，卷上。
〔三〕姚配中，周易姚氏學，卷四。
〔四〕惠棟，周易述，卷一。
〔五〕张載，正蒙，大易篇第十四。

貞，不言利不貞；言貞吉，不言不貞吉；言利禦寇，不言利爲寇也。」[一]

需：有孚，光亨，貞吉。

張氏曰：「養德者，信而已矣；養威者，令聞而已矣。有孚於内也，光亨於外也，正而吉矣。飲食宴樂，需時也；涉大川，需事也。惟利涉大川者可以飲食宴樂。」[二]姚氏曰：「君子之於事也，必不失其信。輝光日新，合禮而正，非此則弗動也，故『需：有孚，光亨，貞吉』。需，飲食之道，飲食必以禮。自求口實，觀我朶頤，則孚窮名辱，失禮乖正，陷於險矣。」[三]

初九，需于郊，利用恒，无咎。

干氏曰：「處不避汙，出不避難，臣之常節也。」案，此以始需而終必進爲常，守官者以之。

「利用恒，无咎」，未失常也。

程子曰：「君子之需，時也。安靜自守，志雖有須，而恬然若將終身焉，乃能用常

[一] 朱熹，朱子语类，卷第六十六。
[二] 張惠言，虞氏易言，卷上。
[三] 姚配中，周易姚氏學，卷四。

也。雖不進而志動者，不能安其常也。」[一]案，此以終雖進而初能安于需爲常，守道者以之。

上六，有不速之客三人來，敬之，終吉。

荀氏曰：「乾升在上，君位以定；坎降在下，當循臣職。故『敬之，終吉』。」案，乾在下者，當升居上，尊尊之義，與六位升降常例不同。

訟

張氏曰：「當遯之時，陰害已成。乾三不勝其憤，而往訟之，四爲之輔，終以不克，而陰勢益張，非救遯之道也。九五中正居上，二四變而各正，三亦動出，臣主一心，靜以安之，則否必休，泰必復，故曰『訟，元吉』。」[二]張說不克訟，疑未是。然於救遯之道得之。

天與水違行，訟。

姚氏曰：「天與水違行稱『訟』者，所謂上剛下險，咎非盡在民也。天者君象，化不

[一] 程頤，伊川易傳，上經傳卷一。
[二] 張惠言，周易虞氏義，卷一。

行則訟日多。下不向化，上不足以化民也，故曰『天與水違』。孔子曰：『聽訟，吾猶人也，必也使無訟乎？』謂上下皆有嘉德而無違心也。宜岸宜獄，豈民之咎乎？上剛則心不平，剛愎自用，不度民情，而民得行其險矣。」〔一〕

君子以作事謀始。

程子曰：「君子觀天水違行之象，知人情有爭訟之道，故凡所作事必謀其始。絶訟端於事之始，則訟無由生矣。謀始之義廣矣，若慎交結、明契券之類是也。」〔二〕

九五，訟，元吉。

王弼曰：「處得尊，訟之主，用其中正以斷枉直。中則不過，正則不邪，剛則無所溺，公則無所偏，故『訟，元吉』。」〔三〕案，王弼説易多謬，今擇其應經當理者録之，示不黨同棄異。

師：貞，丈人吉，无咎。「丈人」，子夏傳作「大人」。

鄭氏曰：「丈之言長，能御衆，有幹正人之德，以法度爲人之長，吉而无咎。」

〔一〕姚配中，周易姚氏學，卷四。
〔二〕程頤，伊川易傳，上經傳卷三。
〔三〕王弼，周易注，上經需傳卷二。

以此毒天下，而民從之。

干氏曰：「坎爲險，坤爲順，兵革刑獄，所以險民也。毒民于險中而得順道者，聖王之所難也。毒，荼苦也。五刑之用，斬刺肌體，六軍之鋒，殘破城邑，皆所以荼毒姧凶之人，使服王法者也。故曰：『以此毒天下，而民從之。』毒以治民，明不獲已而用之，故于象、象、六爻，皆著戒懼之辭也。」惠氏曰：「凡藥之攻疾者，謂之毒藥，周禮『醫師聚毒藥』是也。用師旅以除暴，猶用藥石以除疾，故呂氏春秋論兵曰：『若用藥者，得良藥則活人，得惡藥則殺人，義兵之爲天下良藥也亦大矣。』」〔一〕

地中有水，師。

孫子曰：「夫兵形象水。水之形避高而趨下，兵之形避實而擊虛；水因地而制流，兵因敵而制勝。故兵無常勢，水無常形。」〔二〕

君子以容民畜衆。

姚氏曰：「於師言『容民畜衆』者，所以絶寇害於用兵之先。養兵於不用之日，止戈

〔一〕 惠棟，周易述，卷八。

〔二〕 孫武，孫子，卷中。

爲武，兵寓於農也。白虎通曰：『司徒典民，司空主地，司馬順天。天者施生，所以主兵何？兵者，爲謀除害也，所以全其生、衛其養也，故兵稱天。』」[一]

初六，師出以律，否臧凶。

春秋傳曰：「執事順成爲臧，逆爲否。」顧氏炎武曰：「以湯、武之仁義爲心，以桓、文之節制爲用，斯之謂『律』，『律』即卦辭之所謂『貞』也。論語言子之所慎者戰。長勺以詐而敗齊，泓以不禽二毛而敗於楚，春秋皆不予之。故先爲不可勝，以待敵之可勝，雖三王之兵，未有易此者也。」[二]張氏惠言曰：「律者，法也。古者有司馬法：師出于賦，則邱甸法；師出于國，則井通法；師出于野，則治兵振旅法；師出于天下，則九伐同邦國法。否臧者，失律也。律非一日而失，所由來漸也。君子謂之律竭也，故凶。」[三]李氏曰：「凡師出必以律，若不以律，雖臧亦凶。」[四]

[一] 姚配中，周易姚氏學，卷五。
[二] 顧炎武，日知録，卷一。
[三] 張惠言，虞氏易言，卷上。
[四] 李鼎祚，周易集解，卷三。

九二，在師中，吉，无咎。王三錫命。

孔子曰：「王者，天下所歸往。師者，衆也，言有盛德，行中和，順民心，天下歸往之。行師以除民害，賜命以長，世德之盛。」〔一〕程子曰：「凡師之道，威和並至則吉。」〔二〕惠氏曰：「師克在和。二以中德而行和道，羣陰順從，故『吉，无咎』。」〔三〕

六四，師左次，无咎。

張氏曰：「師有常備，無常勝。左次，未勝也，而不可以有敗。雖未吉也，何咎之有？」〔四〕

六五，田有禽，利執言，无咎。

春秋傳曰：「師直爲壯。」

長子帥師，弟子輿尸，貞凶。

張氏曰：「帥師者，以制命也，弟子未能用命也。師有二命，輿尸，道也。」〔五〕按，調

〔一〕易緯乾鑿度，卷上。
〔二〕程頤，伊川易傳，上經傳卷一。
〔三〕惠棟，周易述，卷二。
〔四〕張惠言，虞氏易言，卷上。
〔五〕張惠言，虞氏易言，卷上。

度乖方，號令不一，未有不敗。用兵以命將得人爲首務，故彖曰「貞，大人」，爻曰「在師，中吉」，曰「長子帥師」。反是則「弟子輿尸，使不當也」，「小人勿用，必亂邦也」。聖人垂戒，深切著明如此。

比：吉，原筮，元永貞，无咎。

子夏傳曰：「凶者生于乖爭，今既親比，故吉。」程子曰：「人相親比，必有其道。苟非其道，則有悔吝。故必推原占決，其可比者而比之，所比得元永貞則无咎。元謂有君長之道，永謂可以長久，貞謂得正道。上之比下，必有此三者，下之從上，必求此三者，則无咎也。」〔一〕張氏曰：「乾元正則五爻皆正，故『元永貞』。」〔二〕元、永、貞本一義，程傳分爲三德。

不寧方來。

張氏曰：「陰初從陽，當惕厲以待其定。」〔三〕

〔一〕程頤，伊川易傳，上經傳卷一。
〔二〕張惠言，周易虞氏義，卷一。
〔三〕張惠言，周易虞氏義，卷一。

初六，有孚比之，无咎。有孚盈缶，終來有它，吉。

漢魯恭上疏曰：「夫人道乂于下，則陰陽和於上，祥風時雨覆被遠方，夷狄重譯而至矣。易曰『有孚盈缶，終來有它，吉』，言甘雨滿我之缶，誠來有它而吉已。」〔一〕荀氏曰：「初在應外，以喻殊俗。聖王之信光被四表，絶域殊俗皆來親比，故无咎也。」

九五，顯比，王用三驅，失前禽。「驅」，鄭作「敺」。

鄭氏曰：「王者習兵于蒐狩，驅禽而射之，三則已，法軍禮也。『失前禽』者，謂禽在前來者，不逆而射之，旁去又不射，唯背走者順而射之，不中則已，是其所以失之。用兵之法亦如之，降者不殺，奔者不禦，皆爲敵不敵己，加以仁恩養威之道。」〔二〕

小畜

張氏曰：「王者受命，萬國親比。立政之初，必畜聚其民，而後可以制禮。小畜者，禮未備，養民之事小也，大畜養賢則大矣。」〔三〕

〔一〕范曄，後漢書，卷二十五，卓魯魏劉列傳第十五。
〔二〕鄭玄，周易鄭注，王應麟輯，上經乾傳第一。
〔三〕張惠言，虞氏易事，卷上。

密雲不雨，自我西郊。

張氏曰：「文王之時，上施不行，西郊之澤將雨天下，言畜民之急也。」〔一〕

君子以懿文德。

惠氏曰：「修美文德，積久而施自行。」又曰：「巽柔善入，積之久而德施於物，物無不化。說文曰：『懿，專久而美也。』」〔二〕

初九，復自道，何其咎？吉。

荀子曰：「易曰：『復自道，何其咎？』春秋賢穆公，以其能變也。」〔三〕春秋繁露曰：「魯桓忘其憂而禍逮其身，齊桓憂其憂而立功名。推而散之，凡人有憂而不知憂者凶，有憂而深憂之者吉。易曰『復自道，何其咎』，此之謂也。匹夫之反道以除咎尚難，人主之反道以除咎甚易。詩云『德輶如毛』，言其易也。」〔四〕张氏曰：「君子撥亂世，反之正，不

〔一〕張惠言，虞氏易事，卷上。
〔二〕惠棟，周易述，卷十。
〔三〕荀子大略第二十七。
〔四〕董仲舒，春秋繁露，卷三，玉英第四。

欲速，不見小利，復之乎道而已。一朝之治，咎在百世，未有道而咎者也，故吉。」〔一〕

九二，牽復，吉。

張氏曰：「臬正而知衺，繩正而識枉，聖人覩而民性定矣。『牽復』者，語善民也。」〔二〕

九三，輿説輻，夫妻反目。釋文「輻」本亦作「輹」。案，虞作「車説輹」。

虞氏曰：「妻當在内，夫當在外。今妻乘夫而出在外，象曰『不能正室』。」九家易曰：「以妻乘夫，其道逆。」張氏曰：「『車説輹』，所載匱也。『夫妻反目』，所處頽也，言未成乎畜也。君子之畜民也，莫先于正其家，正其家莫先于正夫婦。不得其生而正焉者，无之。」〔三〕

九五，有孚攣如，富以其鄰。

張氏曰：「畜民之道，莫先乎通其有無，此濟變之務。」又曰：「上好正則民信，上

〔一〕張惠言，虞氏易言，卷上。
〔二〕張惠言，虞氏易言，卷上。
〔三〕張惠言，虞氏易言，卷上。

好義則民任，上好讓則民恤。『有孚攣如，富以其鄰』，禮之始也。」〔二〕

上九

張氏曰：「小人約斯濫，富斯驕，勞斯生，逸斯窳。非禮而以寧者，否矣。月盈則闕，志盈則失。」〔三〕

履

錢氏大昕曰：「履象上天下澤，天極其尊，澤較地而逾卑，上下各安其位而無覬覦之心，此守成極盛之象也。五居尊位，四陽輔之，剛中正，履帝位而不疚，具大有爲之資，無自暇逸之志，宜乎利有攸往矣。而夬履之厲，聖人惕然戒之，何哉？陽健於上，陰說乎下，有將順而無匡救，孔子所謂『予無樂乎爲君，唯其言而莫予違也』。若是者，雖正亦危，況未必皆正乎？兑之義主乎說，以一陰加二陽之上，二陽不能說君，而六三一陰獨專之，上下相說，說且不解。上不知其眇且跛也，而委以視履之柄，下亦忘其眇且跛也，

〔二〕張惠言，虞氏易言，卷上。
〔三〕張惠言，虞氏易言，卷上。

而矜其視履之能。力少任重，窮大失居，非干覆餗之刑，即致負承之寇，不特自貽伊慼，抑且禍及國家矣。故於彖有不咥人之戒，而於六三著咥人之凶。」〔一〕

履虎尾。

惠氏曰：「履者，禮也。荀子大略曰『禮者，人之所履也。失所履，則顛蹷陷溺。所失微而其爲亂大者禮』，是以取義於虎尾也。」〔二〕

剛中正，履帝位而不疚，光明也。

姚氏說以孔子曰：「天無私覆，地無私載，日月無私照，奉斯三者以勞天下，無私故不疚。荀子曰：『公生明，偏生闇。』」〔三〕

上天下澤，履。君子以辯上下，定民志。

惠氏曰：「天高地下，萬物散殊而禮制行，故以『辯上下，定民志』。」又曰：「禮

〔一〕錢大昕，潛研堂集，卷三。
〔二〕惠棟，周易述，卷二。
〔三〕姚配中，周易姚氏學，卷五。

者，天地之別也，故以辯上下。萬物散殊而未定，禮節民心，故以定民志。」〔二〕姚氏曰：「禮辯上下，故上下特分言之。董子曰：『凡百亂之原，皆出嫌疑纖微，以漸寖稍長至於大。聖人章其疑者，別其微者，不得嫌以早防之。』」〔三〕王氏應麟曰：「古者君臣之際分嚴而情通。『上天下澤，履』，其分嚴也；『山上有澤，咸』，其情通也。不嚴則爲未濟之三陽失位，不通則爲否之天下無邦。」〔三〕程子曰：「古之時，公卿大夫而下，位各稱其德，終身居之，得其分也。位未稱德，則君舉而進之。士修其學，學至而君求之，皆非有預於己也。農工商賈勤其事，而所享有限，故皆有定志，而天下之心可一。後世自庶士至於公卿，日志於尊榮，農工商賈，日志於富侈，億兆之心，交騖於利，天下紛然，如之何其可一也？欲其不亂，難矣！」〔四〕

初九，素履，往，无咎。

荀氏曰：「初者潛位，布衣之士，未得居位，獨行禮義，不失其正，故无咎。」程子

〔二〕惠棟，周易述，卷十。
〔三〕姚配中，周易姚氏學，卷五。
〔三〕王應麟，困學紀聞，卷一。
〔四〕程頤，伊川易傳，上經傳卷二。

曰：「夫人不能自安於貧賤之素，則其進也，乃貪躁而動求，去乎貧賤耳，非欲有爲也。既得其進，驕溢必矣，故往則有咎。賢者則安履其素，其處也樂，其進也將有爲也，故得其進則有爲，而無不善。若欲貴之心與行道之心交戰於中，豈能安履其素乎？」〔一〕

九四，履虎尾，愬愬，終吉。

惠氏曰：「愬愬，敬懼貌。白虎通曰『以履踐而行，禮以敬爲主，不敬則禮不行』，故卦名爲『履』。此卦之義，柔履剛則咥人，乾履兑則不咥人，敬與不敬之殊也。」〔二〕

九五，夬履，貞厲。

張氏曰：「居安思危，以當天位，惟能貞厲，是以不疚。」〔三〕又曰：「君子辯是非，患其不明也；決好惡，患其不誠也。禮者，領惡而全好者也。去其不正者，履其正者，夬斯貞矣。縱心而榘于禮者，聖之至也，五未之及也。雖不疚，敢不厲與？」〔四〕

〔一〕程頤，伊川易傳，上經傳卷一。
〔二〕惠棟，周易述，卷二。
〔三〕張惠言，周易虞氏義，卷一。
〔四〕張惠言，虞氏易言，卷上。

上九，視履考祥，其旋元吉。釋文「祥」本亦作「詳」。

鄭氏曰：「履道之終，考正詳備。」[一]張氏曰：「衺者正，惡者善，愚者明，弱者强，之謂『旋』。」[二]

泰

孔子曰：「泰者，天地交通，陰陽用事，長養萬物也。否者，天地不交通，陰陽不用事，止萬物之長也。上經象陽，故以乾爲首，坤爲次，先泰而後否。損者，陰用事，澤損山而萬物損也，下損以事其上。益者，陽用事，而雷風益萬物也，上自損以益下。下經以法陰，故以咸爲始，恒爲次，先損而後益，各順其類也。」[三]劉子政説：「易有否泰，小人道長，君子道消。君子道消，小人道消，則政日亂，故爲否。否者，閉而亂也。君子道長，小人道消，則政日治，故爲泰。泰者，通而治也。詩又云：『雨雪麃麃，見晛聿消。』

[一] 鄭玄，周易鄭注，王應麟輯，上經泰傳第二。
[二] 張惠言，虞氏易言，卷上。
[三] 易緯乾鑿度，卷上。

與易同義。」〔一〕張氏曰：「泰之辭言其自否反，否則言其反泰。聖人之道，有治无亂也，泰必言其未泰，否則言既否者，聖人之用也。泰三乾成則反否，否三陰成不反泰，必至上而復者，易道主陽也，戒懼之至，忠厚之至也。」〔二〕

内陽而外陰，内健而外順，内君子而外小人。

姚氏曰：「内陽者，生物之原；内健者，幹事之本。外陰所以成物，外順所以接物。」〔三〕崔氏曰：「陽爲君子，在内健於行事；陰爲小人，在外順以聽命。」

天地交泰。

荀氏曰：「坤氣上升，以成天道；乾氣下降，以成地道。天地二氣若時不交，則爲閉塞。今既相交，乃通泰。」

后以財成天地之道，輔相天地之宜，以左右民。

鄭氏曰：「財，節也。輔相，左右助也。以者，取其順陰陽之節，爲出内之政。春崇

〔一〕班固，漢書，卷三十六，楚元王傳。
〔二〕張惠言，周易虞氏義，卷二。
〔三〕姚配中，周易姚氏學，卷五。

寬仁，夏以長養，秋教收斂，冬敕蓋藏，皆所以成物助民也。」〔一〕虞氏曰：「守位以人，聚人以財，故曰『成天地之道』。」

初九，拔茅茹，以其彙，征吉。

劉子政説：「賢人在下位，則思與其類俱進，易曰：『拔茅茹，以其彙，征吉。』」〔二〕

王氏應麟曰：「惟進賢可以正君。故公仲進牛畜、欣、越，而歌者之田止；孔明進攸之、禕、允，而宮府之體一。惟正己可以格君。故管仲有三歸，不能諫六嬖之惑；魏相因許伯，不能遏弘石之惡。泰曰『拔茅』，漸曰『進以正』。」〔三〕

九二，包荒，用馮河，不遐遺，朋亡，得尚于中行。 釋文「荒」本亦作「巟」。案，虞訓「巟」為大川。張云二有坎體，謂之「包巟」。〔四〕

荀氏曰：「陽性欲升，陰性欲承。」按，此説「用馮河」。程子曰：「人情安肆則政舒緩，而法度廢弛，庶事無節。治之之道，必有包含荒穢之量，則其施爲寬裕詳密，弊革事理，而人安

〔一〕鄭玄，周易鄭注，王應麟輯，上經泰傳第二。
〔二〕班固，漢書，卷三十六，楚元王傳。
〔三〕王應麟，困學紀聞，卷一。
〔四〕此句中「巟」，原字爲「[illegible]」。

之。若無含宏之度，有忿疾之心，則無深遠之慮，有暴擾之患，深弊未去，而近患已生矣，故在包荒也。自古泰治之世，必漸至於衰替，蓋由狃習安逸，因循而然。自非剛斷之君，英烈之輔，不能挺特奮發，以革其弊也，故曰『用馮河』。或疑上云『包荒』，則是包含寬容，此云『用馮河』，則是奮發改革，似相反也。不知以含容之量，施剛果之用，乃聖賢之爲也。」〔一〕按，程說「包荒」與古義不同，然極得治事之理。其說「用馮河，不遐遺，朋亡」，張氏皆本之以述虞義。張氏曰：「君子內以正內，外以正外，有于己，故可用也。君子之行有時也，而不可禦也；君子之施有敘也，而不可限也；君子之朋有彙也，而不可比也。勇以制之，仁以溥之，公以成之，是之謂中行，以左右民者也。」〔二〕王氏應麟曰：「復曰『朋來』，所以致泰；泰曰『朋亡』，所以保泰。」〔三〕

九三，无平不陂，无往不復，艱貞，无咎。勿恤其孚，于食有福。

宋氏曰：「地平極則險陂，天行極則還復。」程子曰：「德善日積，則福祿日臻，德

〔一〕程頤，伊川易傳，上經傳卷之二。
〔二〕張惠言，虞氏易言，卷上。
〔三〕王應麟，困學紀聞，卷一。

踰于禄，則雖盛而非滿。自古隆盛，未有不失道而喪敗者也。」〔二〕

六五，帝乙歸妹，以祉元吉。

孔子曰：「泰者，正月之卦也。陽氣始通，陰道執順，故因此以見湯之嫁妹，能順天地之道，立教戒之義也。至于歸妹，八月卦也。陽氣歸下，陰氣方盛，故復以見湯妹之嫁，以天子貴妹而能自卑，順從變節。而欲承陽者，以執湯之戒。是以因時變一，用見帝乙之道，所以彰湯之美，明陰陽之義也。」又曰：「本天地，正夫婦。夫婦正，王道興矣。」〔三〕

上六，城復于隍，勿用師，自邑告命，貞吝。

顧氏炎武曰：「人主所居謂之邑。詩曰『商邑翼翼，四方之極』，書曰『惟尹躬先見於西邑夏』，曰：『惟臣附於大邑周』，曰『作新大邑於東國洛』，曰『肆予敢求爾於天邑商』，白虎通曰『夏曰夏邑，商曰商邑，周曰京师』，是也。泰之上六，政教陵夷之後，一

〔二〕程頤，伊川易傳，上經傳卷之二。
〔三〕易緯乾鑿度，卷上，

人僅亦守府，而號令不出於國門，於是焉而用師則不可。君子處此，當守正以俟時而已。桓王不知此也，故一用師，而祝聃之矢遂中王肩；唐昭宗不知此也，故一用師，而邠岐之兵直犯闕下。然則保泰者，可不豫爲之計哉？」〔一〕姚氏曰：「『城復于隍』，言无賢臣也。呂覽曰：『凡國之亡也，有道者必先去。地從于城，城從于民，民從於賢。故賢主得賢者而民得，民得而城得，城得而地得。』是故『拔茅，征吉』，得賢而泰成；『城復于隍』，失賢而泰反。」〔二〕王氏應麟曰：「『城復于隍，其命亂也。』湯伯紀云：『亂，如疾病則亂之亂。』愚謂唐玄宗極熾而豐泰之極也，以李林甫、楊國忠爲周、召，以安禄山、哥舒翰爲方、虎，非命亂而何？」〔三〕

否之匪人，不利君子貞，大往小來。

張氏曰：「否必成於小人，故曰『否之匪人』。守成以經，克亂以權，故君子不可貞。」〔四〕又曰：「『否之匪人』，其根固，其地近，其禍切。君子正而爭之，不利其身，正而

〔一〕顧炎武，日知録，卷一。
〔二〕姚配中，周易姚氏學，卷五。
〔三〕王應麟，困學紀聞，卷一。
〔四〕張惠言，虞氏易事，卷上。

避之，不利天下，其維權乎？反乎貞以爲貞，貞而不失其所利者，非天下之至貞，其孰能與于此？『大往小來』，不言凶，何也？有君子，可以不凶也。」〔二〕姚氏曰：「『否之匪人』，所以否者，任匪人也。得賢者昌，失賢而任匪人者亡。」〔三〕

不可營以祿。

姚氏曰：「營，惑也，言不爲祿所惑。若惑於祿，則不能避難矣。」〔三〕

初六，拔茅茹，以其彙，貞，吉亨。

張氏曰：「否而不能泰，則无爲貴易矣。『拔茅茹，以其彙』，權矣哉！以是爲君子之貞也，故吉亨。」〔四〕

六二，大人否亨。

程子曰：「大人於否之時，守其正節，不雜亂於小人之羣類，身雖否而道之亨也，故曰『大人否亨』。不以道而身亨，乃道之否也。」〔五〕

〔二〕張惠言，虞氏易言，卷上。
〔三〕姚配中，周易姚氏學，卷五。
〔三〕姚配中，周易姚氏學，卷五。
〔四〕張惠言，虞氏易言，卷上。
〔五〕程頤，伊川易傳，上經傳卷之二。

六三，包羞。

惠氏曰：「孟子曰：『無羞惡之心，非人也。』故象以三爲匪人。」[一]

九五，休否，大人吉。

九家易曰：「否者，消卦，陰欲消陽，故五處和居正，以否絶之。乾坤異體，升降殊隔，卑不犯尊，故『大人吉』也。」（案，九家訓「休」爲「止」。）惠氏曰：「盛明之世，小人當遠，大人利見。今小人以志君爲吉，大人以休否爲吉，此義惟施於否家，蓋不如是則君臣之道息矣。」[二]（案，如惠説，則「休否」戒在上者勿用小人。）

其亡其亡，繫于苞桑。

荀氏曰：「坤性順從，不能消乾使亡。」鄭氏曰：「否世之人，不知聖人有命，咸云：『其將亡矣！其將亡矣！』而聖乃自繫于植桑，不亡也。」[三]京氏曰：「桑有衣食人

[一] 惠棟，周易述，卷二。
[二] 惠棟，周易述，卷二。
[三] 鄭玄，周易鄭注，王應麟輯，上經泰傳第二。

之功，聖人亦有天覆地載之德，故以喻。」姚氏曰：「陰消由四及五，故曰『其亡』。大人其之言彼之所以亡也，不可不監于有夏，不可不監于有殷，『其亡其亡』，監其所以亡，而因以自惕也。大人以亡自惕，故存不忘亡，身安而國家可保，是以休否而成既濟也。『繫于包桑』，言恩澤之在民者固也。」[二]

上九，傾否，先否後喜。

姚氏曰：「否反成泰，聖人以亡自惕，否焉有不傾者乎？」又曰：「能自惕則轉否爲泰，不能自惕則傾在此而泰在彼。孟子曰：『天下之生久矣，一治一亂。』」[三]

同人于野，亨，利涉大川，利君子貞。

鄭氏曰：「乾爲天，离爲火。卦體有巽，巽爲風。天在上，火炎上而從之，是其性同於天也。火得風，然後炎上益熾，是猶人君在上施政教，使天下之人和同而事之，以是爲人和同者，君之所爲也，故謂之同人。風行无所不徧，徧則會通之德大行，故曰：『同人

[二] 姚配中，周易姚氏學，卷五。
[三] 姚配中，周易姚氏學，卷五。

于野，亨。』」〔一〕九家易曰：「天日同明，以照于下，君子則之，上下同心。」惠氏曰：「同性則同德，同德則同心，同心則同志，故亨。」〔二〕張氏曰：「域地之同者，大川也；域人之同者，志也。治地者決其高，疏其下，故川可得而涉也；治人者類族辯物，故志可得而通也。君子不正，惡乎同人？君子不通天下之志，惡乎正？」〔三〕淮南子曰：「芒芒昧昧，與元同氣。故至德者，言同略，事同指，上下一心，無歧道旁見者。遏障之於邪，開道之於善，而民向方矣。易曰：『同人于野，利涉大川。』」

初九，同人于門，无咎。

王氏應麟曰：「同人之初曰出門，隨之初曰出門。謹於出門之初，則不苟同，不詭隨。」〔四〕

六二

荀氏曰：「陰道貞靜，從一而終。」

〔一〕鄭玄，周易鄭注，王應麟輯，上經泰傳第二。
〔二〕惠棟，周易述，卷二。
〔三〕張惠言，虞氏易言，卷上。
〔四〕王應麟，困學紀聞，卷一。

九五

張氏曰：「乾五大正，通天下之志。天下之志所以不通者，以不別其族類也。五以乾照坤，方以類聚，物以羣分，則陰得其陰，陽得其陽，各得其志而大同，則既濟定矣。三四失位，志之不通，實由乎此，治亂者不得不以威，故五以大師克之。」〔一〕

大有：元亨。

鄭氏曰：「六五體离，處乾之上，猶大臣有聖明之德，代君爲政，處其位，有其事，而理之也。『元亨』者，又能長羣臣以善，使嘉會禮通，若周公攝政，朝諸侯於明堂是也。」〔二〕

君子以遏惡揚善，順天休命。

王氏應麟曰：「遏惡揚善，所以順天休命。內君子，外小人，所以財成天地之道。」〔三〕

〔一〕張惠言，虞氏易事，卷上。
〔二〕鄭玄，周易鄭注，王應麟輯，上經泰傳第二。
〔三〕王應麟，困學紀聞，卷一。

九三，公用亨于天子，小人弗克。

張氏曰：「古之人君于其臣，既尊貴之，又爲之笙簧、承筐以樂之。其有功也，鐘鼓、彤弓以右之。然故樂告以道而勸其事。君之亨小人也，如其亨君子，則小人肆而君子沮矣。『小人弗克』，戒君也。」[一]

六五，厥孚交如，威如，吉。

惠氏曰：「荀子曰：『威有三：有道德之威者，有暴察之威者，有狂妄之威者。此三威者，不可不熟察也。』呂刑曰『德威惟畏』，及此經『威如之吉』，皆道德之威也。」[二]

謙：亨，君子有終。

説苑周公戒伯禽曰：「易曰，有一道，大可以守天下，中可以守國家，小可以守其身，謙之謂也。」鄭氏曰：「艮爲山，坤爲地。山體高，今在地下，其於人道，高能下下，謙之象。亨者，嘉會之禮，以謙而爲主。謙者，自貶損以下人。唯艮之堅固，坤之厚順，

[一] 張惠言，虞氏易言，卷上。
[二] 惠棟，周易述，卷三。

乃能終之，故君子之人有終也。」〔一〕惠氏曰：「乾上九亢極失位，天道盈而不溢。虧之坤三，致恭以存其位。盈者，嗛之反，上之三，盈爲嗛，在人爲謙。」〔二〕

謙謙君子，卑以自牧也。

惠氏曰：「牧，養也。養成謙德。」〔三〕又曰：「凡爻失位，皆須學問以養成之。」〔四〕

六二，鳴謙，貞吉。

王氏應麟曰：「鳴謙則吉，鳴豫則凶。鳴者，心聲之發也。『未知獲戾于上下』，鳴謙者歟？『二三子亦姑謀樂』，鳴豫者歟？」〔五〕

勞謙君子，萬民服也。

姚氏説以韓詩外傳曰：「君子有主善之心，而無勝人之色；德足以君天下，而無驕肆之容；行足以及後世，而不以一言非人之不善。故曰君子盛德而卑，虛己以受人，旁

〔一〕鄭玄，周易鄭注，王應麟輯，上經泰傳第二。
〔二〕惠棟，周易述，卷三。
〔三〕惠棟，周易述，卷十一。
〔四〕惠棟，周易述，卷十一。
〔五〕王應麟，困學紀聞，卷一。

行不流，應物而不窮。雖在下位，民願戴之，雖欲無尊，得乎哉？」〔二〕

六五，利用侵伐，无不利。

荀氏曰：「謂陽利侵伐來上，无敢不利之者。」按，謙以乾上居三，乾上亢極失位，聖人知進退存亡，不失其正，以貴下賤，大得民，故君子有終。乾上即剥上。剥時羣陰剥陽，上來居三，大釐其政，勞謙日昃，降心勤民，貞固幹事，厚德施物，然後可以伐决小人，拯衰撥亂，故謙象征伐行師。

豫：利建侯行師。

鄭氏曰：「坤，順也。震，動也。順其性而動者，莫不得其所，故謂之『豫』。」〔三〕九家易曰：「建侯所以興利，行師所以除害。利興害除，民所豫樂也。」

初六，鳴豫，凶。

張氏曰：「豫也者，小人之事也，君子不可以有豫也。豫而鳴，无動志矣，凶道

〔二〕姚配中，周易姚氏學，卷六。

〔三〕鄭玄，周易鄭注，王應麟輯，上經泰傳第二。

也。」〔一〕惠氏曰：「樂不可極，故志窮凶。」〔二〕

六二，介于石，不終日，貞吉。

程子曰：「人之於豫樂，心悅之，故遲遲遂至於耽戀，不能已也。豫之六二以中正自守，其介如石，其去之速，不俟終日，故貞正而吉也。處豫不可安且久也，久則溺矣，如二可謂見幾而作者也。蓋中正，故其守堅，而能辨之早、去之速也。」〔三〕此言不自溺於豫。張氏曰：「下之事上也，將順其美，恐其不速也，匡救其惡，恐其不斷也。」〔四〕此言不溺君於豫。姚氏曰：「介，操也。孟子曰：『不以三公易其介。』介如石焉，寧用終日？石堅以喻君子，于微彰剛柔，知之明，斷之決也。荀子曰：『善在身，介然必以自好也。』呂覽曰：『石可破也，而不可奪堅；丹可磨也，而不可以奪赤。』」〔五〕

〔一〕張惠言，虞氏易言，卷上。
〔二〕惠棟，周易述，卷十一。
〔三〕程頤，伊川易傳，上經傳卷三。
〔四〕張惠言，虞氏易言，卷上。
〔五〕姚配中，周易姚氏學，卷六。

六三，盱豫悔，遲有悔。

惠氏曰：「爻之失位，猶人之有過。過以速改爲善，故四『不終日，貞吉』，三『遲有悔』。遲速之間，吉凶判焉。孔子曰：『不善不能改，是吾憂也。』」〔一〕姚氏曰：「孟子曰：『今國家閒暇，及是時，般樂怠敖，是自求禍也。』失位宜急之正，不化則悔即至，故『遲有悔』。如知其非義，斯速已矣。」〔二〕

九四，由豫，大有得，勿疑，朋盍簪。「簪」，虞作「戠」。

張氏曰：「以天下豫者，其得未有不大者矣。以天下豫者，必以天下憂，天下豫而一人憂也。大有得而不自有，能勿疑者，其惟聖人乎？能得人者當之，故曰『朋盍戠』。」〔三〕

六五，貞疾，恒不死。

程子曰：「人君致危亡之道非一，而以豫爲多。」〔四〕張氏說以孟子曰：「人之有德慧術

〔一〕惠棟，周易述，卷三。四「不終日，貞吉」，整理者按，「四」當爲「二」，然惠氏原文如此，存以俟考。
〔二〕姚配中，周易姚氏學，卷六。
〔三〕張惠言，虞氏易言，卷上。
〔四〕程頤，伊川易傳，上經傳卷三。

知者，恒存乎疢疾。」又説：「生於憂患。」〔一〕

上六，冥豫，成有渝，无咎。

王氏應麟曰：「冥於豫而勉其有渝，開遷善之門也。冥於升而勉其不息，回進善之機也。」〔二〕顧氏炎武曰：「昔穆王欲肆其心，周行天下，將皆必有車轍馬迹焉。祭公謀父作祈招之詩，以止王心，王是以獲殁於祇宫。傳曰：『人誰無過，過而能改，善莫大焉。』聖人慮人之有過，不能改之於初，且將遂其非而不反也，教之以『成有渝无咎』。雖其漸染之深，放肆之久，而惕然自省，猶可以不至於敗亡，以視夫『迷復之凶』，不可同年而論矣。故曰：『惟狂克念作聖。』」〔三〕

隨：元亨利貞，无咎。

鄭氏曰：「震，動也。兑，説也。内動之以德，外説之以言，則天下之人咸慕其行而隨從之，故謂之隨也。既見隨從，能長之以善，通其嘉禮，和之以義，幹之以正，則功成

〔一〕張惠言，虞氏易事，卷上。
〔二〕王應麟，困學紀聞，卷一。
〔三〕顧炎武，日知録，卷一。

而有福。若无此四德，則有凶咎焉。焦贛曰：『漢高帝與項籍，其明徵也。』」〔一〕惠氏曰：「陰隨陽，故名『隨』。三四易位成既濟，故『元亨利貞，无咎』。」又曰：「陰係陽，猶婦係夫。夫婦者，君臣、父子之本。正家而天下定，故中庸曰：『君子之道，造端乎夫婦，及其至也，察乎天地。』是言既濟之事也。」〔二〕

隨時之義大矣哉！

姚氏曰：「堯、舜帥天下以仁，而民從之；桀、紂帥天下以暴，而民從之。君之所爲，百姓之所從也，故『隨時之義大矣哉』。」〔三〕

君子以嚮晦入宴息。

張氏曰：「息，滋也。『嚮晦入宴息』，養夜氣，震道也。」〔四〕

初九，官有渝，貞吉，出門交有功。

鄭氏曰：「臣出君門，與四方賢士交，有成功之象。」〔五〕張氏曰：「官，主也；渝，

〔一〕鄭玄，周易鄭注，王應麟輯，上經泰傳第二。
〔二〕惠棟，周易述，卷三。
〔三〕姚配中，周易姚氏學，卷六。
〔四〕張惠言，周易虞氏義，卷二。
〔五〕鄭玄，周易鄭注，王應麟輯，上經泰傳第二。

變也。『官有渝』者，主乎有變者也。君子以人事君，其賢也，其才也，有不純其美者，君子以爲我責也，長育之、甄別之之謂也。然故天下之士隨之初，主乎有渝也。渝者，正而吉矣。夫士難得而易用也，非出門不可得而交也。交于士而无功者，吾未聞諸。」〔一〕程子曰：「人心所從，多所親愛者也。常人之情，愛之則見其是，惡之則見其非。故妻孥之言，雖失而多從；所憎之言，雖善爲惡也。苟以親愛而隨之，則是私情所與，豈合正理？故隨之初九，出門而交則有功也。」〔二〕案，「出門交有功」，本謂出門交賢，則賢從之而有功。夫出門交賢，則亦惟賢是從矣。此在經爲引申義，而於處心用人之道極得之。下九五傳同。

係小子，弗兼與也。

程子曰：「人之所隨，得正則遠邪，從非則失是，無兩從之理，故曰『弗兼與』，所以戒人從正當專一也。」〔三〕王氏應麟曰：「里克之中立，鄧析之兩可，終於邪而已，故隨之六二曰『弗兼與也』。」〔四〕

〔一〕張惠言，周易虞氏義，卷二。
〔二〕程頤，伊川易傳，上經傳卷三。
〔三〕程頤，伊川易傳，上經傳卷三。
〔四〕王應麟，困學紀聞，卷一。

九五，孚于嘉，吉。

王氏應麟曰：「信君子者治之原，隨之九五曰『孚于嘉，吉』；信小人者亂之機，兑之九五曰『孚于剥，有厲』。」〔一〕

孚于嘉，吉，位正中也。

程子曰：「隨以得中爲善，隨之所防者，過也。蓋心所説隨，則不知其過矣。」〔二〕

上六，拘係之，乃從，維之。王用享于西山。

孔子曰：「隨者，二月之卦。隨德施行，藩決難解，萬物隨陽而出，故上六欲待九五拘繫之，維持之，明被陽化，而陰欲隨之也。譬猶文王之崇至德，顯中和之美，拘民以禮，係民以義。當此之時，仁恩所加，靡不隨從，咸悦其德，得王道之用，故言『王用享于西山』。」〔三〕

〔一〕王應麟，困學紀聞，卷一。
〔二〕程頤，伊川易傳，上經傳卷三。
〔三〕易緯乾鑿度，卷上。

蠱

張氏曰：「泰之息卦終於蠱。蠱，事也，飭也。泰久則墮壞，當整飭而有事也。」〔二〕九家易曰：「子行父事，備物致用，而天下治也。」

先甲三日，後甲三日。

鄭氏曰：「甲者，造作新令之日。甲前三日取改過自新，故用辛也；甲後三日取丁寧之義，故用丁也。」〔三〕馬氏曰：「不令而誅謂之暴，故令先後各三日，欲使百姓徧習行而不犯。」

巽而止，蠱。

姚氏曰：「巽爲風，風爲山止，氣鬱不行，故蠱。呂覽曰：『病之留，惡之生也，精氣鬱也，故水鬱則爲污，樹鬱則爲蠹，草鬱則爲蕢。國亦有鬱，主德不通，民欲不達，此國之鬱也。國鬱處久則百惡並起，而萬災叢至矣。』春秋傳曰：『淫則生內熱惑蠱之疾。』

〔二〕張惠言，周易虞氏義，卷二。

〔三〕鄭玄，周易鄭注，王應麟輯，上經泰傳第二。

內熱惑蠱，鬱使之也。」[一]

蠱，元亨而天下治也。

惠氏曰：「孝經，子曰：『先王有至德要道，以順天下，民用和睦，上下無怨。』至德要道出於孝，故殷仲文注云：『窮理之至，以一管衆爲要。』然則至德要道即乾元也，乾元用九，故天下治也。」[二]

終則有始，天行也。

王氏應麟曰：「易於蠱終則有始，於剥消息盈虚，於復反復其道，皆曰『天行』也。然則無與於人事歟？曰：聖人以天自處，扶陽抑陰，盡人事以回天運，而天在我矣。」[三]

九二，幹母之蠱，不可貞。

程子曰：「子之於母，當以柔巽輔導之，使得於義。不順而致敗蠱，則子之罪也。從容將順，豈無道乎？若伸己陽剛之道，遽然矯拂則傷恩，所害大矣，亦安能入乎？在乎

[一] 姚配中，周易姚氏學，卷六。
[二] 惠棟，周易述，卷八。
[三] 王應麟，困學紀聞，卷一。

屈己下意，巽順相承，使之身正事治而已。剛陽之臣事柔弱之君，義亦相近。」〔一〕

九三，幹父之蠱，有小悔，无大咎。

程子曰：「蠱之九三，以陽處剛而不中，剛之過也，故小有悔。然在巽體，不爲無順。順，事親之本也，又居得正，故无大咎。然有小悔，已非善事親也。」〔二〕

六四，裕父之蠱，往見吝。

虞氏説以孔子曰：「父有爭子，則身不陷於不義。」

上九，不事王侯，高尚其事。

孔子曰：「事君，軍旅不避難，朝廷不辭賤，處其位而不履其事，則亂也。故君使其臣，得志則慎慮而從之，否則孰慮而從之，終事而退，臣之厚也。易曰：『不事王侯，高尚其事。』」〔三〕

〔一〕程頤，伊川易傳，上經傳卷三。
〔二〕程頤，伊川易傳，上經傳卷三。
〔三〕禮記表記。

不事王侯，志可則也。

程子曰：「士之自高尚，亦非一道：有懷抱道德，不偶於時，而高潔自守者；有知止足之道，退而自保者；有量能度分，安於不求知者；有清介自守，不屑天下之事，獨潔其身者。所處雖有得失小大之殊，皆自高尚其事者也。象所謂『志可則』者，進退合度者也。」〔一〕惠氏曰：「小雅笙詩序云：『南陔，孝子相戒以養也；白華，孝子之絜白也。』是親老歸養，乃事之最高尚者。」〔二〕按，親老歸養，事之最合道者，故鄭云：「不得事君，君猶高尚其所爲之事。」人臣移孝作忠，人君教忠本於教孝，其道一也。

臨：元亨利貞，至于八月，有凶。

鄭氏曰：「臨，大也，陽氣自此浸而長大。陽浸長矣，而有四德，齊功於乾，盛之極也。人之情盛則奢淫，奢淫則將亡，故戒以凶。」〔三〕程子曰：「聖人爲戒，必於方盛之時。方其盛而不知戒，故狃安富則驕侈生，樂舒肆則綱紀壞，忘禍亂則釁孼萌，是以浸淫不

〔一〕程頤，伊川易傳，上經傳卷三。
〔二〕惠棟，周易述，卷三。
〔三〕鄭玄，周易鄭注，王應麟輯，上經噬嗑第三。

知，亂之至也。」[一]

剛浸而長。

王氏應麟曰：「陰符經云：『天地之道浸，故陰陽勝。』愚嘗讀易之臨曰『剛浸而長』，遯曰『浸而長也』，自臨而長爲泰，自遯而長爲否，浸者，漸也。聖人之戒深矣。」[二]

初九，咸臨貞，吉。

張氏曰：「臨天下者，愼其所以感之而已。感以正者積正，感以衺者積衺。咸臨貞，故吉也。」[三]

六三，甘臨，无攸利。既憂之，无咎。

張氏曰：「憂則必正。」[四]王氏應麟曰：「謹乃儉德，惟懷永圖，故『甘節吉』。盜言孔甘，亂是用餤，故『甘臨，无攸利』。」[五]

[一] 程頤，伊川易傳，上經傳卷三。
[二] 王應麟，困學紀聞，卷一。
[三] 張惠言，虞氏易言，卷上
[四] 張惠言，周易虞氏義，卷二。
[五] 王應麟，困學紀聞，卷一。

六四，至臨，无咎。

張氏曰：「感人者下之，以貴下賤。德之至也，可以臨矣。」〔一〕

六五，知臨，大君之宜，吉。

孔子曰：「大君者，君人之盛者也。易曰：『知臨，大君之宜，吉。』臨者，大也。陽氣在內，中和之盛應于盛位，浸大之化行于萬民，故言宜處王位，施大化，爲大君矣。臣民欲被化之詞也。」〔二〕張氏曰：「貞固足以幹事，知之德也。知莫大于知人，取諸人以爲善，是與人爲善者也，君德之大也。」〔三〕

大君之宜，行中之謂也。

惠氏曰：「知臨而言行中者，舜之大知。用其中於民，是其義也。」〔四〕

觀：盥而不薦，有孚顒若。

馬氏曰：「國之大事，唯祀與戎。王道可觀，在於祭祀。以下觀上，見其至盛之禮，萬民信敬，故『有孚顒若』。」李氏曰：「鬼神害盈，禍淫福善。若人君修德，至誠感神，

〔一〕張惠言，虞氏易言，卷上。
〔二〕易緯乾鑿度，卷上。
〔三〕張惠言，虞氏易言，卷上。
〔四〕惠棟，周易述，卷十一。

則黍稷非馨，明德惟馨，故觀盥而不觀薦，饗其誠信者也。斯即『東鄰殺牛，不如西鄰之禴祭，實受其福』，是其義也。」〔一〕程子曰：「君子居上，爲天下之表儀，必極其莊敬。如始盥之初，勿使誠意少散，如既薦之後，則天下莫不盡其孚誠，顒然瞻仰之矣。」〔二〕

下觀而化也。

虞氏曰：「容止可觀，進退可度，則下觀其德而順其化。」惠氏曰：「説文引易曰：『地可觀者，莫可觀於木。』漢書五行志曰：『説曰：木，東方也。於易，地上之木爲觀。其於王事，威儀容貌，亦可觀者也。』九五有人君之德，實貌相應，其下畏而愛之，則而象之，故下觀其德，而順其化也。」〔三〕

先王以省方觀民設教。

九家易曰：「風行地上，草木必偃。枯槁朽腐，獨不從風。謂應外之爻，天地氣絶，

〔一〕李鼎祚，周易集解，卷五。
〔二〕程頤，伊川易傳，上經傳卷二。此句實爲程子聞於胡翼之先生語。
〔三〕惠棟，周易述，卷八。

陰陽所去，象不化之民，五刑所加，故以省察四方，觀事民俗，而設其教也。言先王德化，光被四表，有不賓之民，不從法令，以五刑加之，以齊德教也。」王氏應麟曰：「家聲之隤，隴西以爲愧；城角之缺，新平以爲恥。清議所以維持風俗也。清議廢，風俗壞，則有毀宗澤而譽張邦昌者，有貶張浚而褒秦檜者。觀民風設教，居賢德善俗，可不謹哉？」[一]

初六，童觀，小人无咎，君子吝。

顧氏炎武曰：「其在政教，則不能是訓是行，以近天子之光，而所司者，籩豆之事。其在學術，則不能知類通達，以幾大學之道，而所習者，佔畢之文。樂師辨乎聲詩，故北面而弦；宗祝辨乎宗廟之禮，故後尸；商祝辨乎喪禮，故後主人。小人則无咎也。有大人之事，有小人之事，雖小道，必有可觀者焉。致遠恐泥，故君子爲之則吝也。」[二]王氏應麟曰：「童蒙應於二之剛則吉，養之早也；童觀遠於五之剛則吝，見之小也。」[三]

[一] 王應麟，困學紀聞，卷一。
[二] 顧炎武，日知録，卷一。
[三] 王應麟，困學紀聞，卷一。

六四，觀國之光，利用賓于王。

姚氏曰：「國之光，謂賢也。詩曰：『彼其之子，邦家之光。』」〔一〕崔氏曰：「得位比尊，承於王者。職在搜揚國俊，賓薦王庭。」

觀我生，觀民也。

姚氏曰：「觀我生，所以觀民也。古之欲明明德於天下者，先正其心，先誠其意。」〔二〕

上九，觀其生，君子无咎。

京氏曰：「言大臣之義，當觀賢人。知其性行，推而貢之。」

噬嗑：亨，利用獄。

程子曰：「凡天下至於一國，一家至於萬事，所以不和合者，皆由有間也，無間則合矣。以至天地之生，萬物之成，皆合而後能遂。凡未合者，皆爲有間也。若君臣、父子、親戚、朋友之間有離貳怨隙者，蓋讒邪間於其間也。去其間隔而合之，則無不和且洽矣。

〔一〕姚配中，周易姚氏學，卷七。
〔二〕姚配中，周易姚氏學，卷七。

噬嗑者，治天下之大用也。」〔一〕崔氏曰：「人於上下之間有亂羣者，當用刑去之，故『利用獄』。」張氏曰：「事不成則禮樂不興，禮樂不興則刑罰不中。頤之而有物焉，謂養之而猶梗化。不順也，然後可以刑之。『亨，利用獄』，此之謂也。」〔二〕

柔得中而上行，雖不當位，利用獄也。

侯氏曰：「文明以中，斷制枉直，不失情理，故『利用獄』。」姚氏曰：「柔中勝剛愎。」〔三〕

雷電，噬嗑。

宋氏曰：「雷動而威，電動而明，二者合而其道章也。用刑之道，威明相兼。若威而不明，恐致淫濫；明而无威，不能伏物。故須雷電竝合，而噬嗑備。」惠氏説以甫刑曰：「德威惟畏，德明惟明。」〔四〕

〔一〕程頤，伊川易傳，上經傳卷三。
〔二〕張惠言，虞氏易言，卷上。
〔三〕姚配中，周易姚氏學，卷七。
〔四〕惠棟，周易述，卷八。

初九，屨校滅趾，无咎。

干氏曰：「初居剛躁之家，體貪狼之性，以震掩巽，强暴之男也。行侵陵之罪，以陷屨校之刑，故曰『屨校滅趾』。顧震知懼，小懲大戒，以免刑戮，故无咎。」

上九，何校滅耳，凶。

荀氏曰：「上以不正，侵欲無已，奪取異家，惡積而不可掩，罪大而不可解，故宜凶矣。」

賁

鄭氏曰：「賁，文飾也。离爲日，天文也；艮爲石，地文也。天文在下，地文在上，天地二文相飾成賁者也。猶人君以剛柔仁義之道飾成其德也。剛柔雜，仁義合，然後嘉會禮通，故亨也。」〔一〕張氏曰：「人文化成天下，而小利有攸往，何也？賁次既濟，太平之功立，上下交，仁義道著，大經大法皆已樹立，當曲制威儀以定禮，文先王之治天下，至纖至悉，故曰『小』也。明庶政，亦言『小』者，无敢折獄，尚文德也。法制於已然之

〔一〕鄭玄，周易鄭注，王應麟輯，上經噬嗑傳第三。

後，禮禁於未然之先，其道在去小不正，故五上永貞，分剛文柔，則天人之文成也。」〔二〕

文明以止，人文也。

姚氏曰：「人道仁義，自初至上，尊卑各異，各有其文也。君子思不出其位。爲人君，止於仁；爲人臣，止於敬；爲人子，止於孝；爲人父，止於慈；與國人交，止於信。」〔三〕

无敢折獄。

姚氏曰：「曾子曰：『如得其情，則哀矜而勿喜。』所謂『无敢折獄』。」〔三〕

初九，賁其趾，舍車而徒。

程子曰：「君子所貴，世俗所羞；世俗所貴，君子所賤。故曰：『賁其趾，舍車而徒。』」〔四〕王氏應麟曰：「不義而富且貴，於我如浮雲，故曰：『舍車而徒，義弗承也。』萬

〔二〕張惠言，虞氏易事，卷上。
〔三〕姚配中，周易姚氏學，卷七。
〔三〕姚配中，周易姚氏學，卷七。
〔四〕程頤，伊川易傳，上經傳卷三。

鍾則不辨禮義而受之，萬鍾於我何加焉？故曰：『自求口實，觀其自養也。』」〔一〕

九三，賁如，濡如。

姚氏曰：「三得位，德潤身也。」〔二〕

六五，賁于丘園，束帛戔戔。

荀氏曰：「五爲王位，體中履和，勤賢之主，尊道之君也，故『賁于丘園，束帛戔戔』。」

上九，白賁，无咎。

王氏應麟曰：「龜靈而焦，雉文而翳，是以衣錦尚絅；蘭薰而摧，玉剛而折，是以危行言孫。此白賁素履，所以无咎。」〔三〕

剥：不利有攸往。

鄭氏曰：「陰氣侵陽，上至於五，萬物霝落，故謂之『剥』也。五陰一陽，小人極

〔一〕王應麟，困學紀聞，卷一。
〔二〕姚配中，周易姚氏學，卷七。
〔三〕王應麟，困學紀聞，卷一。

盛，君子不可有所之，故『不利有攸往』也。」〔一〕張氏曰：「小人剥君子，君子往而爭之，不利其身，往而避之，不利天下。故君子正色而立于其朝，則莫敢非禮于其君者，順而止之。『剥：不利有攸往』，此之謂也。」〔二〕王氏應麟曰：「虚美熏心，秦亂之萌；浮文妨要，晉衰之兆。故賁受之以剥。」〔三〕

君子尚消息盈虚，天行也。

張氏曰：「剥、復，消息之要，故發之。」〔四〕

上以厚下安宅。

惠氏曰：「君子德輿，民所載也。民安則君安。」〔五〕姚氏説以魏文侯曰：「下不安者，上不可居。」〔六〕

〔一〕鄭玄，周易鄭注，王應麟輯，上經噬嗑傳第三。

〔二〕張惠言，虞氏易言，卷上。

〔三〕王應麟，困學紀聞，卷一。

〔四〕張惠言，周易虞氏義，卷三。

〔五〕惠棟，周易述，卷十一。

〔六〕姚配中，周易姚氏學，卷七。

初六，剥牀以足，蔑貞，凶。

張氏曰：「小人乘君子，非一朝夕之故也。動于其初，而莫之正也。牀者，人所以載也；足者，牀所以任也。其于人也遠，而其爲物也重。剥牀者，先去其足，蔑之貞也，故凶。」〔一〕

六二，剥牀以辨，蔑貞，凶。

張氏曰：「辨者，人之足也，切于人矣，而弗察也，曰是剥牀云爾，猶蔑之貞，故凶。」〔二〕

六三，剥之无咎。釋文無「之」字。

張氏曰：「三之爲道，成乎剥矣。其无咎，何也？否、泰者，反其類者也。當三之時，則可貞也。失是而不貞，是咎而已矣。」〔三〕

〔一〕張惠言，虞氏易言，卷上。
〔二〕張惠言，虞氏易言，卷上。
〔三〕張惠言，虞氏易言，卷上。

六四，剥牀以膚，凶。

張氏曰：「于足而弗貞也，于辨而弗貞也，以膚矣，猶曰是剥牀云爾，不知其爲災也。雖欲不凶，不可得也。」[一]

六五，貫魚，以宫人寵，无不利。

孔子曰：「陽消陰言夬，陰消陽言剥。者，「者」上似脱「陽」字。萬物之祖也，斷制除害，全物爲務。夬之爲言，決也。當三月之時，陽盛息，消夬陰之氣。「夬」當爲「決」之衍字。萬物畢生，靡不蒙化。譬猶王者之崇至德，奉承天命，伐決小人，以安百姓，故謂之決。夫陰傷害爲行，故剥之爲行，剥也。當九月之時，陽炁衰消，而陰終不能盡陽，小人不能決君子也。謂之剥，言不安而已。是以夬之九五言決小人，剥之六五言盛殺萬物，皆剥墮落。譬猶君子之道衰，小人之道盛，侵害之行興，安全之道廢，陰貫魚而欲承君子也。」[二]張氏曰：「至五禍極，陰欲承君子，故无不利。君子之在剥也，或顯而持之，或隱而維之，故身剥而道可

[一] 張惠言，虞氏易言，卷上。
[二] 易緯乾鑿度，卷上。

正也。『貫魚，以宮人寵』，利之大者也。」〔一〕

上九，碩果不食，君子得輿，小人剥廬。「得輿」，虞作「德車」。

程子曰：「剥之爲卦，諸陽消剥已盡，獨有上九一爻尚存，如碩大之果不見食，將有復生之理。上九亦變，則純陰矣。然陽無可盡之理，變於上則生於下，無間可容息也。聖人發明此理，以見陽與君子之道不可亡也。或曰：剥盡則爲純坤，豈復有陽乎？曰：以卦配月，則坤當十月。以氣消息言，則陽剥爲坤，陽來爲復，陽未嘗盡也。剥盡於上，則復生於下矣，故十月謂之陽月，恐疑其無陽也。陰亦然，聖人不言耳。」〔二〕張氏曰：「夫碩果而食，則乾坤或幾乎息矣，非君子所憂也。君子在剥則安，在坤則貞；小人在剥則亂，在坤則迷。故小人之禍君子，无往不福君子也。而其自禍，不可救也。」〔三〕鄭氏曰：「小人傲很，當剥徹廬舍而去。」〔四〕王氏應麟曰：「召平、董公、四皓、魯兩生之流，士不以秦而

〔一〕張惠言，虞氏易事，卷上。
〔二〕程頤，伊川易傳，上經傳卷三。
〔三〕張惠言，虞氏易言，卷上。
〔四〕鄭玄，周易鄭注，王應麟輯，上經噬嗑傳第三。

賤也；伏生、浮丘伯之徒，經不以秦而亡也；萬石君之家，俗不以秦而壞也。剥之終曰『碩果不食』，陽非陰所能剥。」〔一〕

君子得輿，民所載也。

惠氏曰：「荀子曰：『馬駭輿，則君子不安輿；庶民駭政，則君子不安位。』民載于德車，厚下安宅，君民俱安，故曰『民所載也』。」〔二〕

復

鄭氏曰：「復，反也，還也。陰氣侵陽，陽失其位，至此始還，反起於初，故謂之復。陽，君象，君失國而還反，道德更興也。」〔三〕

朋來，无咎。

王氏應麟曰：「君子進而衆賢聚，故復『朋來，无咎』；衆賢盛而君子安，故解『朋

〔一〕王應麟，困學紀聞，卷一。
〔二〕惠棟，周易述，卷十一。
〔三〕鄭玄，周易鄭注，王應麟輯，上經噬嗑傳第三。

至斯乎』；君子之志行，而小人之心服，故豫『勿疑，朋盍簪』。」〔一〕

復其見天地之心乎？

荀氏曰：「復者，冬至之卦。陽起初九，爲天地心，萬物所始，吉凶之先，故曰『見天地之心』矣。」程子曰：「一陽復於下，乃天地生物之心也。先儒皆以靜爲見天地之心，蓋不知動之端乃天地之心也。非知道者，孰能識之？」〔二〕惠氏曰：「冬至復加坎，坎爲極心，乾坤合于一元，故見天地之心。心猶中也，春秋傳曰：『民受天地之中以生。』董子曰：『陽之行始於北方之中，而止於南方之中；陰之行始於南方之中，而止於北方之中。陰陽之道不同，至於盛，而皆止於中，其所始皆必於中。中者，天地之大極也。』」〔三〕

先王以至日閉關。

宋氏曰：「將以輔遂陽德，成致君道也。」程子曰：「陽始生甚微，安靜而後能長，

〔一〕王應麟，困學紀聞，卷一。
〔二〕程頤，伊川易傳，上經傳卷四。
〔三〕惠棟，周易述，卷八。

故復之象曰：『先王以至日閉關。』」〔一〕

初九，不遠復，无祇悔，元吉。

程子曰：「陽，君子之道，故復爲反善之義。初，復之最先者也，是不遠而復也。失而後有復，不失則何復之有？惟失之不遠而復，則不至於悔，大善而吉也。顏子無形顯之過，夫子謂其庶幾，乃无祇悔也。過既未形而改，何悔之有？既未能不勉而中，所欲不踰矩，是有過也。然其明而剛，故一有不善，未嘗不知，既知，未嘗不遽改，故不至於悔，乃不遠復也。學問之道無他也，惟其知不善則速改以從善而已。」〔二〕

休復之吉，以下仁也。

程子曰：「仁者，天下之公，善之本也。」〔三〕王氏應麟曰：「復之初即乾之元，碩果不食則生矣，復之所謂仁也。乾爲木果。在春爲仁，發生也；在冬爲幹，歸根也。終而復

〔一〕程頤，伊川易傳，上經傳卷四。
〔二〕程頤，伊川易傳，上經傳卷四。
〔三〕程頤，伊川易傳，上經傳卷四。

始。」〔一〕

六三，頻復，厲，无咎。

程子曰：「復之六三以陰躁處動之極，復之頻數而不能固者也。復貴安固，頻復頻失，不安於復也。復善而屢失，危之道也。聖人開遷善之道，與其復而危其屢失，故云『厲，无咎』，不可以頻失而戒其復也。頻失則爲危，屢復何咎？過在失而不在復也。」〔二〕

張氏曰：「有苦其身、勞其思、黜其嗜欲以從道者，頻復之謂也。頻而不已，安之矣，厲也，何咎之有？」〔三〕

六四，中行獨復。

惠氏曰：「太極元氣，函三爲一。一，元也；極，中也。即復之初也。元爲仁，故二云『以下仁也』；極爲中，故四云『中行獨復』。皆指初也。聖人以復之初九喻顏子，

〔一〕王應麟，困學紀聞，卷一。
〔二〕程頤，伊川易傳，上經傳卷四。
〔三〕張惠言，虞氏易言，卷上。

顏子擇乎中庸，得一善則拳拳服膺，一善即復初也。初不遠復，擇乎中庸之謂也。」[一]

六五，敦復，无悔。

張氏曰：「坤者，所以養陽也，故『出入无疾』；夜氣者，所以養仁也，故『敦復，无悔』。」[二]

上六

張氏曰：「復在君道，爲撥亂反正，修身下仁，改過從道，皆君德也。上爲元惡負固，君德已就，乃可征之。五未正而用師，敗之道也。少康德成，然後討澆，光武即位，收河北，然後征赤眉，此其義也。」[三]

无妄

周子曰：「治天下有本，身之謂也；身端，心誠之謂也。誠心，復其不善之動而已矣。不善之動，妄也。妄，復則无妄矣，无妄則誠矣。故无妄次復，而曰『先王以茂對時

[一] 惠棟，周易述，卷四。
[二] 張惠言，虞氏易言，卷上。
[三] 張惠言，虞氏易事，卷上。

育萬物』，深哉！」〔一〕宋儒從九家，以「无妄」爲「无妄動」。

其匪正有眚，不利有攸往。

程子曰：「動以天爲无妄，動以人欲則妄矣。无妄之義，大矣哉！雖無邪心，苟不合正理，則妄也，乃邪心也。既已无妄，不宜有往，往則妄也。故无妄之象曰：『其匪正有眚，不利有攸往。』」〔二〕張氏曰：「復則不妄，張氏本虞義，以「妄」爲「亡」。是撥亂反正之道也。大亂之後，求治不可過，過則匪正有眚。虞義「匪正」謂上。四已變，上又動，體屯難，故有眚。明上當不動成益，權也。吾聞以權益人者也，能益人乃謂之權。未聞以正災人者也。權猶之正也，正而災如，不正而已。」〔三〕

先王以茂對時育萬物。

惠氏曰：「京氏以无妄爲大旱之卦。湯遭七年之旱，禮記王制，殷法也，其言曰：『冢宰以三十年之通制國用，量入以爲出。三年耕，必有一年之食；九年耕，必有三年之

〔一〕周敦頤，通書，家人睽復无妄第三十二。
〔二〕程頤，伊川易傳，上經傳卷四。
〔三〕張惠言，周易虞氏義，卷三。

食。以三十年之通，雖有凶旱水溢，民無菜色。』是其事矣。」〔一〕惠從京氏，讀「妄」爲「望」。

六三，无妄之災，或繫之牛，行人之得，邑人之災。

姚氏曰：「有民而不能治，則能治者得之。阮籍通易論云：『有國而不收其民，有衆而不修其器，行人得之，不亦災乎？』」〔二〕

九五，无妄之疾。

惠氏曰：「君以民爲體，邑人災，君之疾也。」又説以漢書曰：「君者心也，民猶支體，支體傷則心憯怛。」〔三〕

上九，无妄，行有眚，无攸利。

張氏曰：「无亡矣而行，是求眚也，何利之有？无亡之匪正，非上過也，上之往，非不正也，易惡而眚之，何也？上者，主乎无亡者也。不能正人，謂不與三易位。又不能益人，子

〔一〕惠棟，周易述，卷十一。
〔二〕姚配中，周易姚氏學，卷八。姚氏原文阮籍語爲小字。
〔三〕惠棟，周易述，卷四。

孑焉，惟恐人之以我爲不正也而去之，于以災天下而不之恤也，是天命不右也焉爾。」〔一〕

大畜：利貞；不家食，吉；利涉大川。

張氏曰：「小畜以養民之財爲義，大畜以養民之德爲義。移風易俗，勝殘去殺，是大畜之利貞也。君子德不畜不足以畜民，賢不養不足以畜民。『大畜利貞』，正畜德也，正養賢也，故『不家食，吉』。民之應上，大川弗能域也。惟上之畜之，故『利涉大川』。」〔二〕

能止健，大正也。「止健」，虞讀爲「健止」。

張氏曰：「健止則必正。」〔三〕王氏應麟曰：「大畜爲學，賁爲文。能止健，而後可以爲學；文明以止，而後可以爲文。止者，篤實而已。不以篤實爲本，則學不足以成德，文不足以明理。」〔四〕

不家食，吉，養賢也。

惠氏曰：「中和爲聖賢。」〔五〕

〔一〕張惠言，虞氏易言，卷上。
〔二〕張惠言，虞氏易言，卷上。
〔三〕張惠言，周易虞氏義，卷三。
〔四〕王應麟，困學紀聞，卷一。
〔五〕惠棟，周易述，卷八。

君子以多識前言往行，以畜其德。

程子曰：「人之蘊蓄，由學而大，在多聞前古聖賢之言與行。考跡以觀其用，察言以求其心，識而得之，以蓄成其德。」〔一〕

九二，輿説輹。虞作「車説輹」。

程子曰：「大畜初二乾體剛健而不足以進，四五陰柔而能止。時之盛衰，勢之强弱，學易者所宜深識也。」〔二〕案：程傳取象與古義異，而説理甚精。陽爲君，陰爲民，民猶梗化，治之不可太急。此傳「止」字及六五傳「剛」字、「止」字，學者弗泥其爲卦象，則程傳正足發明古義，非相違，而相成矣。

九三，良馬逐，利艱貞吉，曰閑輿衛，利有攸往。「曰」，鄭、虞皆作「日」。

張氏曰：「雖尚文德，必有武備，故『日閑輿衛』。良馬逐者，時不可緩，故襍卦曰：『大畜，時也。』」〔三〕姚氏曰：「閑，闌也，防也。日閑輿衛，申誓禁也。兵易擾民，故閑之，乃利有攸往。」〔四〕

〔一〕程頤，伊川易傳，上經傳卷四。
〔二〕程頤，伊川易傳，上經傳卷四。
〔三〕張惠言，虞氏易事，卷上。
〔四〕姚配中，周易姚氏學，卷八。

六四，童牛之牿，元吉。

王氏應麟曰：「制官刑，則具訓蒙士；無彝酒，則誥教小子。易曰：『童牛之牿。』記曰：『禁於未發之謂豫。』」〔一〕

六五，豶豕之牙，吉。

程子曰：「物有總攝，事有機會，聖人操得其要，則視億兆之心猶一心。道之斯行，止之則戢，故不勞而治。其用若豶豕之牙也。豕，剛躁之物，若强制其牙，則用力勞而不能止。若豶去其勢，則牙雖存，而剛躁自止。君子法豶豕之義，知天下之惡不可以力制也，則察其機，持其要，塞絶其本原，故不假刑法嚴峻而惡自止也。且如止盜，民有欲心，見利則動，苟不知教，而迫於飢寒，雖刑殺日施，其能勝億兆利欲之心乎？聖人則知所以止之之道，不尚威刑，而修政教，使之有農桑之業、知廉恥之道，雖賞之不竊矣。」〔二〕

〔一〕王應麟，困學紀聞，卷一。
〔二〕程頤，伊川易傳，上經傳卷四。

上九，何天之衢，亨。

鄭氏曰：「人君在上，負荷天之大道。」〔一〕姚氏曰：「賢者，道所在，養賢則道行矣。賢得而民得，民得而天與之矣。」〔二〕王氏應麟曰：「下學而上達，故大畜上九『何天之衢，亨』。」〔三〕

頤：貞吉，觀頤，自求口實。

鄭氏曰：「頤，養也。能養則其幹事吉矣。觀頤，觀其養賢與不肖也。頤中有物，曰口實。觀其求可食之物，則貪廉之情可别也。」〔四〕程子曰：「動静節宣，以養生也；飲食衣服，以養形也；威儀行義，以養德也；推己及物，以養人也。」〔五〕張氏曰：「頤者，畜之盛也。古者君養民，賢養不肖。井里田宅，所以養其生，禮樂刑政，所以養其心，使之

〔一〕鄭玄，周易鄭注，王應麟輯，上經噬嗑傳第三。
〔二〕姚配中，周易姚氏學，卷八。
〔三〕王應麟，困學紀聞，卷一。
〔四〕鄭玄，周易鄭注，王應麟輯，上經噬嗑傳第三。
〔五〕程頤，伊川易傳，上經傳卷四。

正而已。故君子者，養人者也；小人者，養于人者也。觀其所養，而萬物之情可見矣。養人者，能自養者也。口實之正不正，由己求之，觀其自養，而所養可見矣。」〔一〕

頤，貞吉，養正則吉也。

宋氏曰：「頤者，所由飲食自養也。君子割不正不食，況非其食乎？是故所養必得賢明，自求口實，必得體宜，是謂養正也。」

聖人養賢以及萬民

惠氏曰：「養成賢能，使長治萬民。」〔二〕

君子以慎言語，節飲食。

荀氏曰：「言出乎身，加乎民，故慎言語，所以養人也。」孔氏穎達說以傅元口銘曰：「病從口入，禍從口出。」〔三〕程子曰：「慎言語以養其德，節飲食以養其體。事之至

〔一〕張惠言，虞氏易言，卷上。
〔二〕惠棟，周易述，卷八。
〔三〕孔穎達，周易正義。卷三。

近，而所繫至大者，莫過於言語飲食也。」〔一〕

初九，舍爾靈龜，觀我朶頤，凶。

王弼曰：「安身莫若不競，修己莫若自保，守道則福至，求祿則辱來。」〔二〕王氏應麟深取此數語。

六三，拂頤，貞凶，十年勿用。

姚氏曰：「拂頤則凶，至凶乃貞，故貞凶。方欲之正，而凶已至，十年勿用，悖之甚則挽之難也。呂覽曰：『德義之緩，邪利之急，身以困窮，雖後悔之，尚將奚及？』傳曰：二字增。『小人之使爲國家，菑害並至，雖有善者，亦無如之何。』由辨之不早辨也。」〔三〕

上九，由頤，厲吉，利涉大川。

張氏曰：「夫聖人養賢，爲其能養萬民也，任重而道遠。一物不正，君子以爲咎，不厲也，奚吉乎？君子不涉險以求養也。及其養人，則不可以有所域也。『利涉大川』，以

〔一〕程頤，伊川易傳，上經傳卷四。

〔二〕王弼，周易注，卷三。

〔三〕姚配中，周易姚氏學，卷八。

爲頤道之貞也。」〔一〕

大過：棟橈，利有攸往，亨。

姚氏説以魯語曰：「不厚其棟，不能任重。重莫如國，棟莫如德。」〔二〕張氏曰：「大過陽死，國家傾覆之時。棟橈者，梁木壞，大厦傾也。此時當急起救之，故利有攸往，乃亨。」又曰：「大過之時，過以相與。二之取女妻，繼世承祀，陽嬗于陰，故无不利也。上之應老夫，忘身爲君，義不顧私，雖至滅頂，猶爲无咎也。五之取老婦，赫然奮興，遠求耇長，可以振一時之衰，而不可以久，故雖无咎，亦无譽也。初之應士夫，明知功業之不可就，而以其身爲後起之藉，故繫曰『慎之至也』。初下有伏震，姤巽又生其下，陰陽之嬗正在此爻，能慎則爲權濟，不慎則爲失身。」〔三〕

君子以獨立不懼，遯世无悶。

虞氏曰：「體復一爻，潛龍之德。」

〔一〕張惠言，虞氏易言，卷上。
〔二〕姚配中，周易姚氏學，卷八。
〔三〕張惠言，虞氏易事，卷上。

初六，藉用白茅，无咎。

張氏曰：「國之亡而復存，絶而復續，必有爲之藉者焉。非天下之至柔，不足以勝天下之至剛；非天下之至變，不足以成天下之至貞。功之基也，禍之元也，敢不慎乎？故曰：『藉用白茅，无咎。』蓋言慎也。」〔二〕按，巽以行權，初以陰藉陽，權也。惟白茅也，而後可以藉，以精白乃心，爲旋乾轉坤之基也。諸葛之謹慎，司馬之忠信，可以藉矣。若夫成功，則天也。漢書曰：「言臣子之道，改過自新，絜己以承上，然後免于咎也。」此別一義。

上六，過涉滅頂，凶，无咎。

惠氏曰：「君子濡跡以救時，誰得而咎？以喻伏節死義之臣。」〔三〕顧氏炎武曰：「濟則君之靈，不濟以死繼之。故有斷脰決腹，一瞑而萬世不視，不知所益，以憂社稷者，莫

〔二〕張惠言，虞氏易言，卷上。
〔三〕惠棟，周易述，卷十一。

敖大心是也。過涉之凶，其何咎哉？」〔二〕此一義。九家易曰：「君子以禮義爲法，小人以畏愼爲宜。至於大過之世，不復遵常，而家家有誅絶之罪，上化致然，不可咎也。曾子曰：『上失其道，民散久矣。如得其情，則哀矜而勿喜。』是其義也。」此又一義。案，大過之世，當責己以勤民，民無恒產，因無恒心，放辟邪侈，無所不爲。民不畏死，不可以死懼之，在反其本而已。

習坎：有孚，維心亨，行有尚。

張氏曰：「凡人之可常者，德行而已；當習者，教事而已。德行教事，非所以險也，然有險用焉。守其躬，平其心，不可以有所踰也，是坎而已矣。君子以坎自守，以德行教事，平天下之坎，故『有孚，維心亨，行有尚』。先王以建萬國，親諸侯，與天下共守險也，而有坎于其心者乎？」〔三〕

王公設險，以守其國。

王氏應麟曰：「下陽舉而虢亡，虎牢城而鄭懼，西河失而魏蹙，大峴度而燕危，故曰

〔二〕顧炎武，日知録，卷一。
〔三〕張惠言，虞氏易言，卷上。

『設險以守其國』；狄患攘而民怨結，宗藩弱而戚黨顓，柄臣揃而宦寺恣，寇叛平而方鎮强，故曰『思患而豫防之』。」[一]

君子以常德行，習教事。

陸氏曰：「水通流，不舍晝夜。君子象之，以常習教事，如水不息也。」

初六，習坎，入於坎窞，凶。

干氏曰：「窞，坎之深者也。江河淮濟，百川之流，行乎地中，水之正也。及其爲災，則泛溢平地，而入於坎窞，是水失其道也。刑獄之用必當于理，刑之正也。及其不平，則枉濫无辜，是法失其道也。故曰『入於坎窞，凶』矣。」姚氏曰：「君子常德行，習教事。習坎，以濟坎者也。習坎入坎，則非所以濟坎，乃愈以入坎。以非賢爲賢，以非法爲法，入之愈深，出之益難矣。或説此講刑名，以法陷人者也，卒自離焉，故入坎。曾子曰：『出乎爾者，反乎爾者也。』」[二]

[一] 王應麟，困學紀聞，卷一。
[二] 姚配中，周易姚氏學，卷八。

六三，來之坎坎，險且枕。

干氏曰：「枕，安也。險且枕，言安忍以暴政加民，而無哀矜之心。淫刑濫罰，百姓無所措手足，故終无功。」

六四，樽酒簋，貳用缶。納約自牖，終无咎。

張氏曰：「德行者，道也；教事者，禮也。古者天子諸侯有朝覲、會同、賓客，以講道習禮也。故有饗、有食、有燕，繁而不殺，曲而有等，以明禮也。天子諸侯相與講道習禮，故百官萬民承其德而習其教，則四達而不悖矣。尊酒、簋，尊賢也；貳用缶，內約自牖，尊上也。先王所以養諸侯，兵不用而天下長治者也，故終无咎。」[一]張推虞義，以尊酒爲饗禮，簋爲食禮，貳用缶、納約自牖爲燕禮。賓自卑約，去牖前之位，而爲苟敬。程子曰：「此言人臣以忠信善道結於君心，必自其所明處乃能入也。人心有所蔽，有所通。通者，明處也。當就其明處而告之，求信則易也，故曰『納約自牖』。能如是，則雖艱險之時，終得无咎也。且如君心蔽於荒樂，唯其蔽也，故爾雖力詆其荒樂之

[一] 張惠言，虞氏易言，卷上。

非，如其不省何？必於所不蔽之事，推而及之，則能悟其心矣。自古能諫其君者，未有不因其所明者也。故訐直强勁者率多取忤，而温厚明辨者其説多行。非唯告於君者如此，爲教者亦然。夫教，必就人之所長，所長者，心之所明也。從其心之所明而入，然後推及其餘，孟子所謂成德達財是也。」[一]按，程傳與漢易不同，然説義至精。

上六，繫用徽纆，寘於叢棘，三歲不得，凶。

張氏曰：「古之君子于其民也，化之教之，然而不率者，則刑不修也。坎不盈，禔既平，可以用刑矣。『繫用徽纆，寘於叢棘』，罷民之未陷于刑者也。君子于其民也，化之教之，不率者，先其未陷于刑而繫之，使其有改也。改者不過三歲，三歲不得，刑之可矣。君子化之教之，不率而又繫之，如是三歲而不得也，則化之不成，而教之不型也，以是爲君子之凶而已。」[二]

離：利貞，亨，畜牝牛，吉。惠校集解，「離」皆作「离」。

張氏曰：「牛者，所以承天地、宗廟、社稷者也。其用犢畜牝牛者，所以養犢也。古

[一] 程頤，伊川易傳，上經傳卷四。
[二] 張惠言，虞氏易言，卷上。

者有師保，有四輔，然後太子可得而正也。書曰：『敬保元子釗，無以冒貢于非幾。』畜牝牛之吉也。」〔一〕

明兩作，離，大人以繼明照于四方。

鄭氏曰：「明兩者，取君明上，下以明德相承，其于天下之事無不見也。明明相繼而起，大人重光之象，堯、舜、禹、文、武之盛也。」〔二〕

六二，黄離，元吉。

鄭氏曰：「離爲火，土託位焉。土色黄，火之子，喻子有明德，能附麗於父之道。文王之子發、旦是也。」〔三〕

九三，日昃之离，不鼓缶而歌，則大耋之嗟，凶。

張氏曰：「傳曰：『君老無適子，去之可也。』爲其亂也。」〔四〕

〔一〕張惠言，虞氏易言，卷上。

〔二〕鄭玄，周易鄭注，王應麟輯，上經噬嗑傳第三。

〔三〕鄭玄，周易鄭注，王應麟輯，上經噬嗑傳第三。

〔四〕張惠言，虞氏易言，卷上。

九四，突如其來如，焚如，死如，棄如。「突」，京、鄭作「㐬」。

鄭氏曰：「不孝之罪，五刑莫大。焚如，殺其親之刑。」[二]惠氏曰：「說文：『𠫓，不順忽出也，從倒子，或從㐬，即古文易突字。』棄，捐也。從㐬，㐬，逆子也，此倉頡制字之義。如湻曰：『焚如、死如、棄如，謂不孝子也。不畜于父母，不容于朋友，故燒殺棄之。』」[三]案，五刑無焚。孝經之義，以不孝之罪，聖人深惡，於三千條外，特制極刑，所以深塞逆源。虞氏謂「离四惡人，三百八十四爻獨無所容」是也。

六五，出涕沱若，戚嗟若，吉。

張氏以爲，若太甲之思庸悔過，自怨自艾。

[二] 鄭玄，周易鄭注，王應麟輯，下經噬嗑傳第三。

[三] 惠棟，周易述，卷五。

要旨第二下

下經

咸：亨，利貞，取女吉。

荀子曰：「易之咸見夫婦。夫婦之道，不可不正也，君臣、父子之本也。咸，感也，以高下下，以男下女，柔上而剛下。聘士之義，親迎之道，重始也。」[一]鄭氏曰：「咸，感也。其於人也，嘉會禮通，和順於義，幹事能正。三十之男有此三德，以下二十之女，正而相親説，取之則吉也。」[二]張氏曰：「獨陽不生，獨陰不生，咸，然後生。咸之道，主乎

[一] 荀子大略。

[二] 鄭玄，周易鄭注，王應麟輯，下經咸傳第四。

陽者也，咸之自陽始。聖人，天下之心也；諸侯、卿大夫，一國之心也；宗子，家之心也。聖人者，咸天下之心，使正而心其心，以通於聖人，是以天下和平也。」又曰：「咸之道，莫男女著。男下女者，所以咸也，非正也。出大門而先，男帥女，女從男，然後正，是以吉也。」〔一〕

咸，感也。

王氏應麟曰：「咸之感無心，感以虛也；兑之説無言，説以誠也。堯之於變時雍，孔子之綏來動和，其感至矣。文王靈台之樂，宣王雲漢之憂，其説深矣。」〔二〕

君子以虛受人。

虞氏曰：「艮山在地下爲謙，在澤下爲虛。」姚氏説以荀子曰：「何以知道？曰心。心何以知？曰虛。壹而靜。」〔三〕程子曰：「中無私主，則無感不通。以量而容之，擇合而

〔一〕張惠言，虞氏易言，卷下。
〔二〕王應麟，困學紀聞，卷一。
〔三〕姚配中，周易姚氏學，卷九。

受之，非聖人有感必通之道也。」〔一〕

初六，咸其拇。

姚氏説以吕覽曰：「人之有形體四肢，其能使之也，爲其感而必知者也。感而不知，則形體四肢不使矣。人臣亦然，號令不感，則不得而使矣。」又曰：「形不動則精不流，精不流則氣鬱。」又曰：「國亦有鬱，主德不通，民欲不達，此國之鬱也。」〔二〕

九四，貞吉，悔亡。憧憧往來，朋從爾思。

程子曰：「感者，人之動也，故咸皆就人身取象。四當心位，而不言咸其心，感乃心也。感之道無所不通，有所私係，則害於感通，所謂悔也。聖人感天下之心，如寒暑雨暘，無不通、無不應者，亦貞而已矣。貞者，虚中無我之謂也。」又曰：「有感必有應，凡有動皆爲感，感則必有應。所應復爲感，所感復有應，所以不已也。感通之理，知道者默而觀之可也。」〔三〕

〔一〕程頤，伊川易傳，下經傳卷五。
〔二〕姚配中，周易姚氏學，卷九。
〔三〕程頤，伊川易傳，下經傳卷五。

未感害也。

惠氏曰：「失義則有害。」[一]

恒：亨，无咎，利貞，利有攸往。

鄭氏曰：「恒，久也。夫婦同心而成家，久長之道也。夫婦以嘉會禮通，故无咎。其能和順幹事，所行而善矣。」[二]

利有攸往，終則有始也。

程子曰：「天下之理，終而復始，所以恒而不窮，恒愼非一定之謂也，一定則不能恒矣。惟隨時變易，乃恒道也。天地常久之道，天下常久之理，非知道者，孰能識之？」[三]

張氏曰：「恒之義主于聖人，久于其道，而天下化成。不變不可以爲恒，恒當變成益。不正亦「亦」字增。不可以爲恒。恒三正位，當立不易，方成既濟。」[四]又曰：「天道不變，不能久成；日月不變，不能久明；治道

[一] 惠棟，周易述，卷十二。

[二] 鄭玄，周易鄭注，王應麟輯，下經咸傳第四。

[三] 程頤，伊川易傳，下經傳卷五。

[四] 張惠言，虞氏易事，卷下。

不變，不能久爲天下貞。天道變而四時不易其王，日月變而晝夜不易其常，治道變而紀綱不易其方。四時不易，天道貞元；晝夜不易，日月回還；紀綱不易，治道循環。變故亨无咎，不易故利貞。是以利有攸往，恒之道也。」〔一〕

浚恒之凶，始求深也。

程子曰：「初六居下，而四爲正應。四以剛居高，又爲二三所隔，應初之志異乎常矣。而出乃求望之深，是知常而不知變也。世之責望故素，而至悔吝者，皆浚恒者也。」〔二〕案，此謂以初求四。張氏曰：「爲政先正己而後正人，求之又當有漸。」〔三〕案，此謂以五正初。

九三，不恒其德，或承之羞，貞吝。

張氏曰：「不正而往者，謂之不恒其德也。以正益人者人益之，以不正益人者人羞之，故曰『恭而無禮則勞，慎而無禮則葸』，惠而無禮民弗德也。至是而後貞，君子以爲

〔一〕張惠言，虞氏易言，卷下。
〔二〕程頤，伊川易傳，下經傳卷五。
〔三〕張惠言，虞氏易事，卷下。

吝矣。然則如何？曰：立不易方。」〔一〕

六五，恒其德，貞。婦人吉，夫子凶。

鄭氏曰：「以陰爻而處尊位，是天子之女。又互體兑，兑爲和説。至尊王家之女以和説幹其家事，問正于人，故爲吉也。應在九二，又男子之象，體在巽，巽爲進退，是無所定，而婦言是從，故云『夫子凶』也。」〔二〕

上六，振恒，凶。「振」，虞作「震」。

張氏曰：「三不恒則上震。凡德不常者，未有不妄動者也。」〔三〕

遯：亨，小利貞。

虞氏曰：「小人道長，避之乃通。」張氏曰：「遯亨者，君子避小人，所以救亂。『小利貞』，正亂當始於小者。若不以漸，驟圖其大，未有不速禍者也。」〔四〕鄭氏曰：「其進以

〔一〕張惠言，虞氏易言，卷下。
〔二〕鄭玄，周易鄭注，王應麟輯，下經咸傳第四。
〔三〕張惠言，虞氏易事，卷下。
〔四〕張惠言，虞氏易事，卷下。

漸，則遠妒忌之害。」〔一〕程子曰：「遯者，陰之始長。君子知微，固當深戒，而聖人之意，未便遽已也，故有『與時行』『小利貞』之教。聖賢之於天下，雖知道之將廢，豈肯坐視其亂而不救？必區區致力於未極之間，强此之衰，艱彼之進。圖其蹔安，苟得爲之，孔、孟之所屑爲也，王允、謝安之於漢、晉是也。」〔二〕

君子以遠小人，不惡而嚴。

姚氏曰：「人而不仁，疾之已甚，亂也。不使不仁者加乎其身而已二字。增。」〔三〕

六二，執之用黄牛之革，莫之勝説。

張氏曰：「爲之于冥冥，成之于惛惛，嘿而爲天下貞。其操之也固，其慮之也豫，其發之也度，亨之主也。」〔四〕

上九，肥遯，无不利。

張氏曰：「肥之爲言也，知存亡得喪，以進退而貞之者也。居上不傾，在下不危，臨

〔一〕鄭玄，周易鄭注，王應麟輯，下經咸傳第四。
〔二〕程頤，伊川易傳，下經傳卷五。
〔三〕姚配中，周易姚氏學，卷九。
〔四〕張惠言，虞氏易言，卷下。

大節而不惑者，其惟君子乎？」〔一〕姚氏曰：「肥者，樂其道，無疾憊者也。淮南子曰：『子夏心戰而癯，得道而肥。』」〔二〕

大壯：利貞。

張氏曰：「以盛陽臨衰陰，然而傷焉，不正故也。以不正傷者，正之而已矣。以盛陽臨衰陰，一不正焉，猶有傷也，而況其盛衰之勢非然者乎？故君子非禮勿履。」〔三〕張氏本虞，訓「壯」爲「傷」。

雷在天上，大壯，君子以非禮弗履。

陸氏曰：「天尊雷卑，君子見卑乘尊，終必消除，故象以爲戒：『非禮不履。』」姚氏曰：「非禮弗履，君子之壯也。聘義曰：『有行之謂有義，有義之謂勇敢。故所貴於勇敢者，貴其能以立義也；所貴於立義者，貴其有行也；所貴於有行者，貴其行禮也。故所貴於勇敢者，貴其敢行禮義也。』」〔四〕姚氏本鄭，訓「壯」爲「强」。

〔一〕張惠言，虞氏易言，卷下。
〔二〕姚配中，周易姚氏學，卷九。
〔三〕張惠言，虞氏易言，卷下。
〔四〕姚配中，周易姚氏學，卷九。

九二，貞吉。

張氏曰：「君子自正。正己者，正人者也。」〔一〕

九三，小人用壯，君子用罔，貞厲。羝羊觸藩，羸其角。「羸」，虞作「纍」，下同。

張氏曰：「用壯者，小人之道也。用罔，非君子之道也。君子與小人角，鮮不傷矣，厲，宜也。用罔以羅小人，而自離之，若羝羊之在藩焉。又從而觸之，羸其角已矣。」〔二〕

九四，貞吉，悔亡。藩決不羸，壯于大輿之輹。虞作「大轝之腹」。

張氏曰：「君子者，民所載也。以陰載陽，以柔載剛，以小人載君子，然而有不正者，是還自傷也。『壯于大轝之輹』，君子不咎小人也。」〔三〕

上六，羝羊觸藩，不能退，不能遂，无攸利，艱則吉。

張氏曰：「君子之于小人也，正之而已。與小人角而不勝，遂爭之。爭之而不顧，其正之失也，用罔又甚焉。不能退，不能遂，以其禍爲不止于纍角也。夫觸小人易，正己

〔一〕張惠言，虞氏易言，卷下。
〔二〕張惠言，虞氏易言，卷下。
〔三〕張惠言，虞氏易言，卷下。

難；正己易，正小人難。君子行其難，不苟其易，戒觸藩也。」〔二〕

晉：康侯用錫馬蕃庶，晝日三接。

張氏曰：「天子衰，諸侯存其政，正也；王道竭，有天命者代之，道也。古之立諸侯，盛則易與治，衰則有與立，亂則有德者易以興，此先聖帝王所以公天下也。五帝之王非嬗也，未有不由諸侯者。其于天子，未有不欲存之。存之而不可得也，然後代之。『康侯用錫馬蕃庶，晝日三接』，其濟則伯也，不濟則王也。」〔三〕案，文王率殷之叛國以事紂。當此之時，西有昆夷之患，北有玁狁之難，文王以天子之命，命將帥，遣戍役，以守衛中國。及周之衰，齊桓、晉文匡輔王室，內安外攘，天下賴之。自開闢以至周末，不聞有夷狄横行，割據中原。一夫作難，率土崩裂者，豈非賴之于諸侯乎？自秦廢封建，愚弱黔首，而蠻夷猾夏、寇賊姦宄之禍烈矣。顧氏炎武欲寓封建之意于郡縣之中，抑亦救弊之良策乎！

〔二〕張惠言，虞氏易言，卷下。
〔三〕張惠言，虞氏易言，卷下。

明出地上，晉，君子以自昭明德。「昭」，鄭、虞皆作「照」。

鄭氏曰：「地雖生萬物，日出於上，其功乃著。故君子法之，而以明自昭其德。」〔一〕姚氏説以荀子曰：「在天者莫明於日月，在地者莫明於水火，在人者莫明於禮義。故日月不高，則光暉不赫；水火不積，則暉潤不博；禮義不加於國家，則功名不白。故人之命在天，國之命在禮。」〔二〕

初六，晉如摧如，貞吉。罔孚，裕无咎。

張氏曰：「初宜晉者也，其摧如，不得正也。康侯失位，天子暗也，其獨行固正矣，吉孰大焉？小人能摧君子之進，而不能撓其正也；小人能惡君子之正，而不能間其孚也。君子能自正以孚暗主，而不能不離小人之罔也，然能裕之，故无咎。」按，張就「康侯」言。程子曰：「晉之初六在下而始進，豈遽能深見信於上？苟上未見信，則當安中自守，雍容寬裕無急於求上之信也。苟欲信之心切，非汲汲以失其守，則悻悻以傷於義矣，故曰：『晉

〔一〕鄭玄，周易鄭注，王應麟輯，下經咸傳第四。

〔二〕張惠言，虞氏易言，卷下

如摧如，貞吉。罔孚，裕无咎。』然聖人又恐後之人不達寬裕之義，居位者廢職失守以爲裕，故特云初六，裕則无咎者，始進未受命當職任故也。若有官守，不信於上而失其職，一日不可居也。然事非一概，久速唯時，亦容有爲之兆者。」〔一〕程就凡仕進者言。

上九，晉其角，惟用伐邑。厲，吉，无咎。貞吝。

程子曰：「人之自治，剛極則守道愈固，進極則遷善愈速。如上九者以之自治，則雖傷於厲，而吉且无咎也。嚴厲非安和之道，而於自治則有功也。雖自治有功，然非中和之道，故於貞正之道爲可吝也。」〔二〕程以「伐邑」爲自治，與漢易異，然合于自照明德之用。

明夷：利艱貞。

鄭氏曰：「夷，傷也。日出地上，其明乃光。至其入地，明則傷矣，故謂之『明夷』。日之明傷，猶聖人君子有明德而遭亂世，抑在下位，則宜自艱，无幹事政，以避小人之害

〔一〕程頤，伊川易傳，下經傳卷五。
〔二〕程頤，伊川易傳，下經傳卷五。

也。」[一]張氏曰：「聖賢者，人君所以自明也。君雖不明，能明聖賢者不亡，『晉：康侯用錫馬蕃庶，晝日三接』是也。君不明，聖賢又從而夷之，聖人艱，天命改矣。」[二]

初九，明夷于飛，垂其翼；君子于行，三日不食。有攸往，主人有言。

程子曰：「明夷初九，事未顯而處甚艱，非見幾之明不能也，如是則世俗孰不疑怪？然君子不以世俗之見怪而遲疑其行也。若俟衆人盡識，則傷已及而不能去已。」[三]

君子于行，義不食也。

荀氏曰：「暗昧在上，有明德者義不食禄。」

九三，明夷于南狩，得其大首，不可疾貞。

九家易曰：「自暗復明，當以漸次，不可卒正。」

六五，箕子之明夷，利貞。

張氏曰：「傳曰：『以箕子歸，作洪範。』天人之大法，非箕子莫傳也，故于明夷也，

[一] 鄭玄，周易鄭注，王應麟輯，下經咸傳第四。
[二] 張惠言，虞氏易言，卷下。
[三] 程頤，伊川易傳，下經傳卷五。

著而立之。」[一]

箕子之貞，明不可息也。

姚氏曰：「五能自正，即成既濟；不自正，則三來據之矣。文王不忍殷之亡，故曰『明不可息』，言文不得已之思也。」[二]按，文王明夷，猶望箕子之貞。苟紂能用箕子，明猶未息，猶可以濟。至箕子爲之奴而入地失，則晦不能明矣。周公繫箕子於六五，而占曰『利貞』，孔子申之曰『明不可息』，皆所以曲達文王三分服事之心。

上六，不明晦，初登于天，後入于地。

鹽鐵論引易曰：「小人處盛位，雖高必崩。不盈其道，不恒其德，而能以善終身，未之有也，是以『初登于天，後入于地』。」張氏曰：「登于天者，臣之明也，君以保其國；入于地者，臣之夷也，君以喪其國。是故人君不以己明以人明，故可以守宗廟社稷，爲天下主也。」[三]侯氏曰：「此之二象，言晉與明夷往復不已，故見暗則伐取之，亂則治取之，

[一] 張惠言，虞氏易言，卷下。
[二] 姚配中，周易姚氏學，卷十。
[三] 張惠言，虞氏易言，卷下。

聖人因象設誡也。」「故見暗則伐取之」，似當爲「欲見暗則明伐之」。

家人：利女貞。

張氏曰：「正莫難于家人，家人正，天下正矣；家人貞莫難于女，女正，家人正矣。言行，君子所以動天地也，其正之端視于女。故君子反身以家人爲效，刑于寡妻，至于兄弟，以御于家邦。家人，王道之本也。」[一]王氏應麟曰：「家人卦辭曰『利女貞』，男正易，女正難。二南之詩，以化行閨門爲極致。上九之象曰『反身之謂也』，身正則家正矣。」[二]

家人有嚴君焉，父母之謂也。

惠氏説以孝經曰：「親生之膝下，以養父母日嚴。」[三]

父父、子子、兄兄、弟弟、夫夫、婦婦，而家道正，正家而天下定矣。

陸氏曰：「聖人教先從家始，家正而天下化之，修己以安百姓者也。」程子曰：「正

[一] 張惠言，虞氏易言，卷下。
[二] 王應麟，困學紀聞，卷一。
[三] 惠棟，周易述，卷九。

倫理，篤恩義，家人之道也。」〔一〕王氏應麟曰：「易言積善曰家，大學言興仁興讓曰家，家可以不正乎？」〔二〕

君子以言有物而行有恒。

荀氏曰：「君子之言，必因其位。位大言大，位小言小，不在其位，不謀其政，故『言有物』也。」王氏應麟曰：「言行可以欺於人，而不可以欺於家，故家人之象曰：『君子以言有物而行有恒。』」〔三〕惠氏曰「身修而後家齊，故言有物而行有恒。」

初九，閑有家，悔亡。

王氏應麟曰：「蒙之初曰『發』，家人之初曰『閑』，顔氏家訓謂『教兒嬰孩，教婦初來』。」〔四〕

六二，无攸遂，在中饋，貞吉。

鄭氏曰：「『无攸遂』，言婦人无敢自遂也。」〔五〕程子曰：「人之處家，在骨肉父子之

〔一〕程頤，伊川易傳，下經傳卷五。
〔二〕王應麟，困學紀聞，卷一。
〔三〕王應麟，困學紀聞，卷一。
〔四〕王應麟，困學紀聞，卷一。
〔五〕鄭玄，周易鄭注，王應麟輯，下經咸傳第四。

間，大率以情勝理，以恩奪義。惟剛立之人，則能不以私愛失其正理，故家人卦大要以剛爲善。」[一]按，此據初三上言。江氏永曰：「九五剛而得中，尤善之至。」

六四，富家，大吉。

張氏曰：「詩曰『宜其家人』，六四之謂也。順于舅姑，應于夫，以守家，則曰『富家，大吉』。」[二]

九五，王假有家，勿恤，吉。

張氏曰：「父子相愛也，兄弟相愛也，夫婦相愛也，謂之家之大。王者以天下爲家，君臣上下如父子、兄弟、夫婦之相愛也，謂之大有家。」[三]

王假有家，交相愛也。

惠氏曰：「父子、兄弟、夫婦，各得其正，人人親其親，長其長，而天下平，是交相

[一] 程頤，伊川易傳，下經傳卷五。
[二] 張惠言，虞氏易言，卷下。
[三] 張惠言，虞氏易言，卷下。

愛之義。」〔一〕姚氏曰：「賈子曰：『禮，天子愛天下，諸侯愛境内，大夫愛官屬，士庶各愛其家。失愛不仁，過愛不義，故禮者，所以守尊卑之經、强弱之稱者也。』交相愛，亦愛之以禮而已。」〔二〕

威如之吉，反身之謂也。

程子曰：「爻辭謂治家當有威嚴，而夫子又復戒云當先嚴其身也。威嚴不先行于己，則人怨而不服。」〔三〕姚氏説以月令曰：「以道教民，必躬親之。孔子曰：『得之於身者得之人，失之於身者失之人，不出於門户而天下治者，其唯知反於己身者乎？』」〔四〕

睽

周子曰：「治天下有本，身之謂也，治天下有則，家之謂也。本必端，端本，誠心而已矣；則必善，善則，和親而已矣。家難而天下易，家親而天下疏也。家人離必起於婦

〔一〕惠棟，周易述，卷十六。
〔二〕姚配中，周易姚氏學，卷十。
〔三〕程頤，伊川易傳，下經傳卷六。
〔四〕姚配中，周易姚氏學，卷十。

人，故暌次家人，以二女同居而志不同行也。堯所以釐降二女於嬀汭，舜可禪乎？吾茲試矣。是治天下觀於家，治家觀身而已矣。」[一]

暌：小事吉。

張氏曰：「陰陽不暌，不足以成物；男女不暌，不足以際會。準繩規矩，暌其施也；殺生刑德，暌其治也。暌者，所以同。同而異，則暌道也，其失則乖。乖也者，不交也；不交也者，不正也；不正也者，疑也。疑之暌，微矣哉！疑不始于大，始于小，是以『小事吉』也。」[二]

暌之時用大矣哉！

惠氏曰：「天地、男女、萬物，皆有乖違之象，非義之常。惟盡性之聖人，能用以盡人性，盡物性，而贊化育，故曰『大』也。」[三]張氏曰：「五能孚惡人之强，通積疑之蔽，

〔一〕周敦頤，通书，家人暌復无妄三十二。
〔二〕張惠言，虞氏易言，卷下。
〔三〕惠棟，周易述，卷九。

故曰『時用大矣』。」[一]

君子以同而異。

荀氏曰：「大歸雖同，小事當異。百官殊職，四民異業，文武並用，威德相反，共歸於治，故曰『君子以同而異』也。」程子曰：「聖賢之處世，在人理之常，莫不大同。於世俗所同者，則有時而獨異。不能大同者，亂常拂理之人也；不能獨異者，隨俗習非之人也。要在同而能異耳。」[二]

初九，悔亡；喪馬勿逐，自復；見惡人，无咎。

程子曰：「睽之初九，當睽之時，雖同德者相與，然小人乖異者至衆，若棄絶之，不幾盡天下以仇君子乎？如此則失含宏之義，致凶咎之道也，又安能化不善而使之合乎？故必見惡人則无咎也。古之聖王所以能化姦凶爲善良，革仇敵爲臣民者，由弗絶也。」[三]

[一] 張惠言，虞氏易事，卷下。
[二] 程頤，伊川易傳，下經傳卷六。
[三] 程頤，伊川易傳，下經傳卷六。

九二，遇主于巷，无咎。

程子曰：「睽之九二，當睽之時，君心未合，賢臣在下，竭力盡誠，期使之信合而已。至誠以感動之，盡力以扶持之，明理義以致其知，杜蔽害以誠其意，如是宛轉以求其合也。遇非枉道逢迎也，巷非邪僻由徑也，故象曰：『遇主於巷，未失道也。』」〔二〕

无初有終，遇剛也。

程子曰：「不正而合，未有久而不離者也。合以正道，自無終睽之理。故賢者順理而安行，智者知幾而固守。」〔三〕當俟五正，而與上易位。

上九，睽孤。

程子曰：「睽極則咈戾而難合，剛極則躁暴而不詳，明極則過察而多疑。睽之上九有六三之正應，實不孤，而其才性如此，自睽孤也。如人雖有親黨，而多自疑猜，妄生乖

〔二〕程頤，伊川易傳，下經傳卷六。
〔三〕程頤，伊川易傳，下經傳卷六。

離。雖處骨肉親黨之間，而常孤獨也。」〔一〕與虞氏上睽三義合。

蹇

張氏曰：「蹇時維得賢可以濟之，二五相應中正，君臣同心以濟蹇。卦辭曰『利見大人』，二曰『王臣蹇蹇』，方蹇之時，專任一人，則得其用。若羣臣各逞其志，則生事多矣，故諸爻並戒其往。」〔二〕

君子以反身修德。

程子曰：「君子之遇艱阻，必思自省於身，有失而致之乎？有所未善則改之，無歉於心則加勉，乃自修其德也。」〔三〕

六二，王臣蹇蹇，匪躬之故。

張氏曰：「王臣者，鞠躬盡瘁，死而後已，蹇之又蹇，弗敢辭也。」〔四〕

〔一〕程頤，伊川易傳，下經傳卷六。
〔二〕張惠言，虞氏易事，卷下。
〔三〕程頤，伊川易傳，下經傳卷六。
〔四〕張惠言，虞氏易言，卷下。

九五，大蹇，朋來。

張氏曰：「能任賢也，能知時也，能反身也。」〔一〕王氏應麟曰：「大蹇明來，進君子之真朋也；涣其羣，退小人之僞朋也。」〔二〕姚氏説以文王之事曰：「五居中處正，上下應之，故朋來以服事殷，不敢失臣節也，故曰『以中節』。諸侯歸周臣，於周也謂之爲朋，不敢臣也，以服事殷，是爲中節。」〔三〕

上六，往蹇，來碩，吉，利見大人。

姚氏曰：「往而遇難，來復自修，大其德也。反身修德，不敢尤人，故『吉，利見大人』，喻文之小心翼翼事君，終臣節也。紂雖不道，以服事殷，文王視之，猶聖主也，故『利見大人』。孟子曰：『王庶幾改之，予日望之。』文王之心，亦猶是也。」

解：利西南；无所往，其來復，吉；有攸往，夙吉。

程子曰：「西南，坤方。坤之體廣大平易，當天下之難方解，人始離艱苦，不可復以

〔一〕張惠言，虞氏易言，卷下。
〔二〕王應麟，困學紀聞，卷一。
〔三〕姚配中，周易姚氏學，卷十。

煩苛嚴急治之，當濟以寬大簡易，乃其宜也。既解其難，而安平無事矣，是无所往也。則當修復治道，正紀綱，明法度，進復先代明王之治，是來復也，謂反正理也。自古聖王救難定亂，其始未暇遽爲也。既安定，則爲可久可繼之治。自漢以下，亂既除，則不復有爲，姑隨時維持而已。故不能成善治，蓋不知來復之義也。『有攸往，夙吉』，謂尚有當解之事，則早爲之，乃吉也。當解而未盡者，不早去則將復盛，事之復生者，不早爲則將漸大，故夙則吉也。」〔一〕王氏應麟曰：「坤曰『早辨』，解曰『夙吉』，治之於未亂，爲之於未有，在周子謂之幾，在張子謂之豫。」〔二〕

九二，田獲三狐。

王氏應麟曰：「世之治也，君子以直勝小人之邪，易曰：『田獲三狐，得黄矢。』世之亂也，小人以狡勝君子之介，詩曰：『有兔爰爰，雉離于羅。』」〔三〕

〔一〕程頤，伊川易傳，下經傳卷六。
〔二〕王應麟，困學紀聞，卷一。
〔三〕王應麟，困學紀聞，卷一。

六三，負且乘，致寇至，貞吝。

張氏曰：「解之小人皆孚也，而三不與焉，據位也。其勢重，其惡稔，其罪不可宥，射之爾矣，討罪正也。曰『寇』何也？君子之解也，惟有孚於小人，小人悖君子，以爲恥也，故曰『寇』之云爾。貞吝，爲君子也。」〔一〕按，張據三伏陽出言。程子曰：「小人而竊盛位，雖勉爲正事，而氣質卑下，本非在上之物，終可吝也。若能大正則如何？曰：大正非陰柔所能也。若能之，則是化爲君子矣。」〔二〕按，程據三自正，言小人終不能自正，故吝。

六五，君子惟有解，吉，有孚于小人。

顧氏炎武曰：「君子之於小人也，有知人則哲之明，有去邪勿疑之斷，堅如金石，信如四時，使憸壬之類，皆知上志之不可移，豈有不革面而從君者乎？所謂『有孚於小人』者如此。」〔三〕

〔一〕張惠言，虞氏易言，卷下。
〔二〕程頤，伊川易傳，下經傳卷六。
〔三〕顧炎武，日知録，卷一。

上六，公用射隼于高墉之上，獲之，无不利。

張氏曰：「隼，殺禽也；高庸，亢位也。居高位而害物者，君子所射也。曰『公』，成乎其爲君也；『獲之』，大其功也。然則何不利之有？曰：孚于小人，君子志也。射隼非君子志也，『无不利』，嫌也。」〔二〕姚氏曰：「高墉見者博，言去惡明，无所蔽也。紂爲不道，崇、密助之，伐崇伐密，文爲紂解悖耳，豈文有覬覦之心哉？西伯戡黎，祖伊奔告，以文爲紂解悖，而紂乃日甚，知天命之必歸周，故但責紂自絶，不言文也。」〔三〕

損益

唐陸宣公奏狀曰：「臣聞立國之本在乎得衆，得衆之要在乎見情。故仲尼以謂人情者聖王之田，言理道所由生也。是則時之否泰，事之損益，萬化所繫，必因人情。情有通塞，故否泰生；情有薄厚，故損益生。通天下之情者，莫智於聖人；盡聖人之心者，莫深於易象。其別卦也，乾下坤上則曰泰，坤下乾上則曰否；其取象也，損上益下則曰益，

〔二〕張惠言，虞氏易言，卷下。
〔三〕姚配中，周易姚氏學，卷十。

損下益上則爲損。乾爲天、爲君，坤爲地、爲臣，天在下而地處上，于位乖矣，而反謂之泰者，上下交故也；君在上而臣處下，于義順矣，而反謂之否者，上下不交故也。氣不交則庶物不育，情不交則萬邦不和。天氣下降，地氣上騰，然後歲功成；君澤下流，臣誠上達，然後理道立。損益之義亦猶是焉。上約己而裕於人，人必悦而奉上矣，豈不謂之益乎？上蔑人而肆諸己，人必怨而叛上矣，豈不謂之損乎？然則上下交而泰，不交而否，自損者人益，自益者人損，情之得失，豈容易哉？」〔二〕周子曰：「君子乾乾不息於誠，然必懲忿窒慾、遷善改過而後至。乾之用其善是，損益之大莫是過，聖人之旨深哉！吉凶悔吝生乎動。噫！吉一而已，動可不慎乎？」〔三〕張氏惠言曰：「孔子曰：『原始反終，故知死生之説。』人以陽生。復，人之始也，坤，人之終也。自復而臨而泰謂之息，人之少而壯也；自否而觀而剥而入於坤謂之消，人之老而死也。獨陽不生，獨陰不生。陽爲主則陰成之，復臨之時有姤遯，不足以消復臨也；陰爲主則陽伏藏而不勝，觀剥之時有大

〔二〕司馬光，資治通鑑，卷二百二十九，唐紀四十五。
〔三〕周敦頤，通書，乾損益動三十一。

壯乾，不足以息觀剥也。往來者，惟泰否焉，故泰否者，盛衰之樞也。君子泰則不使爲否，否則能使爲泰，其用在損益，故曰『損益，衰盛之始也』。『乾道變化，各正性命，保合太和，乃利貞。』言陰變陽化，六位各正，如既濟也。故損之變爲既濟則不反否，益之變爲既濟則反泰，所謂『各正性命』也。性者，人之成也，于卦爲震；命者，天之令也，于卦爲巽。益之爲象也，復乎性而盡命，損象反之。反性命者不可以久，故『可貞』，正其性命也。故人之盛也而忽衰，忿欲害之也，懲忿窒慾，損之道也，雖常泰可也。人之既衰也，是忿與欲之過也，遷善改過，益之道也，雖反泰可也。君子窮理盡性以至於命，如此而已。雖然，君子豈以爲常盛而不衰哉？性也者，人之成也；命也者，天之令也。成于性者，吾勿暴之而已；命于天，吾何知焉？苟求知，是乃欲也。一陰一陽之謂道，既濟之象是也。君子之正性命也，爲明道也，爲行道也，内以益其心，而外以益於人也。君子之所汲汲皇皇而有事者，在損曰『利有攸往』，言懲忿窒欲之當有事也。『曷之用？二簋可用享。』二簋者，祭禮也；可用者，誠也。天子祭八簋，降損至士而用二敦，同姓則二簋，謂禮之别尊卑、定親疏也。夫忿之來也，愛人而不親也，禮人而不答也，則分不正，倫不序，而誠不至也。二簋可用享而横逆如故，則妄人而已矣，君子不忿也。夫欲生于不知足，不知足生于不知禮，二簋用享，禮如是，不敢過也，不敢過而欲不窒者寡矣。使『損其疾，使遄有喜』，明忿之無自來也；『或益之十朋之龜』，明不待欲而足也，是損之義也。其在益曰『利有攸往，利涉大川』，言遷善改過之當有事也。夫不明于善之爲善，過之爲過，而遷之改之者，必不益矣。何以明之？曰禮也。夫禮有文焉，有數焉，非可以意造也，故得過其過而善其善。益之二曰『享帝』，吉禮之大者也；三『用圭』，凶禮之大者也；四『遷邦』，軍禮之大者也；『中行告公』，賓禮之大者也。故吉、凶、軍、賓之禮具，而後可以遷，可以改，是益之義也。抑又聞之：財者，生人之大命。泰之象曰：『后以財成天地之道，輔相天地之宜，以左右民。』君子所以成天地，佐百姓，舍財無以也。君子之財，用之以禮。二簋非少也，十朋非多也。君子之用財也，使親者加親，而疏者不遠也，尊者加尊，而卑者不淩也，二簋用享之謂也。既辨其親疏尊卑矣，又辨其賢不肖，『或益之十朋之龜』之謂也。夫然，故百姓戴之于下，『有孚惠我德』之謂也。賢士奉之于上，『得臣无家』之謂也。」又曰：「易之象曰：『風雷，益，君子以見善則遷，有過則改。』解之者曰：君子謂乾也。益之初，否之上，乾也；其四，否之三，坤也。坤進而居乾，是謂遷善；乾降而正坤，是謂改過。改過之道，不可以不重也，如雷然赫乎，其動之也；遷善之道，不可以不輕也，如風然泠乎，其入之也。故曰：『益動而巽，日進無疆。』此君子所以終日乾乾，夕惕若夤者也。君子之學始于自知，而訖于自成。始于自知者，能見善與過之謂也。非所善而善，是謂僭；非所過而過，是謂誣。誣且僭，君子雖自反，其能益乎？夫決嫌疑，定猶豫，别是非，舍禮何以治之？故禮者，道義之繩檢，言行之大防，進德修業之規矩也。君子必學禮，然後善其所善，而過其所過。益之初曰『利用爲大作』，大作，國之大事，祀與戎也；其二曰『王用亨于帝』，亨者，祀也；其三曰『益之用凶事』，凶事，喪也；其四曰『中行告公從』，告公，朝聘之禮也；『利用爲依遷邦』，言大封也：故吉、凶、軍、賓之禮具于益焉。君子于以考善，于以鑒慝，是謂自知。訖于自成者，無吝于始，無怠于終，變動不居而常執其貞。『無吝于始』者，益之初復也，復小而辨于物。既以辨之，君子不如是則不樂，故『傾否，先否後喜』也。『無怠于終』者，益之成泰也。乾動而下，坤動而上，乾德也，坤業也。業日進而照之以德光，故曰『自上下下，其道大光』也。『變動不居而常執其貞』者，益之用既濟也。不正不益，故曰『或益之十朋之龜，永貞吉』。离，龜也，兑，朋也，貞，正也，言三正离而下益兑也。其在上曰『莫益之，或擊之，立心勿恒，凶』。『莫益之』者，上不來也；『或擊之』者，初將壞也；『立心勿恒』者，巽爲坎，濟未泰也。夫時者有變而禮無不宜，君子務正其道，正其道而勿有，守之以恒，是以大通，易曰：『損益盈虚，與時偕行。』此之謂也。」[一]

損

張氏曰：「損，衰之始。序卦曰：『緩必有所失，故受之以損。』謂泰道已盛，人心解緩，則必衰損。損之時，唯禮可以已之。禮莫大于祭，故舉二簋用亨。」[二]又曰：「損之難，難乎其有孚也。損下益上，輸將云乎？力役云乎？无孚以爲暴也，有孚以爲禮也。昔者先王分天下以養百姓，合百姓以養君，度田以税而砥其遠邇，制力以任而議其老幼。然故民得其職而禍亂不作也。」[三]程子曰：「損者，損過而就中，損浮末而就本實也。天下

[一] 張惠言，茗柯文编，二编卷上，遷改革序。
[二] 張惠言，虞氏易事，卷下。
[三] 張惠言，虞氏易言，卷下。

之害，無不由末之勝也。峻宇雕墻本於宮室，酒池肉林本於飲食，淫酷殘忍本於刑罰，窮兵黷武本於征討。凡人欲之過者，皆本於奉養，其流之遠，則爲害矣。先王制其本者，天理也；後人流於末者，人欲也。損之義，損人欲以復天理而已。」〔一〕

九二，弗損益之。

程子曰：「不自損其剛貞，則能益其上，乃『益之』也。若失其剛貞，而用柔說，適足以損之而已。世之愚者，有雖無邪心，而惟知竭力順上爲忠者，蓋不知『弗損益之』之義也。」〔二〕此據以忠諫益上，言以二之剛益五之柔，二守中而自正，則損成益。與虞氏爻變義合。

一人行，三則疑也。

惠氏曰：「疑則不一。」〔三〕姚氏說以劉子政封事曰：「夫執狐疑之心者，來讒賊之口；持不斷之意者，開羣枉之門。讒邪進則衆賢退，羣枉盛則正士消。」〔四〕

〔一〕程頤，伊川易傳，下經傳卷六。
〔二〕程頤，伊川易傳，下經傳卷六。
〔三〕惠棟，周易述，卷十二。
〔四〕姚配中，周易姚氏學，卷十。

六四，損其疾，使遄有喜。

顧氏炎武曰：「損不善而從善者，莫尚乎剛，莫貴乎速。初九曰『已事遄往』，六四曰『使遄有喜』，四之所以能遄者，賴初之剛也。周公思兼三王，以施四事，其有不合者，仰而思之，夜以繼日，幸而得之，坐以待旦。子路有聞，未之能行，惟恐有聞。其遄也至矣。文王之勤日昃，大禹之惜寸陰，皆是道也。君子進德修業，欲及時也。故爲政者玩歲而愒日，則治不成；爲學者日邁而月征，則身將老矣。」〔一〕張氏曰：「飲食男女，人之大欲存焉。然而生禍者，不節也。禮者，通人情而道之和，使人遂其樂而遠其禍。『損其疾，使遄有喜』，禮之功也。民遷善遠罪，而不知其所以然，故无咎。」〔二〕姚氏説以潛夫論曰：「凡治病者，必先知脈之虚實，氣之所結，然後爲之方，故疾可愈而壽可長也。爲國者，必先知民之所苦，禍之所起，然後設之以禁，則姦可塞、國可安矣。」〔三〕

〔一〕顧炎武，日知録，卷一。
〔二〕張惠言，虞氏易言，卷下。
〔三〕姚配中，周易姚氏學，卷十。

上九，弗損益之。

顧氏炎武曰：「有天下而欲厚民之生，正民之德，豈必自損以益人哉？不違農時，穀不可勝食也；數罟不入洿池，魚鱉不可勝食也；斧斤以時入山林，材木不可勝用也。所謂『弗損益之』者也。皇建其有極，斂時五福，用敷錫厥庶民。詩曰：『奏格無言，時靡有爭。』是故君子不賞而民勸，不怒而民威於鈇鉞，所謂『弗損益之』者也。以天下爲一家，中國爲一人，其道在是矣。」〔一〕

得臣无家。

谷永曰：「王者臣天下，无私家也。」張氏曰：「自上曰『友』，自下曰『臣』。友不得，无以爲益也。得臣无家，天下一也。是以治天下在得人。」〔二〕

益

鄭氏曰：「人君之道，以益下爲德。」〔三〕宋氏曰：「明君之德，必須損己而利人，則下

〔一〕顧炎武，日知録，卷一。
〔二〕張惠言，虞氏易言，卷下。
〔三〕鄭玄，周易鄭注，王應麟輯，下經咸傳第四。

盡益矣。」

君子以見善則遷。

法言曰：「吾不覿參辰之相比也，是以君子貴遷善。遷善者，聖人之徒與？」〔一〕

初九，利用為大作。

張氏曰：「益民之大莫若農。」〔二〕

元吉，无咎，下不厚事也。

程子曰：「在下者本不當處厚事。厚事，重大之事也。以爲在上所任，所以當大事，必能濟大事而致元吉，乃爲无咎。能致元吉，則在上者任之爲知人，已當之爲勝任。不然，則上下皆有咎也。」〔三〕此言在下者不可徒受上之益。

六二，或益之十朋之龜，弗克違，永貞吉。王用亨于帝，吉。

孔子曰：「益者，正月之卦也。天氣下施，萬物皆益，言王者之法天地，施政教，而

〔一〕楊雄，法言，學行卷第一。
〔二〕張惠言，虞氏易事，卷下。
〔三〕程頤，伊川易傳，下經傳卷六。

天下被陽德，蒙王化，如美寶莫能違害，永貞其道，咸受吉化，德施四海，能繼天道也。『王用享于帝』者[一]，言祭天也。三王之郊，一用夏正。天氣三微而成一著，三著而成一體。方此之時，天地交，萬物通，故泰益之卦皆夏之正也。此四時之正，不易之道也。故三王之郊，一用夏正，所以順四時，法天地之道也。」[二]

九五，有孚惠心，弗問元吉，有孚惠我德。

姚氏說以呂覽曰：「聖人南面而立，以愛利民爲心，號令未出而天下皆延頸舉踵矣，則精通乎民也。」[三]

上九，莫益之，或擊之，立心勿恒，凶。

程子曰：「理者，天下之至公；利者，衆人所同欲。苟公其心，不失其正理，則與衆同利，無侵於人，人亦欲與之。若切於好利，蔽於自私，求自益以損於人，則人亦與之

[一]「享」，經文原爲「亨」。

[二] 易緯乾鑿度，卷上。

[三] 姚配中，周易姚氏學，卷十。

力爭，故莫肯益之，而有擊奪之者矣。」[一]此言在上者不可妄求益。王氏應麟曰：「廉恥，國之脈也，廉恥泯則國從之。是以楚瓦好賄，郢城危；晉盈求貨，霸業衰；秦賂讒牧，遷爲虜；漢金間增，垓敗羽。利之覆邦，可畏哉！大學之末，七篇之始，所以正人心，塞亂原也。在益之屯曰：『莫益之，或擊之。』」[二]

夬：揚于王庭，孚號有厲。告自邑，不利即戎，利有攸往。

鄭氏曰：「夬，決也。陽氣浸長至於五。五，尊位也，而陰先之，是猶聖人積德，説天下以漸，消去小人，至於受命爲天子，故謂之『夬』。揚，越也。五互體乾，乾爲君，又居尊位，王庭之象也。陰爻越其上，小人乘君子，罪惡上聞於聖人之朝，故曰『夬：揚于王庭』也。」[三]張氏曰：「小人而不揚于王庭，无所用夬也。高其位，厚其勢，而欲誦言誅之，危矣哉！孚號者，謀之密也；有厲者，戒之豫也；告自邑者，殊其黨也；不

[一] 程頤，伊川易傳，下經傳卷六。
[二] 王應麟，困學紀聞，卷一。
[三] 鄭玄，周易鄭注，王應麟輯，下經夬傳第五。

利即戎，阻其爭也；利有攸往，勇之決也。」〔一〕許氏說文序曰：「『夬：揚于王庭』，言文者宣教明化于王者朝廷。」按，此別一說。或許君斷章取義。

其危乃光也。

干氏曰：「德大而心小，功高而意下。」

初九，壯于前趾，往不勝為咎。

張氏曰：「四人同德，而一人異之，敗矣。異之者，非異心也，謀不協也。知其謀之不足以決也，而過而從之，欲以集事，必咎之勢也。是故君子自正，不枉己以倖功。」〔二〕姚氏曰：「陰已至上，初不能及，故『往不勝爲咎』。孫子曰：『夫未戰而廟算勝者，得算多也；未戰而廟算不勝者，得算少也。』又曰：『勝兵先勝而後求戰，敗兵先敗而後求勝。』」〔三〕案，姚說與張異。

〔一〕張惠言，虞氏易言，卷下。
〔二〕張惠言，虞氏易言，卷下。
〔三〕姚配中，周易姚氏學，卷十一。

九二，惕號莫夜，有戎勿恤。

張氏曰：「惕者，警于中也；號者，有應于上也。自莫夜而然矣，非一朝夕也。卽戎，亂也；有戎，備也；有厲，戒也；勿恤，明也。君子有戎而不卽也，有厲而勿恤也，故曰『決而和』。」[一]程子曰：「二非正而勿恤者，既得中道，又知惕懼，且有戒備，何事之足恤？知時識務，學易之大方也。」[二]

九三，壯于頄，有凶。君子夬夬，獨行遇雨，若濡有愠，无咎。

張氏曰：「君子過而交小人，必受其凶。面相接也，故傷于頄。『君子夬夬』，不以私廢公也；『若濡有愠』，義斷情也，故无咎。晏嬰猶難之，朱建、蔡邕奚譏焉？」[三]

九五，莧陸夬夬，中行无咎。

程子曰：「夫人心正意誠，乃能極中正之道，而充實光輝。若心有所比，以義之不可而決之，雖行於外，不失其中正之義，可以无咎，然於中道，未得爲光大也。蓋人心一有

[一] 張惠言，虞氏易言，卷下。
[二] 程頤，伊川易傳，下經傳卷六。
[三] 張惠言，虞氏易言，卷下。

所欲，則離道矣，故夬之九五曰『莧陸夬夬，中行无咎』，兩象曰『中行无咎，中未光也』，夫子於此示人之意深矣！」〔一〕案，五爲決陰之主，非説小人者，「中未光」就陰未去而言。程説與古義不同，然於「居德則忌」之旨得之。

上六，无號，終有凶。

張氏曰：「小人之勢盛，必號其黨；小人之勢孤，必號君子。小人同惡，亂之所以成也；君子姑息，亂之所以蓄也。『告自邑，不即戎』，則小人不可得而號也；『獨行遇雨』『牽羊悔亡』，則君子不可得而號也。故治小人者，使之无號而已。苟无號矣，雖未凶，知其凶也。」〔二〕

姤：女壯，勿用取女。釋文：「『姤』，古文作『遘』。」

鄭氏曰：「遘，遇也。苟相遇耳，非禮之正，壯健以淫，故不可取婦人，以婉娩爲其德也。」〔三〕王氏應麟曰：「五陽之盛而一陰生，是以聖人謹於微。齊桓公七年始霸，十四年

〔一〕程頤，伊川易傳，下經傳卷六。
〔二〕張惠言，虞氏易言，卷下。
〔三〕鄭玄，周易鄭注，王應麟輯，下經夬傳第五。

陳完奔齊，亡齊者已至矣；漢宣帝甘露三年，匈奴來朝，而王政君已在太子宫；漢太宗以武德丙戌即位，而武氏已生於前二年；我藝祖受命之二年，女真來貢，而宣和之禍乃作於女真。張芸叟曰：『易者，極深而研幾。當潛而勿用之時，必知有亢；當履霜之時，必知有戰。』」〔二〕顧氏炎武曰：「天下之生久矣，一治一亂。盛治之極而亂萌焉，此一陰遇五陽之卦也。孔子之門，四科十哲，身通六藝者七十有二人，於是删詩、書，定禮樂，贊周易，脩春秋，盛矣！而老、莊之書即出於其時。後漢立辟雍，養三老，臨白虎，論五經太學，諸生至三萬人，而三君、八俊、八顧、八及、八厨爲之稱首，馬、鄭、服、何之注，經術爲之大明，而佛道之教即興於其世。是知邪説之作，與世升降，聖人之所不能除也。嗚呼！豈獨君子小人之辨而已乎？」〔三〕

天地相遇，品物咸章也。

荀氏曰：「謂乾成於巽而舍於离。坤出於离，與乾相遇，南方夏位，萬物章明也。」

〔二〕王應麟，困學紀聞，卷一。

〔三〕顧炎武，日知録，卷一。

剛遇中正，天下大行也。

張氏曰：「姤初陰陽爭，死生分，君子小人之幾，故姤言防小人，即言用君子。『繫於金柅』小人也，『有隕自天』君子也。諸儒並言制陰耳，唯程傳云：『人君至誠，降屈以求天下之賢，未有不遇者。高宗感于夢寐，文王遇于漁釣，皆由是道也。』與象爲脗合。」[一]又曰：「小人之爲害，猶女也。女之不取曰妾，妻正於內，則羣妾不得而傷也。聖王用君子以正小人，舉直錯諸枉，則枉者直矣。『剛遇中正，天下大行』，此之謂也。」[二]

后以施命誥四方。

惠氏曰：「復閉關，不省方，所以助微陽之息；姤施命誥四方，所以布盛陽之德。」[三]

初六，繫于金柅，貞吉。有攸往，見凶。羸豕孚蹢躅。古文作「蹢䠱」。

張氏曰：「金柅者，女子之所有事也。女事絲枲，自夫人、嬪御以至庶女，未有無事

[一] 張惠言，虞氏易事，卷下。
[二] 張惠言，虞氏易言，卷下。
[三] 惠棟，周易述，卷十二。

者也，故其女子勤而不淫。小人非无才也，任之以其事，官之以其職，使之有所繫，而不敢爲惡也，則吉而正矣。陰遘陽必消，小人用必害。能見之者，其知幾乎？君子見其微，知其著，操而繫之，若羸豕然，使其孚也。雖蹢躅，其亦可以不凶矣。」[一]王氏應麟曰：「一許敬宗在文館，唐爲武氏矣；一楊畏居言路，元祐爲紹聖矣。羸豕之孚，可不戒哉？」[二]

九三，臀无膚，其行次且，厲，无大咎。

張氏曰：「小人之用也，其始必有君子者，過而援之；小人之不退也，亦必有君子者，過而存之。『臀無膚，其行次且』，君子之過也，故厲；自正也，故无大咎。豕孚之凶乎，非知幾，孰能見之？」[三]

九四，包无魚，起凶。

顧氏炎武曰：「國猶水也，民猶魚也。幽王之詩曰：『魚在于沼，亦匪克樂。潛雖伏

〔一〕張惠言，虞氏易言，卷下。
〔二〕王應麟，困學紀聞，卷一。
〔三〕張惠言，虞氏易言，卷下。

矣，亦孔之昭。憂心慘慘，念國之爲虐。』秦始皇八年，河魚大上。五行志以爲魚陰，類民之象也。逆流而上，言民不從君爲逆行也。自人君有求多於物之心，於是魚亂於下，鳥亂於上，而人情之所嚮，必有起而收之者矣。」〔二〕姚氏曰：「四失位，自遠其民。民爲邦本，遠民，凶所由起。莫之與，則傷之者至矣，言陰不應而消陽也。陰長消陽，絶之甚則横行，若防川。然順而道之，陰亦能養物，天地相遇，乃以成既濟之功也。陰本順陽，遏之甚則變陽，從内消也；民本順君，遠之甚則叛君，從内潰也。賈子曰：『刑罰不可以慈民，簡泄不可以得士。故有不能求士之君，而無不可求之士；有不能治世之吏，而無不可治之民。』」〔三〕按，陰象小人，又象民。以小人言，則當遠；以民言，則不可遠。

九五，以杞包瓜，含章，有隕自天。

張氏曰：「陽非陰不成，夫非婦不生。『以杞包瓜』，剛柔接也。案，此據陰從陽言。美在其中，發于事業，盛德也。陰陽消息，命也；其爲之，人也。有其志，无其人，天下不可得而理

〔二〕顧炎武，日知録，卷一。
〔三〕姚配中，周易姚氏學，卷十一。

也。君子見其凶，求其吉，天右其志，而輔之以人。『有隕自天』，言得人也，五志也。」〔一〕顧氏炎武曰：「劉昭五行志曰：『瓜者外延，離本而實，女子外屬之家。』一陰在下，如瓜之始生，勢必延蔓而及於上。五以陽剛居尊，如樹杞然，使之無所緣而上，故曰『以杞包瓜』。孔子曰：『惟女子與小人爲難養也。』顰笑有時，恩澤有節，器使有分，而國之大防不可以逾，何有外戚宦官之禍乎？」〔二〕按，此據陽防陰言。

萃：亨，王假有廟，利見大人，亨，利貞。用大牲吉，利有攸往。

鄭氏曰：「萃，聚也。坤爲順，兑爲説，臣下以順道承事，其君説德，居上待之。上下相應，有事而和通，故曰『萃亨』也。」〔三〕程子曰：「羣生至衆也，而可一其歸仰；人心莫知其鄉也，而能致其誠敬；鬼神之不可度也，而能致其來格。天下萃合人心、總攝衆志之道非一，其至大莫過於宗廟，故王者萃天下之道，至於有廟，則萃道之至也。祭祀

〔一〕張惠言，虞氏易言，卷下。
〔二〕顧炎武，日知録，卷一。
〔三〕鄭玄，周易鄭注，王應麟輯，下經夬傳第五。

之報本於人心，聖人制禮以成其德耳，故豺獺能祭，其性然也。」[二]張氏曰：「物有主而後萃。王者，天下之主也，故萬方萃焉；孝子者，鬼神之主也，故祖考萃焉；大人者，衆正之主也，故萬物利見焉。王者能萃天下，然後可以事宗廟；能事宗廟，然後可以正諸侯；能正諸侯，然後可以發大役、用大衆。衆之亂，亂于不信也；不信之亂，亂于不正也。『亨，利貞』，正之也；『用大牲』，信之也。如是可以順天命、討不庭矣。」[三]

利見大人，亨，聚以正也。

姚氏説以潛夫論曰：「否泰消息，陰陽不並。觀其所聚，而興衰之端可見也。」[三]

觀其所聚，而天地萬物之情可見矣。

呂覽曰：「賢者所聚，天地不壞，鬼神不害，人事不謀，此五常之本事也。」

初六，若號，一握為笑。

張氏曰：「古者士聞當發，則歌呼讙舞，樂王事之速成也，孚故也。」[四]

[二] 程頤，伊川易傳，下經傳卷六。
[三] 張惠言，虞氏易言，卷下。
[三] 姚配中，周易姚氏學，卷十一。
[四] 張惠言，虞氏易言，卷下。

六二，引吉，无咎，孚乃利用禴。

張氏曰：「聖人在上，能使天下相引而歸於天子，天子以信接之。傳曰：『四海之內，各以其職來祭。』孚之至也。」〔一〕

上六，齎咨涕洟，无咎。「咨」，虞作「資」。

張氏曰：「鄰國有喪相賻弔，禮也，所以萃天下之終也。天子同軌至，諸侯同盟至，大夫同位至，士旅嫓至。故祭相胙也，賓相及也，喜相慶也，師相救也，惡相恤也，死相哀也，然後萃天下而不亂也。」〔二〕

升

鄭氏曰：「升，上也。坤地巽木，木生地中，日長而上，猶聖人在諸侯之中，明德日益高大也，故謂之升。升，進益之象矣。」〔三〕

〔一〕張惠言，虞氏易言，卷下。

〔二〕張惠言，虞氏易言，卷下。

〔三〕鄭玄，周易鄭注，王應麟輯，下經夬傳第五。

積小以高大。

姚氏説以荀子曰：「積土成山，風雨興焉；積水成淵，蛟龍生焉；積善成德，而神明自得，聖心循焉。故不積蹞步，無以至千里；不積小流，無以成江海。」〔一〕

九三，升虚邑。

張氏曰：「君無道，如无君焉；國无君，如无人焉。王者之征，非敵百姓也，升虚邑焉爾。」〔二〕

六四，王用亨于岐山，吉，无咎。

孔子曰：「升者，十二月之卦也。陽氣升上，陰氣欲承，萬物始進，譬猶文王之修積道德，宏開基業，始即升平之路。當此時也，鄰國被化，岐民和洽，是以六四蒙澤而承吉。九三可處王位，張曰三當爲二。亨于岐山，爲報德也。明陰以顯陽之化，民臣之順德也，故言

〔一〕姚配中，周易姚氏學，卷十一。

〔二〕張惠言，虞氏易言，卷下。

无咎。」[一]案，屯以下爻辭實周公作，故言文王宜處王位。姚氏曰：「此文王欲紂用其道也。王，謂殷王時，殷播棄典刑，任用羣小，雖欲自悔，無所適從，故言『王用亨于岐山』，欲其用文王之道，以上格天心也。井三所謂『可用汲』者，即此意也。夫亡國之主，其所以終至滅亡者，不能自改耳。苟知悔悟，忠言是從，則其感激臣民，較崛起之君爲尤易。崛起之君，祇能得人歡心，悔悟之誠，且能令人感泣，民情不大可見乎？先澤猶存，人心易挽，使紂果能用文，烏睹殷商之季，不易爲中興之朝乎？此文之所切望於紂，而孔子稱爲至德者也。三分有二以服事殷，以服事殷，即欲殷有以撫之，此文王之憂患所以獨深也。」[二]案，姚氏以爻辭爲文王作，未必然也。而其推文王之心，則如或見之，雖昌黎「臣罪當誅」、「天王聖明」之言不能過也。言爲心聲，非察於人倫，有世道人心之憂者，而能若是乎？仁哉！此言也。賢哉！此人也。

王用亨于岐山，順事也。

姚氏曰：「二升居五，用仁道以升，聞于天，故順事。行仁政而王，尚莫之能禦，況

[一] 易緯乾鑿度，卷上。

[二] 姚配中，周易姚氏學，卷十一。

天下本其所有乎？此喻紂能自悔，挽天人之心甚易也。後世有以哀痛之詔感發其臣民者矣。」[二]

上六，冥升，利于不息之貞。

惠氏曰：「二升五，積小以成高大，故曰『不息』。陽道不息，陰之所利。」[三]又曰：「中庸言『至誠無息』，而先言積如天之昭昭，地之撮土，山之卷石，水之一勺，所謂積也。繼之云『維天之命，於穆不已』，又云『於乎不顯，文王之德之純，純亦不已』，不已即不息。二升五，積小以成高大，不息之義。」[三]

困：亨。貞，大人吉，无咎。有言不信。

鄭氏曰：「君子處亂世，爲小人所不容，故謂之困。君子雖困，居險能説，是以通而无咎。」[四]虞氏曰：「在困无應，宜靜則无咎。」張氏曰：「困者，小人乘君子。小人能困

[二] 姚配中，周易姚氏學，卷十一。
[三] 惠棟，周易述，卷六。
[三] 惠棟，周易述，卷七。
[四] 鄭玄，周易鄭注，王應麟輯，下經夬傳第五。

君子，而不能使不亨也。雖致命遂志，君子猶亨焉爾，正不渝也，故曰『貞，大人吉』。君子能爲貞，而不能不困也，能无咎而已，无咎所以亨也。國之困，正諫不庸也；身之困，直論不容也。知所以困而反之，亨道也。」〔二〕説苑引孔子曰：「困之爲道，猶寒之及煖，煖之及寒也，唯賢者獨知，而難言之也。易曰：「困：亨。貞，大人吉，无咎。有言不信。』聖人所與人難言，信也。」

困而不失其所亨，其唯君子乎？

姚氏曰：「困者，德之辨。孔子曰：『達於道之謂達，窮於道之謂窮。故内省而不疚於道，臨難而不失其德。大寒既至，霜雪既降，吾是以知松柏之茂也。』」〔三〕王氏應麟曰：「君子無斯須不學也，黄霸之受尚書，趙岐之注孟子，皆在患難顛沛中，況優遊暇豫之時乎？易曰：『困而不失其所亨。』」〔三〕

〔二〕張惠言，虞氏易言，卷下。
〔三〕姚配中，周易姚氏學，卷十一。
〔三〕王應麟，困學紀聞，卷一。

君子以致命遂志。

程子曰：「君子當困窮之時，既盡其防慮之道，而不得免，則命也。當推致其命，以遂其志，知命之當然也，則窮塞禍患不以動其心，行吾義而已。苟不知命，則恐懼於險難，隕穫於窮厄，所守亡矣，安能遂其爲善之志乎？」〔一〕姚氏説以子貢曰：「古之得道者，窮亦樂，達亦樂。所樂非窮達也，道得於此，則窮達一也，爲寒暑風雨之序矣。」〔二〕

初六，臀困于株木，入于幽谷，三歲不覿。

張氏曰：「君子之道費而隱。不能正道，不能安其身。不能安其身而能治人者，未之有也。當此之時，上之人雖有求之者，非其正焉，名可聞也，人不可得而覿也，是故君子重道。」〔三〕

九二，困于酒食。

張氏曰：「事君者正其道，然後食其禄。禄非其道，困焉而已。」〔四〕

〔一〕程頤，伊川易傳，下經傳卷六。
〔二〕姚配中，周易姚氏學，卷十一。
〔三〕張惠言，虞氏易言，卷下。
〔四〕張惠言，虞氏易言，卷下。

六三，困于石，據于蒺藜，入于其宮，不見其妻，凶。

張氏曰：「小人困君子，未有不自困者也。身亡家破，爲世大僇而已。」〔一〕韓詩外傳曰：「易曰：『困于石，據于蒺藜，入于其宮，不見其妻，凶。』此言困而不見據賢人者也。昔者秦穆公困于殽，疾據五羖大夫、蹇叔、公孫友而小霸；晉文公困于驪氏，疾據咎犯、趙衰、介子推而遂爲君；越王句踐困于會稽，疾據范蠡、大夫種而霸南國；齊桓公困于長勺，疾據管仲、甯戚、隰朋而匡天下。此皆困而知疾據賢人者也。夫困而不知疾據賢人而不亡者，未嘗有也。」案，韓本似作「疾據于藜」。

困于石，據于蒺藜，乘剛也。

惠氏曰：「三據非所據，經言『據』，傳言『乘』，正名之義。」〔二〕

九四，來徐徐，困于金車，吝，有終。「車」，一作「轝」。

張氏曰：「當困之時，有國者不急下賢。天之方蹶，無然泄泄，『來徐徐，困於金轝』

〔一〕張惠言，虞氏易言，卷下。

〔二〕惠棟，周易述，卷十三。

之謂也，吝道也。其來也，故有終。」〔一〕此明四當下初。一義也。程子曰：「寒士之妻，弱國之臣，各安其正而已。苟擇勢而從，則惡之大者不容於世矣。」〔二〕此明初當應四，不當比二。又一義也。

九五，利用祭祀。

王氏應麟曰：「困九五曰：『利用祭祀。』李公晦謂『明雖困於人，而幽可感於神』，豈不以人不能知，而鬼神獨知之乎？」〔三〕

井：改邑不改井。

鄭氏曰：「井，法也。井以汲人，水无空竭，猶人君以政教養天下，惠澤无窮也。」〔四〕干氏曰：「三代之制，各因時宜，損益雖異，括囊則同。」張氏曰：「與治同道，罔不興；與亂同事，罔不亡。入其國，觀其法，其國可知也。詩云：『不愆不忘，率由舊

〔一〕張惠言，虞氏易言，卷下。
〔二〕程頤，伊川易傳，下經傳卷六。
〔三〕王應麟，困學紀聞，卷一。
〔四〕鄭玄，周易鄭注，王應麟輯，下經夬傳第五。

章。』遵先王之法而過者，未之有也。故邑可改也，井不可改也。」〔一〕

井羸其瓶，凶。荀、虞讀如是。

張氏曰：「政之衰也，人敗法也。其極也，法敗人。甕敝漏，甕咎也。井羸瓶，非瓶咎也，以爲井咎，可乎？不可也。人敗法，人咎也。法敗人，非人咎也，以爲法咎，可乎？不可也。故『井羸其瓶』，君子正其持瓶者。法敗其人，君子正其用人者。」〔二〕

九二，井谷射鮒，甕敝漏。

張氏曰：「井谷射鮒，足以養矣，如甕敝漏何？先王之道非不具也，其效非不著也。苟非其人，道不虛行。」〔三〕姚氏説以荀子曰：「王者富民，霸者富士，僅存之國富大夫，亡國富筐篋、實府庫。筐篋已富，府庫已實，而百姓貧。夫是之謂上溢而下漏，入不可以守，出不可以戰，則傾覆滅亡可立而待也。」〔四〕

〔一〕張惠言，虞氏易言，卷下。
〔二〕張惠言，虞氏易言，卷下。
〔三〕張惠言，虞氏易言，卷下。
〔四〕姚配中，周易姚氏學，卷十一。

九三，井渫不食，爲我心惻。可用汲，王明竝受其福。

張氏曰：「夫井渫不食，行道之人心惻焉，而王不知也，不明故也。夫井能爲渫而不能不汲也，君子能經綸而不能福天下也，蓋傷之也。」〔一〕程子曰：「井之九三渫治而不見食，乃人有才智而不見用，以不得行爲憂惻也。蓋剛而不中，故切於施爲，異乎『用之則行，舍之則藏』者矣。」〔二〕案，程略與古義異。

上六，井收勿幕，有孚元吉。

張氏曰：「收者，繘之至也。幕焉，繘者少也。井養而不窮也，如幕之，則是有養，有不養也。聖王以法養天下，天下取法焉，各盈所願而止耳。制法者君也，行法者臣也，守先王之法以待王者，則聖賢也。孚，然後成法焉，天下之始也，故元吉。」〔三〕

革：巳日乃孚，元亨，利貞，悔亡。「巳」，後師多讀爲「己」。

顧氏炎武曰：「天地之化，過中則變，日中則昃，月盈則食，故易之所貴者中。十干

〔一〕張惠言，虞氏易言，卷下。
〔二〕程頤，伊川易傳，下經傳卷六。
〔三〕張惠言，虞氏易言，卷下。

則戊己爲中，至於己則過中，而將變之時矣。故受之以庚。庚者，更也。天下之事，當過中而將變之時，然後革而人信之矣。」〔一〕程子曰：「敝壞而後革之，革之所以致其通也，故革之而可以大亨。革之而利於正道，則可久，而得去故之義，无變動之悔，乃悔亡也。革而无甚益，猶可悔也，況反害乎？古人所以重改作也。」〔二〕

六二，巳日乃革之，貞吉，无咎。

程子曰：「革之六二，中正則無偏蔽，文明則盡事理，應上則得權勢，體順則无違悖。時可矣，位得矣，才足矣，處革之至善者也。必待上下之信，故『巳日乃革之』也。如二之才德，當進行其道，則吉而无咎也。不進則失可爲之時，爲有咎也。」〔三〕

九五，大人虎變。

法言：「敢問質？曰：羊質而虎皮，見草而說，見豺而戰，忘其皮之虎矣。聖人虎別，其文炳也；君子豹別，其文蔚也；辯人貍別，其文萃也。按，此讀「變」爲「辯」，言質美者文自盛。貍變則豹，

〔一〕顧炎武，日知録，卷一。
〔二〕程頤，伊川易傳，下經傳卷六。
〔三〕程頤，伊川易傳，下經傳卷六。

豹變則虎。案，此讀「變」，依字，言進德修業，則質變而益美。」案，變化氣質，誠中形外，君子之學取諸革。「苟日新，日日新，又日新」，革也；「見善則遷，有過則改」，「雖愚必明，雖柔必强」，革也；蘧伯玉「五十而知四十九之非」，革也；孔子「學而時習」，自十五志學，以至七十從心不踰矩，無一日非革也。「或躍在淵，乾道乃革。」君子法之，以進德修業及時，是以成章而達。

鼎

鄭氏曰：「鼎烹熟以養人，猶聖君興仁義之道以教天下。」〔一〕

君子以正位凝命。

姚氏曰：「成既濟，六爻正，故『正位凝命』。有所革，故有所凝，失則革之，正乃凝之。春秋傳曰：『在德不在鼎。』荀子曰：『凝士以禮，凝民以政。禮修而士服，政平而民安。士服民安，夫是之謂大凝。以守則固，以征則强，令行禁止，王者之事畢矣。』」〔二〕

〔一〕鄭玄，周易鄭注，王應麟輯，下經夬傳第五。

〔二〕姚配中，周易姚氏學，卷十二。

初六，得妾以其子。

鄭氏曰：「有順德，子必賢。」〔一〕

鼎有實，慎所之也。

程子曰：「鼎之有實，乃人之有才業也，當慎所趨向。不慎所往，則亦陷於非義，故曰：『鼎有實，慎所之也。』」〔二〕

九三

張氏曰：「不正位不足以權，不權不足以貞。」又曰：「人君者，虧其尊，然後知有悔也。知有悔，然後下賢，下賢而有終矣。」〔三〕

九四，鼎折足，覆公餗，其形渥，凶。

春秋繁露曰：「所任賢謂之主尊國安，所任非其人謂之主卑國危，萬世必然，無所疑也，其在易曰：『鼎折足，覆公餗。』夫『鼎折足』者，任非其人也；『覆公餗』者，國

〔一〕鄭玄，周易鄭注，王應麟輯，下經夬傳第五。
〔二〕程頤，伊川易傳，下經傳卷六。
〔三〕張惠言，虞氏易言，卷下。

家傾也。是故任非其人而國家不傾者，自古至今未嘗聞也。」

震：亨。

鄭氏曰：「震爲雷。雷，動物之氣也。雷之發聲，猶人君出政教，以動中國之人也，故謂之震。人君有善聲教，則嘉會之禮通矣。」〔一〕

震驚百里，不喪匕鬯。

程子曰：「『震驚百里，不喪匕鬯。』臨大震懼，能安而不自失者，惟誠敬而已，此處震之道也。」〔二〕

君子以恐懼修省。

虞氏說以老子曰：「修之身，德乃真。」

六三，震蘇蘇，震行无眚。

張氏曰：「震无咎者存乎悔。震之道始乎咎，終乎无咎。三失位，死坤中，以震爲反

〔一〕鄭玄，周易鄭注，王應麟輯，下經夬傳第五。

〔二〕程頤，伊川易傳，下經傳卷六。

生，故復蘇而得无眚。以此知改過无大皆无咎也。」〔一〕

六五，震往來厲，億无喪有事。

程子曰：「諸卦二五雖不當位，多以中爲美。三四雖當位，或以不中爲過。中常重於正也。蓋中則不違於正，正不必中也。天下之理莫善於中，於九二、六五可見。」〔二〕

艮其背，不獲其身，行其庭，不見其人，无咎。

程子曰：「人之所以不能安其止者，動於欲也。欲牽於前而求其止，不可得也。故艮之道，當艮其背，所見者在前，而背乃背之，是所不見也。止於所不見，則無欲以亂其心，而止乃安。『不獲其身』，不見其身也，謂忘我也。無我則止矣，不能無我，无可止之道。『行其庭，不見其人』，庭除之間，至近也，在背則雖至近不見，謂不交於物也。外物不接，内欲不萌，如是而止，乃得止之道，於止爲无咎也。」〔三〕王氏應麟曰：「知止而后有

〔一〕張惠言，虞氏易事，卷下。
〔二〕程頤，伊川易傳，下經傳卷六。
〔三〕程頤，伊川易傳，下經傳卷六。

定，故觀身於艮；惻隱之心，仁之端也，故觀心於復。」〔二〕顧氏炎武曰：「毋意、毋必、毋固、毋我，『艮其背，不獲其身』也；富貴不能淫，貧賤不能移，威武不能屈，『行其庭，不見其人』也。」〔三〕

艮其止，止其所也。

程子曰：「夫有物必有則，父止於慈，子止於孝，君止於仁，臣止於敬，萬物庶事莫不各有其所。得其所則安，失其所則悖。聖人所以能使天下順治，非能爲物作則也，惟止之各於其所而已。」〔三〕

君子以思不出其位。

程子曰：「『君子思不出其位』，位者，所處之分也。萬事各有其所，得其所則止而安。若當行而止，當速而久，或過或不及，皆出其位也，況踰分非據乎？」〔四〕

〔一〕王應麟，困學紀聞，卷一。
〔二〕顧炎武，日知録，卷一。
〔三〕程頤，伊川易傳，下經傳卷六。
〔四〕程頤，伊川易傳，下經傳卷六。

九三，艮其限，列其夤，厲薰心。

韓詩外傳引孔子曰：「口欲味，心欲佚，教之以仁；心欲兵，身惡勞，教之以恭；好辨論而畏懼，鼓之以勇；目好色，耳好聲，教之以義。易曰『艮其限，列其膑，危薰心』，詩曰『吁嗟女兮，無與士耽』，皆防邪禁佚，調和心志。」案，此以止其所言。程子曰：「夫止道貴乎得宜。行止不能以時，而定於一，其堅强如此，則處世乖戾，與物睽絶，其危甚矣。人之固止一隅，而舉世莫與宜者，則艱蹇忿畏焚撓其中，豈有安裕之理？『厲熏心』，謂不安之勢熏爍其中也。」〔一〕顧氏炎武曰：「學者之患，莫甚乎執一而不化。及其施之於事，有扞格而不通，則忿懥生而五情瞀亂，與衆人之滑性而焚和者相去蓋無幾也。孔子惡果敢而窒者，非獨處事也，爲學亦然。告子不動心之學，至於『不得於言，勿求於心』，而孟子以爲，其弊必將如蹶趨者之反動其心，此『艮其限，列其夤』之説也。君子之學不然，『廓然而大公，物來而順應，』故聞一善言，見一善行，若決江河，沛然莫之能禦，而無熏

〔一〕程頤，伊川易傳，下經傳卷六。

心之厲矣。又曰慈谿黄氏日鈔曰：『心者，吾身之主宰，所以治事，而非治於事。惟隨事謹省，則心自存，不待治之而後齊一也。孔子之教人曰：居處恭，執事敬，與人忠。曾子曰：吾日三省吾身，爲人謀而不忠乎？與朋友交而不信乎？傳不習乎？不待言心，而自貫通於動静之間者也。孟子不幸當人欲横流之時，始單出而爲求放心之説。〔一〕然其言曰：君子以仁存心，以禮存心。則心有所主，非虚空以治之也。至於齋心服形之老、莊，一變而爲坐脱立忘之禪學，乃始瞑目静坐，日夜仇視其心而禁治之。及治之愈急，而心愈亂，則曰：易服猛獸，難降寸心。嗚呼！人之有心，猶家之有主也。反禁切之，使不得有爲，其不能無擾者，勢也，而患心之難降歟？』又曰：『夫心之失有二：古人之所謂存心者，存此心於當用之地也；後世之所謂存心者，攝此心於空寂之境也。造化流行，無一息不運，人得之以爲心，亦不容一息不運心，豈空寂無用之物哉？世乃有游手浮食之徒，株坐攝念，亦曰存心。而士大夫溺于其言，亦將遺落世事，以獨求其所謂心。迨其心迹冰炭，物我參商，所謂老子之弊流爲申、韓者。一人之身已兼備之，而欲尤人之不我

〔一〕整理者按，「失」，黄氏原文爲「説」。

應，得乎？』」此皆足以發明厲熏心之義，乃周公已先繫之于易矣。」〔一〕案，此以止失其所言。

上九，敦艮，吉。

程子曰：「人之止難於久終，故節或移於晚，守或失於終，事或廢於久，人之所同患也。艮之上九能敦厚於終，止道之至善者也，故曰『敦艮，吉』。」〔二〕

漸

法言：「或問『進』。曰：『水。』或曰：『爲其不舍晝夜與？』曰：『有是哉！滿而後漸者，其水乎？』或問『鴻漸』。曰：『非其往不往，非其居不居，漸猶水乎？』『請問木漸。』曰：『止於下而漸於上者，其木也哉？亦猶水而已矣。』」

君子以居賢德善俗。

姚氏說以緇衣曰：「有國者章善癉惡，以示民厚，則民情不貳。」〔三〕晏子曰：「先王之

〔一〕顧炎武，日知録，卷一。
〔二〕程頤，伊川易傳，下經傳卷六。
〔三〕姚配中，周易姚氏學，卷十二。

立愛也，以勸善也；其立惡，以禁暴亂也。昔者三代之興也，利於國者愛之，害於國者惡之。故明所愛而賢良衆，明所惡而邪僻滅，是以天下治平，百姓和集。」〔一〕

飲食衎衎，不素飽也。

姚氏曰：「詩曰：『彼君子兮，不素餐兮。』言有功乃食禄也。素飽則不安，貧而畏人，詩所謂『碩鼠』者也。」〔二〕

利用禦寇，順相保也。

程子曰：「君子之與小人比也，自守以正，豈惟君子自完其己而已乎？亦使小人得不陷於非義，是以順道相保，禦止其惡也。」〔三〕案，此説足正王弼之謬，與虞注取象雖殊，其義之正則同。

歸妹象曰：「征凶，位不當也。」

程子曰：「大率以説而動，安有不失正者？」〔四〕案，「征凶，无攸利」似與「説以動，所歸妹也」不相蒙。震兑象兄妹，非象夫婦。二五易位，而後以坎离象夫婦，程傳疑未

〔一〕晏子春秋，第一卷，内篇諫上第一。
〔二〕姚配中，周易姚氏學，卷十二。
〔三〕程頤，伊川易傳，下經傳卷六。
〔四〕程頤，伊川易傳，下經傳卷六。

合。然説理甚精，足明上六「无實」「无血」，深戒陰不從陽之旨。

无攸利，柔乘剛也。

程子曰：「男女有尊卑之序，夫婦有倡隨之理，此常理也。若徇情肆欲，唯説是動，男牽欲而失其剛，婦狃説而忘其順，則凶而无所利矣。」[一]

君子以永終知敝。

顧氏炎武曰：「讀新台、桑中、鶉奔之詩，而知衛有狄滅之禍；讀宛邱、東門、月出之詩，而察陳有徵舒之亂。書齊侯送姜氏於讙，而卜桓公之所以薨。書夫人姜氏入，書大夫、宗婦覿用幣，而兆子般、閔公之所以弑。昏媾之義，男女之節，君子可不慮其所終哉！」[二]

利幽人之貞，未變常也。

程子曰：「歸妹九二守其幽貞，未失夫婦常正之道。世人以媟狎爲常，故以貞靜爲變

[一] 程頤，伊川易傳，下經傳卷六。
[二] 顧炎武，日知録，卷一。

常，不知乃長久之道也。」〔一〕

六五，帝乙歸妹。

京氏易傳載湯戒嫁妹之辭曰：「无以天子之尊而乘諸侯，无以天子之富而驕諸侯。陰之從陽，女之順夫，本天地之義也。往事爾夫，必以禮義。」孔子曰：「美帝乙之嫁妹，順天地之道，以立嫁娶之義。義立則妃匹正，妃匹正則王化全。」〔二〕案，此所謂天地之大義。

豐：勿憂，宜日中。

姚氏曰：「憂，憂游也。「憂」本「憂游」字，「慐」乃「慐愁」字，「優」則「優伶」字，此「勿憂」當用本訓。當豐大之時，不可憂游，宜明政刑，以照天下，遲則有悔。既憂之，則咎不長。斷未有以不必憂患教人者，窮大失居。紂不知憂患，而曰「有命在天」，殷之所以亡也。作易者有憂患，日昃不暇食，周之所以興也。四化成坤，陰性柔裕，故稱憂。四化則成明夷，不可化，宜升居五，故『勿憂，宜日中』，宜照天下也。及是時，明其政刑，則豐可長保。盤樂怠傲，是自求禍也。日中則昃，月盈則食，生於憂患，死於安樂。盛者，衰所伏也，故以勿

〔一〕程頤，伊川易傳，下經傳卷六。

〔二〕易緯乾鑿度，卷上。

憂戒之，所謂『過旬災』者也。日中見斗，日中見沬，不能照天下，怠傲而失其居矣，可不戒哉？」[一]案，此説與象傳極合，實發千古未發之義。不然，日中則昃，月盈則食，可憂之至，不與經文戾乎？干氏曰：「聖人德大而心小，居天位而戒懼不怠。」

明以動，故豐。

崔氏曰：「明則見微，動則成務，故能大矣。」程子曰：「非明則動无所之，非動則明无所用。」[二]

日中則昃，月盈則食。

王氏應麟曰：「齊德衰於召陵，晉志怠於蕭魚，淮平而异、鏄用，潞定而歸真惑。易曰：『日中則昃。』玄曰：『月闕其摶，不如開明于西。』」[三]

六二，有孚發若，吉。

姚氏曰：「五雖蔽於陰，本有伏陽，可發之正。二盡臣節，動以至誠，五若感悟信之

[一] 姚配中，周易姚氏學，卷十二。
[二] 程頤，伊川易傳，下經傳卷八。
[三] 王應麟，困學紀聞，卷一。

而不疑疾，則五發四化，亦成既濟，日明而陰斂，小人退矣。呂覽曰：『戎人生乎戎、長乎戎而戎言，楚人生乎楚、長乎楚而楚言。今使楚人長乎戎，戎人長乎楚，則楚人戎言，戎人楚言矣。由是觀之，吾未知亡國之主不可以爲賢主也。』」〔二〕

上六，闚其户，閴其无人。

淮南子曰：「非无衆庶也，言无聖人以統理之也。」何氏公羊解詁曰：「有而無益於治曰無。」

豐其屋，天際祥也。

干氏曰：「國之亡也，必天示其祥，地出其妖，人反其常。」姚氏説以春秋傳曰：「楚子方侈，天或者欲逞其心，以厚其毒，而降之罰。」〔三〕

旅初六「旅瑣瑣，斯其所取災」

鄭氏曰：「聘客與介，當用篤實之人爲之，而用小人，不能行之以禮，則其所以得

〔二〕姚配中，周易姚氏學，卷十二。
〔三〕姚配中，周易姚氏學，卷十二。

罪。」〔二〕程子曰：「志卑之人既處旅困，鄙猥瑣細，無所不至，乃其所以致悔辱、取災咎也。」〔三〕姚氏曰：「孔子曰：『動行不知所務，止立不知所定，日選於民不知所貴，從物而流不知所歸。』其旅瑣瑣之謂乎？」〔三〕

九三，旅焚其次，喪其童僕，貞厲。

程子曰：「在旅而過剛，自高致困，災之道也。」〔四〕

上九，鳥焚其巢。

顧氏炎武曰：「人主之德，莫大乎下人。楚莊王之圍鄭也，而曰其君能下人，必能信用其民矣。上九處卦之上，離之極，所謂『有鳥高飛，亦傳於天』者矣。居心以矜，而不聞諫爭之論，菑必逮夫身者也。魯昭公之伐季孫意如也，請待於沂上以察罪，弗許。請囚于費，弗許。請以五乘亡，弗許。於是叔孫氏之甲興，而陽州次、乾侯唁矣。『鸜鵒，鸜鵒，往歌來哭，』其此爻之占乎？」〔五〕

〔一〕鄭玄，周易鄭注，王應麟輯，下經豐傳第六。
〔二〕程頤，伊川易傳，下經傳卷八。
〔三〕姚配中，周易姚氏學，卷十二。
〔四〕程頤，伊川易傳，下經傳卷八。
〔五〕顧炎武，日知録，卷一。

巽，君子以申命行事。

荀氏曰：「法教百端，令行爲上，貴其必從，故曰『行事』。」

初六，進退，利武人之貞。

張氏曰：「巽爲德之制，以陽入陰而制齊之。申命文告，必兼武備，或進或退，得以權制，惟武人爲正。」〔二〕九家易曰：「三軍之命，將之所專。」

紛若之吉，得中也。

荀氏曰：「處中和，故能變。」案，所謂時中。

兑象曰：「説以利貞，是以順乎天而應乎人。」

程子曰：「兑説而能貞，是以上順天理，下應人心，説道之至正、至善者也。若夫違道以干百姓之譽者，苟説之道，違道不順天，干譽非應人，苟取一時之説耳，非君子之正道。君子之道，其説於民，如天地之施，感之於心而説服无斁。」〔三〕

〔二〕張惠言，虞氏易事，卷下。

〔三〕程頤，伊川易傳，下經傳卷八。

兑，君子以朋友講習。

姚氏説以儒行曰：「合志同方，營道同術，並立則樂，相下不厭。」〔一〕

六三，來兑，凶。

李氏曰：「諂邪求悦，所以必凶。」〔二〕張氏曰：「大壯之陰來而説陽，小人之道。三位大臣，故凶矣。」〔三〕姚氏曰：「『來兑，凶』，説不以道也。賈子曰：『知足以爲原泉，行足以爲表儀，問焉則應，求焉則得，入人之家，足以重人之家，入人之國，足以重人之國者，謂之師。柔色傴僂，唯諛之行，唯言之聽，以睚眦之間事君者，厮役也。故與師爲國者帝，與厮役爲國者亡。』」〔四〕

九五，孚于剥，有厲。

程子曰：「雖舜之聖，且畏巧言令色。説之惑人，易入而可懼也如此。」〔五〕此與「來兑」義相成。君子説之不以

〔一〕姚配中，周易姚氏學，卷十三。
〔二〕李鼎祚，周易集解，卷十一。
〔三〕張惠言，虞氏易事，卷下。
〔四〕姚配中，周易姚氏學，卷十三。
〔五〕程頤，伊川易傳，下經傳卷八。

道，不說。

渙：亨，王假有廟，利涉大川。

惠氏易説曰：「渙者，謂天下已散而復聚之，人心已離而復合之。」張氏曰：「『王假有廟』，繼之曰『利涉大川』，何也？渙，舟楫，象人君即位，首在求賢，猶涉大川用舟楫。書曰：『若涉淵水，余唯往求朕攸濟。』是其義也。」〔一〕

六四，渙其羣，元吉。

呂覽曰：「渙者，賢也；羣者，衆也；元者，吉之始也。『渙其羣，元吉』者，其佐多賢也。」

九五，渙汗其大號。

劉子政封事曰：「言號令如汗，汗出而不反者也。今出善令，未能踰時而反，是反汗也。」〔二〕

〔一〕張惠言，虞氏易事，卷下。
〔二〕班固，漢書，卷三十六。

節象曰：「說以行險。」

程子曰：「方說而止，節之義也。」[一]

節以制度，不傷財，不害民。

鄭氏曰：「空府藏則傷財，力役繁則害民，二者奢泰之所致。」[二]

九二，不出門庭，凶。

程子曰：「節之九二，不正之節也。以剛中正爲節，如懲忿窒欲，損過抑有餘是也。不正之節，如嗇節於用，懦節於行是也。」[三]

不出門庭，凶，失時極也。

姚氏說以呂覽曰：「不知事者，時未至而逆之，時既往而慕之，當時而薄之。」[四]

上六，苦節，貞凶，悔亡。

姚氏曰：「上居坎極，極則反。雖帝王之善政，極則生弊，弊則當革。通其變，使民

[一] 程頤，伊川易傳，下經傳卷八。
[二] 鄭玄，周易鄭注，王應麟輯，下經豐傳第六。
[三] 程頤，伊川易傳，下經傳卷八。
[四] 姚配中，周易姚氏學，卷十三。

不倦。弊法不可復行，故貞凶。」〔一〕

中孚：豚魚吉。虞讀「豚」爲「遯」。

鄭氏曰：「豚魚以喻小民也，而爲明君、賢臣恩意所供養，故吉。」〔二〕姚氏曰：「取象豚魚者，見陰陽之生，物无不驗，以喻君以中信及物，若陰陽，則亦无不孚也。」〔三〕張氏曰：「『中孚：遯魚吉』，即解云『有孚于小人』也。謂之遯魚者，无道之世，鳥驚于林，魚駭于淵，魚遯則觸網罟。中孚遯魚，所以議獄緩死。」〔四〕

豚魚吉，信及豚魚也。

姚氏曰：「信及豚魚，不言而信也。一物之微，可以驗天下之大信之所至。治亂一也，堯、舜之民從仁，桀、紂之民從暴。」〔五〕

乘木舟虛。

姚氏曰：「喻用賢也。楊子曰：『乘國者，其如乘航乎？航安則人斯安矣。』」〔六〕

〔一〕姚配中，周易姚氏學，卷十三。
〔二〕鄭玄，周易鄭注，王應麟輯，下經豐傳第六。
〔三〕姚配中，周易姚氏學，卷十三。
〔四〕張惠言，虞氏易事，卷下。
〔五〕姚配中，周易姚氏學，卷十三。
〔六〕姚配中，周易姚氏學，卷十三。

中孚以利貞，乃應乎天也。

姚氏説以呂覽曰：「天行不信，不能成歲。」〔一〕

君子以議獄緩死。

程子曰：「君子之於議獄，盡其忠而已；於決死，極於惻而已。天下之事，無所不盡其忠，而議獄緩死，最其大者也。」〔二〕

初九，虞吉。

荀氏曰：「虞，安也。初應於四，宜自安虞，无意於四，則吉。」案，此所謂不願乎外，正己而不求於人。

上九，翰音登于天，貞凶。

侯氏曰：「窮上失位，信不由中，以此申命，有聲無實。中實內喪，虛華外揚，何可久也？」王氏應麟曰：「『翰音登于天』，無實之名也，殷浩、房琯以之。」〔三〕顧氏炎武曰：

〔一〕姚配中，周易姚氏學，卷十三。
〔二〕程頤，伊川易傳，下經傳卷八。
〔三〕王應麟，困學紀聞，卷一。

「羽翰之音雖登于天，而非實際。其如莊周齊物之言，騶衍怪迂之辯，其高過於大學，而無實者乎！以視車服傳于弟子，弦歌偏于魯中，若鶴鳴而子和者，孰誕孰信？夫人而識之矣。永嘉之亡，太清之亂，豈非談空空、覈玄玄者有以致之哉？『翰音登于天』，中孚之反也。」〔一〕

小過

淮南子曰：「言人莫不有過，而不欲其大也。」案，以小惡爲無傷而勿去，則過大矣。張氏曰：「大過陽死坤中，小過陽消否始，故同名爲『過』。大者過，君子當以權濟之，過以相與是也；小者過，君子當以經正之，六爻各正其位是也。『可小事』，如行過乎恭之類，矯世厲俗可爲也；『不可大事』，如大過之過以相與，非其時也。故小過之道，正陰隨陽而已。」〔二〕

君子以行過乎恭，喪過乎哀，用過乎儉。

姚氏說以表記曰：「與仁同功，其仁未可知也；與仁同過，然後其仁可知也。」〔三〕程

〔一〕顧炎武，日知録，卷一。
〔二〕張惠言，虞氏易事，卷下。
〔三〕姚配中，周易姚氏學，卷十三。

子曰：「事有時而當過，所以從宜。然豈可甚過也？如過恭、過哀、過儉，大過則不可，所以小過爲順乎宜也。能順乎宜，所以大吉。」〔一〕

九三，弗過防之。

程子曰：「防小人之過，正己爲先。」〔二〕

既濟

張氏曰：「既濟、未濟皆中興，既濟必由未濟。」〔三〕

終止則亂，其道窮也。

程子曰：「天下之事，不進則退，無一定之理。濟之終，不進而止矣，無常止也。衰亂至矣，蓋其道已窮極也。聖人至此奈何？曰：唯聖人爲能通其變於未窮，不使至於極，堯、舜是也，故有終而無亂。」〔四〕姚氏曰：「六爻得正，周流不息，治不忘亂則不亂。

〔一〕程頤，伊川易傳，下經傳卷八。
〔二〕程頤，伊川易傳，下經傳卷八。
〔三〕張惠言，虞氏易事，卷下。
〔四〕程頤，伊川易傳，下經傳卷八。

既濟而終止，以爲不亂。忘亂而亂生，故『終止則亂』。極則反，故『其道窮也』。」〔一〕

君子以思患而豫防之。

荀氏曰：「六爻既正，必當復亂。故君子象之，思患而豫防之，治不忘亂也。」

九三，高宗伐鬼方，三年克之，小人勿用。

淮南王說：「言用兵之不可不重也。」張氏曰：「小人，謂上也。上以小人乘五而濡其首。初吉終亂，以用小人之故也。」〔二〕

九五，東鄰殺牛，不如西鄰之禴祭，實受其福。

孔子曰：「敬則用祭器。故君子不以菲廢禮，不以美沒禮。故食禮主人親饋，則客祭；主人不親饋，則客不祭。故君子苟無禮，雖美不食焉。易曰：『東鄰殺牛，不如西鄰之禴祭，實受其福。』」〔三〕

〔一〕姚配中，周易姚氏學，卷十三。

〔二〕張惠言，虞氏易事，卷下。

〔三〕禮記表記。

濡其首，厲，何可久也？

荀氏曰：「處高居盛，必當復危。」

未濟：亨，小狐汔濟，濡其尾。

春申君說易曰：「『狐涉水，濡其尾。』此言始之易，終之難也。」〔一〕韓詩外傳曰：「官怠于有成，病加于小愈，禍生于懈惰，孝衰于妻子。察此四者，慎終如始。易曰：『小狐汔濟，濡其尾。』」

君子以慎辨物居方。

姚氏說以荀子曰：「君子居必擇鄉，游必就士，所以防邪僻而近中正也。」呂覽曰：「『使人大迷惑者，必物之相似者也。』」〔二〕

六五，君子之光，有孚，吉。

姚氏說以淮南子曰：「積薄爲厚，積卑爲高，故君子日孳孳以成煇，小人日怏怏以至

〔一〕戰國策，卷第六。

〔二〕姚配中，周易姚氏學，卷十三。

辱。」〔一〕

上九

王氏應麟曰：「易之終始皆陽也，始于乾之初九，終于未濟之上九。」〔二〕

繫辭

「天尊地卑」節

惠氏說以樂記曰：「此天地之别也。」〔三〕

卑高以陳，貴賤位矣。

鄭氏曰：「君臣、尊卑之貴賤，如山澤之有高卑也。」〔四〕

〔一〕姚配中，周易姚氏學，卷十三。
〔二〕王應麟，困學紀聞，卷一。
〔三〕惠棟，周易述，卷十四。
〔四〕鄭玄，周易鄭注，王應麟輯，繫辭上第七。

「是故剛柔相摩」節

惠氏說以樂記曰：「此天地之和也。」[一]

「乾以易知」節

惠氏曰：「此天地之德也。易說易一名而含三義：易也，變易也，不易也。易者，以言其德也。通精无門，藏神无内，光明四通，佼易立節，虛无感動，至誠專密，此其易也。變易者，其氣也。天地不變，不能通氣。五行迭終，四時更廢，此其變易也。不易者，其位也。天在上，地在下，君南面，臣北面，父坐子伏，此其不易也。」[二]

可久則賢人之德，可大則賢人之業。

姚氏信曰：「言乾以日新爲德，坤以富有爲業。」姚氏配中曰：「賢人法乾坤者，與時偕行，自强不息，可久之德也。厚德載物，美中暢外，可大之業也。」[三]

「易簡而天下之理得矣」節

惠氏曰：「易簡所以立中和之本，故天下之理得矣。易謂坎离。陽成位於五，五爲上

[一] 惠棟，周易述，卷十四。
[二] 惠棟，周易述，卷十四。
[三] 姚配中，周易姚氏學，第十四。

中。陰成位於二，二爲下中。故易成位乎其中矣，此天地之中和也。傳首陳三義，而終之以既濟，易之大義舉矣。」〔二〕按，惠氏説本荀義而引伸之。

六爻之動，三極之道也。

惠氏曰：「極，中也；三極，謂天、地、人。民受天地之中以生，故稱三極。」〔三〕

「君子居則觀其象而玩其辭」節

姚氏曰：「君子，謂學易者。觀象，觀變所謂以也，亦自天右之，吉，无不利，與從容中道者等。中庸曰：『诚则明矣，明则诚矣。』」〔三〕

憂悔吝者存乎介。

虞氏曰：「介，纖也。介如石焉，斷可識也。故存乎介，謂識小疵。」惠氏曰：「纖介不正，悔吝爲賊，故憂悔吝者存乎介。」〔四〕

〔一〕惠棟，周易述，卷十四。
〔二〕惠棟，周易述，卷十四。
〔三〕姚配中，周易姚氏學，第十四。
〔四〕惠棟，周易述，卷十四。

震无咎者存乎悔。

虞氏曰：「震，動也。有不善，未嘗不知之，知之未嘗復行。无咎者善補過，故存乎悔也。」

原始反終，故知死生之說。「反」，鄭、虞作「及」。

九家易曰：「陰陽交合，物之始也；陰陽分離，物之終也。合則生，離則死，故『原始及終，故知死生之說』矣。交，泰時，春也；分離，否時，秋也。」

精氣為物，遊魂為變，是故知鬼神之情狀，與天地相似。

鄭氏曰：「木火用事而物生，故曰『精氣爲物』；金水用事而物變，故曰『遊魂爲變』。精氣謂之神，遊魂謂之鬼。」〔一〕

通乎晝夜之道而知。

顧氏炎武曰：「日往月來，月往日來，一日之晝夜也；寒往暑來，暑往寒來，一歲之晝夜也；小往大來，大往小來，一世之晝夜也。『子在川上曰：逝者如斯夫，不舍晝

〔一〕鄭玄，周易鄭注，王應麟輯，繫辭上第七。

夜。』『通乎晝夜之道而知，』則終日乾乾，與時偕行，而有以盡乎易之用矣。」〔二〕

一陰一陽之謂道。

姚氏配中贊道曰：「一陰一陽之謂道。視之而不見，聽之而不聞，體物而不可遺。道也者，萬物之奥，所以變化而凝成萬物，使各終其性命者也。是以仁者見之謂之仁，知者見之謂之知，百姓日用而不知。聖人慮道之不明也，爲之立天之道，曰陰與陽，立地之道，曰柔與剛，立人之道，曰仁與義，而道之經立矣，所謂既有典常也。天高地下，萬物散殊，而禮制行矣。流而不息，合同而化，而樂興焉。禮樂者，所以明道者也。天道虧盈而益謙，地道變盈而流謙，人道惡盈而好謙，故聖人謙以制禮。順以動豫，豫順以動，而天地如之，故聖人豫以作樂。禮樂得而天地官矣。其爲道也屢遷，變動不居，周流六虚，上下无常，剛柔相易，不可爲典要，唯變所適，此則道之權也。知變化之道者，知神之所爲，其唯聖人乎？知進退存亡而不失其正者，其唯聖人乎？故孔子曰：『可與立，未可與權。』神而明之，存乎其人。苟非其人，道不虚行，唯聖人則巽以行權。巽，入也。精

〔二〕顧炎武，日知録，卷一。

義入神以致用。巽，伏也。寂然不動，感而遂通天下之故。所謂龍蛇之蟄以存身，至精者也，至變者也，至神者也，聖人之所以極深而研幾者也。夫開物成務，冒天下之道者，易也。而六十四卦象辭，唯復一言道曰：反復其道，七日來復。傳曰：『見天地之心。』乾陽滅于戌，消入中宮，伏而藏于戌，荄于亥，妊于壬，所謂坎爲血卦者也。巽陽入伏，道之權也；戰乾出震，道之復也。此元之所以終則又始，而于復見天地之心者也。終則又始者，天地之道，恒久而不已者也。聖人久于其道，而天下化成矣。久于其道者何道也？天下之達道也。天地絪縕，萬物化醕；男女搆精，萬物化生。乾道成男，坤道成女。有男女，然後有夫婦；有夫婦，然後有父子；有父子，然後有君臣；有君臣，然後有上下；有上下，然後禮義有所措。故家人傳曰：『家人有嚴君焉，父母之謂也。父父、子子、兄兄、弟弟、夫夫、婦婦，而家道正，正家而天下定矣。』然則天下之道自家始，威如之吉，反身之謂，則家道之正自身始，復德之本也。復以自知，則人之所以反身者，反復其道，見天地之心，而天地人通矣。反復其道者，天地之心；終日乾乾者，君子之反復道也。本諸身，徵諸庶民，考諸三王而不謬，建諸天地而不悖，質諸鬼神而無疑，百世以俟聖人而不惑。是何也？君臣、父子、夫婦、昆弟、朋友者，天下之達道也。所謂德者得此，所謂仁者仁此，所謂知者知此，所謂禮者履此，所謂義者宜此，所謂樂者樂此也。荀子曰：『君臣、父子、兄弟、夫婦，始則終，終則始，與天地同理，與萬世同久，夫是之謂大本。』此不息之常道也，故曰五常。樂、詩、禮、書、春秋五者，五常之道，而易爲之原。故自天地絪緼、一陰一陽始，而其究則乾道變化，各正性命，保合太和，所謂和順于道德而理于義，窮理盡性以至于命，以成既濟定者也，則一陰一陽，復太極之體，而道周矣。」

繼之者善也，成之者性也。

顾氏炎武曰：「维天之命，於穆不已，繼之者善也；天下雷行，物與无妄，成之者性也。是故天有四時，春秋冬夏，風雨霜露，無非教也；地載神氣，神氣風霆，風霆流形，庶物露生，無非教也。」〔二〕

極數知來之謂占，通變之謂事。

張氏曰：「知來通變，皆聖人憂患之事。」〔三〕

〔二〕顧炎武，日知録，卷一。
〔三〕張惠言，周易虞氏義，卷七。

知崇禮卑，崇效天，卑法地。

姚氏曰：「聖人積衆賢以自强，故知崇；卑以自牧，故禮卑。陽剛明，故知崇效天，此心之主，乾之元也；陰柔順，故禮卑法地，坤之元也。禮者，履也。樂者，敦和率神而從天；禮者，別宜居鬼而從地。樂由天作，禮以地制。」〔一〕王氏應麟曰：「知識欲高明，故效天；操履貴篤實，故法地。」〔二〕

成性存存，道義之門。

惠氏曰：「謂久于中正而弗失也。中庸曰：『中庸其至矣乎，民鮮能久矣。』又曰：『回之爲人也，擇乎中庸，得一善則拳拳服膺而弗失之矣。』」〔三〕

「鶴鳴在陰」節

惠氏曰：「上繫首中孚，陽之始也。聖人慎其幾，故以善不善言之；下繫首咸，陰之始也。聖人知其化，故以屈信往來言之。」〔四〕

〔一〕姚配中，周易姚氏學，卷十四。
〔二〕王應麟，困學紀聞，卷一。
〔三〕惠棟，周易述，卷十四。
〔四〕惠棟，周易述，卷十四。

言行，君子之樞機。樞機之發，榮辱之主也。

鄭氏曰：「樞，户樞也；機，弩牙也。户樞之發，或明或暗。弩牙之發，或中或否。以譬言語之發有榮有辱。」[一]惠氏說以董子曰：「君人者，國之元。發言動作，萬物之樞機。樞機之發，榮辱之端，失之毫釐，駟不及追。故爲人君者謹本詳始，敬小慎微。」[二]

君不密則失臣。

姚氏說以穀梁傳曰：「上泄則下闇，下闇則上聾。且闇且聾，无以相通。」[三]

幾事不密則害成。

鄭氏曰：「幾，微也；密，靜也。言不慎于微，而以動作，則禍變必成。」[四]

以卜筮者尚其占。

虞氏曰：「凡應九筮之法，則筮之。」按，君子居易以俟命，小人行險以徼幸。易不

[一] 鄭玄，周易鄭注，王應麟輯，繫辭上第七。

[二] 惠棟，周易述，卷十四。

[三] 姚配中，周易姚氏學，卷十四。

[四] 鄭玄，周易鄭注，王應麟輯，繫辭上第七。

可以占險，凡事非義勿筮。

易有太極。

鄭氏曰：「極中之道，湻和未分之氣也。」[一]

吉凶生大業。

姚氏曰：「吉凶著，則人知遷善改過，趨於吉，不蹈於凶。」[二]

法象莫大乎天地。

戴氏震法象論曰：「觀象於天，觀法於地。三極之道，參之者，人也。天垂[三]日月，地竅於山川。人之倫類，肇自男女、夫婦。是故陰陽發見，天成其象，日月以精分，地成其形，山川以勢會。日月者，成象之男女也；山川者，成形之男女也；陰陽者，氣化之男女也。言陰陽於一人之身，血氣之男女也。魂魄之合，官乎動靜，精能之至也。魄之謂靈，魂之謂神。靈也者明聰，神也者慧聖。明聰、慧聖，天德矣。立於一曰道，成而兩曰

[一] 鄭玄，周易鄭注，王應麟輯，繫辭上第七。
[二] 姚配中，周易姚氏學，卷十四。
[三] 原文爲「埀」。

陰陽，名其合曰男女，著其分曰天地，效其能曰鬼神。天地之道，動静也，清濁也，氣形也，明幽也，外内、上下、尊卑之紀也，明者施而幽者化也。地在天中，德承天，是以配天。凡天之文、地之義、人之紀，分則得其專，合則得其和。分也者，道之條理也；合也者，道之統會也。條理明，統會舉，而貴賤位矣。貴者君之，賤者臣之，而治化出矣。徵之於臣道、妻道無失，知其君道立矣。是故列〔一〕星之垣，衛拱所尊也，謂之天官，示於上，應於下也。日行中道，月、五星各由其道而宗之，各爲遲疾而會歸之，故日者，君之象也。月嚮日而生明，其精感常合，氣物常分，化則爲燥溼、爲水火。日月者，水火之精；燥溼者，陰陽之交；山川者，燥溼之位。水以合而盛，火以分而盛。木火之德分也，金水之德合也。地之高者山原、邱陵，本乎燥；其下者川隰、谿谷，本乎濕。氣分則生燥，氣合則生濕。氣輸則生變，氣精則生神，神盛則無失道。山有分無合，川有合無分。燥溼，水火之義也。山川之情，其初皆分，其究皆合，君臣、夫婦之道也。人中處天地之間，相親而久治，道莫大於君臣。徒愛人，不知治人者，不能以行於父子、夫婦、兄弟，故君道

〔一〕原文爲「𠛱」。

得，人紀所由得也。一人之身，血氣和則夫婦；心得其正，百體從令則君臣。故心也者，含天德、君百體者也。氣者有君道，以能統乎血者也。盈天地之間，道其體也，陰陽其徒也。日、月、星，其運行而寒暑晝夜也；山川、原隰、邱陵、谿谷，其相得而終始也。生生者，化之原；生生而條理者，化之流。分者其進，合者其止，進者其生，止者其息。生者動而應求立乎至博，息者靜而自正立乎至約。博故與爲條理也，約故與爲統會也。草木之根〔一〕、榦、枝、葉、花、實，謂之生，果實之白，全其生之性，謂之息。君子之學也如生，存其心，以合天地之心如息，爲息、爲生，天地所以成化也。是故生生者仁，條理者禮，斷決者義，藏主者智。智通仁發而秉中和，謂之聖。聖合天，是謂无妄。无妄之於百物生生，至貴者仁。是故仁得則父子親，禮得則親疏、上下之分盡，義得則百事正，藏於智則天地萬物爲量，歸於无妄則聖人之事。天所以成象，地所以成形，聖人所以立極一也，道之至也。」〔二〕

〔一〕原文爲「榐」。
〔二〕戴震，戴東原集，卷八。

備物致用，立成器以爲天下利，莫大乎聖人。

虞氏曰：「民多否閉。否四之初，耕稼之利；否五之初，市井之利；否四之二，舟楫之利；否上之初，牛馬之利。謂十二，蓋取以利天下，通其變，使民不倦，神而化之，使民宜之。聖人作而萬物覩，故莫大乎聖人者也。」

形而下者謂之器。

顧氏炎武曰：「形而上者謂之道，形而下者謂之器。非器則道無所寓，説在乎孔子之學琴於師襄也。已習其數，然後可以得其志；已習其志，然後可以得其爲人。是雖孔子之天縱，未嘗不求之象數也，故其自言曰『下學而上達』。」〔一〕

天下之動，貞夫一者也。

虞氏曰：「一謂乾元。萬物之動，各資天一陽氣以生。」

「天地之大德曰生」節

姚氏曰：「此所謂元、亨、利、貞也。天地之大德，元也。五者，聖人之大寶，乾元

〔一〕顧炎武，日知録，卷一。

之位也。爲天下得人，則上下交而志通矣。守位曰仁，元之亨也。利物和義，故聚人曰財。貞者事之幹，正其本，萬事理，故理財正辭，禁民爲非曰義。所謂成既濟，利之貞也。名正言順謂之正辭。義者，宜也，謂成既濟，六爻正。易者，聖人所以治天下之道也。乾五，天位也；乾元，天子也。卦爻備而天下之象盡也，是故以之治身則身安，以之治國則國治，以之治天下則天下平矣。周之所以王，其在斯乎？」〔一〕

天地之大德曰生。

姚氏通德篇曰：「天地之大德曰生。人者，天地之德，陰陽之交，鬼神之會，五行之秀氣也。故人得中和之氣以生，而五常之道具。以其陰陽之自然則曰道，以其得之于身，不待外求則曰德。德也者，得于身也。夫陰陽合德而剛柔有體，以體天地之撰，以通神明之德。陰陽合德者，一陰一陽之道也；神明之德者，神而明之存乎人，道之變動不居者也。故曰顯道神德行，道不顯則德行不神。卦爻者，易之顯道；倫物者，人之顯道。易之神德行于卦爻，人之神德行于倫物。是故履，德之基也；謙，德之柄也；復，德之本

〔一〕姚配中，周易姚氏學，卷十五。

也；恒，德之固也；損，德之修也；益，德之裕也；困，德之辨也；井，德之地也；巽，德之制也。伏羲作八卦，以通神明之德，類萬物之情，而德之行于倫物者視此矣。故曰君子以成德爲行，終日乾乾，進德修業，自彊不息者也。君子體仁足以長人，嘉會足以和禮，利物足以和義，貞固足以幹事，君子行此四德者，故曰『乾：元、亨、利、貞』。『乾：元、亨、利、貞』者，終則又始，和順于道德而理于義者也。是以君子之於德也，順之，積之，常之，習之，居之，懿之，昭之，畜之。蒙則果行以育之，蹇則反身以修之，否則避難而儉之，素位而行，無入不自得，而德崇矣。古之欲明明德於天下者，先治其國；欲治其國者，先齊其家；欲齊其家者，先修其身；欲修其身者，先正其心；欲正其心者，先誠其意；欲誠其意者，先致其知；致知在格物。物者何？倫物也。是以大人之位乎天德也，其所以與天地合其德，無不覆，無不載，無不化育之，而使之各得其性者，無他焉，善推其所爲而已矣。夫推而放諸四海而皆準者，天下之達道也。人人親其親，長其長，而天下平。管子曰：『無德無怨，無好無惡，萬物崇一，陰陽同度，曰道；愛之生之，養之成之，利民不德，天下親之，曰德。』于是有孚惠心，有孚惠我德。豫順以動，民樂之，而樂作矣。樂者，民樂其德也。故作樂崇德，殷薦之上帝，以配祖考，而其本支百世，亦罔弗食其舊德，此豈非可大可久、日新之盛德也與？而所云三德、六德、九德者，胥可推矣！聖人所以體天地之撰，通神明之德者如此。夫蓍之德圓而神，卦之德方以知。圓而神者，陽也；方以知者，陰也。陰陽合德，乾易坤簡，易簡之善配至德。至德者，天、地、人之至，一陰一陽，成既濟，復太極之體者也。默而成之，不言而信，存乎德行，而天地位焉，萬物育焉，窮神知化，德之盛也。」

何以守位？曰仁。

鄭氏曰：「持一不惑曰守。」〔二〕姚氏曰：「孟子曰：『爲天下得人者謂之仁。』天下不可以獨治，能爲天下得人者，乃能守位也。」〔三〕

何以聚人？曰財。

陸氏曰：「人非財不聚。故聖人觀象制器，備物盡利，以業萬民，而聚之也。蓋取聚

〔二〕鄭玄，周易鄭注，王應麟輯，繫辭下第八。
〔三〕姚配中，周易姚氏學，卷十五。

人之本矣。」

理財正辭，禁民爲非，曰義。

荀氏曰：「尊卑貴賤，衣食有差，謂之理財；名實相應，萬事得正，謂之正辭。咸得其宜，故謂之義也。」

耒耨之利　日中爲市

漢書曰：「洪範八政，一曰食，二曰貨。食謂農殖嘉穀，可食之物。貨謂布帛可衣，及金刀龜貝，所以分財布利，通有無者也。二者生民之本，興自神農之世。斲木爲耜，煣木爲耒，耒耜之利，以教天下而食足。日中爲市，致天下之民，聚天下之貨，交易而退，各得其所，而貨通。食足貨通，然後國實民富，而教化成。黄帝以下，通其變，使民不倦。」〔一〕

易窮則變，變則通，通則久，是以自天右之，吉，无不利。

陸氏曰：「陰窮則變爲陽，陽窮則變爲陰，天之道也。庖犧作网罟，教民取禽獸，以

〔一〕漢書食貨志。

充民食。民衆獸少，其道窮，則神農教播殖以變之，此窮變之大要也。窮則變，變則通，與天終始，故可久；民得其用，故无所不利也。」

黃帝、堯、舜垂衣裳而天下治，蓋取諸乾、坤。

虞氏曰：「乾爲明君，坤爲順臣，百官以治，萬民以察，故天下治，蓋取諸此也。」

惠氏曰：「取乾、坤用九、用六之義以治天下，而君臣上下各得其正。」[一]

「上古結繩而治」節

許氏説文序曰：「庖犧、神農結繩爲治，而統其事，庶業其繁，飾僞萌生，黃帝之史倉頡初造書契。」

往者屈也，來者信也。

荀氏曰：「陰氣往，則萬物詘者也；陽氣來，則萬物信者也。」

精義入神，以致用也。

姚氏曰：「陰陽在初，深不可測，故謂之神。變爲姤、復，故曰致用也。」[二]按，所謂

[一] 惠棟，周易述，卷四及卷十六。
[二] 姚配中，周易姚氏學，卷十五。

微之顯，誠則形。王氏應麟曰：「德非日新不足以言盛，義非入神不足以言精。」〔一〕

過此以往，未之或知也。

顧氏炎武曰：「人之爲學，亦有病於憧憧往來者，故天下之不助苗長者寡矣！過此以往，未之或知也。居之安則資之深，資之深則取之左右逢其原。」〔二〕

非所困而困焉，名必辱。

姚氏曰：「夫禮義也者，聖人所以藏身之固，而非所以困人者也。君子介于石，見幾而作，亦斷之以禮耳。是以君子行焉，小人困焉。壞法亂紀，烏得不困且辱哉？」〔三〕

非所據而據焉，身必危。

姚氏曰：「敗國、喪家、亡人，必先去其禮。雖有善者，且无如之，何況所據皆小人哉？禮愈亡而愈信任小人，以喪國亡身者比比也。是故困于石者，知其必據于蒺藜；畔于禮者，未有不比之匪人者也。」〔四〕

〔一〕王應麟，困學紀聞，卷一。
〔二〕顧炎武，日知録，卷一。
〔三〕姚配中，周易姚氏學，卷十五。
〔四〕姚配中，周易姚氏學，卷十五。

隼者，禽也。

虞氏曰：「言其行野，容如禽獸。」

君子藏器於身，待時而動。

姚氏曰：「法言曰：『修身以爲弓，矯思以爲矢，立義以爲的，奠而後發，必中矣。』此君子之器也。器藏於身，得時即可以動，故曰『公用射隼于高墉之上』，言用之以射隼耳，弓矢所素備也。」〔一〕

「善不積，不足以成名」節

董子曰：「積善在身，猶長日加益，而人不知也；積惡在身，猶火之銷膏，而人不見也。」〔二〕後漢昭烈之戒後主，亦曰：「勿以惡小而爲之，勿以善小而不爲。」

危者，安其位者也；亡者，保其存者也；亂者，有其治者也。

鄭氏禮運注曰：「君子居安如危，小人居危如安。」谷永曰：『夏、商之將亡也，行

〔一〕姚配中，周易姚氏學，卷十五。
〔二〕漢書董仲舒傳。

道之人皆知之，晏然自以若天有日，莫能危，是故惡日廣而不自知，大命傾而不悟。易曰：『危者，有其安者也；亡者，保其存者也。』」郭璞上疏云：「有道之君，未嘗不以危自持；亂世之主，未嘗不以安自居。故存而不忘亡者，三代之所以興也；亡而自以爲存者，三季之所以廢也。」〔二〕

是故君子安而不忘危，存而不忘亡，治而不忘亂，是以身安而國家可保也。

虞氏曰：「否反成泰，君位定於內，而臣忠於外，故身安而國家可保也。」荀氏曰：「存而不忘亡，謂除戎器，戒不虞也。」按，天下不可一日無兵，四方有敗，必先知之，此思患豫防之尤急者。

君子上交不諂，下交不瀆。

姚氏曰：「事有一定，禮有固然。君子之无諂瀆，定於未交之先也。」〔三〕

君子見幾而作，不俟終日。易曰：「介于石，不終日，貞吉。」介如石焉，寧用終

〔二〕晉書，卷七十二，列傳第四十二。
〔三〕姚配中，周易姚氏學，卷十五。

曰？斷可識矣。

姚氏曰：「天下之物石最堅，天下之事禮最固。操存以禮，无惑无虞，其能作而不俟終日者此也。觀其介，知其斷，時止則止，時行則行，是其斷也。」〔一〕

有不善，未嘗不知；知之，未嘗復行也。

虞氏曰：「復以自知。老子曰：『自知者明。』」姚氏曰：「欲學易者，自寡過始。」〔二〕

危以動，則民不與也；懼以語，則民不應也；无交而求，則民不與也；莫之與，則傷之者至矣。

姚氏説以王粲曰：「身不安則殆，言不順則悖，交不審則惑，行不篤則危。四者存乎中，則憂患接乎外矣。憂患之接，必生於自私，而興於有欲。自私者不能成其私，有欲者不能濟其欲。」〔三〕

於稽其類，其衰世之意邪？

姚氏曰：「一陰一陽，一盛一衰，易之義也。聖人懼衰之不已，故卦必反復，以見衰

〔一〕姚配中，周易姚氏學，卷十五。
〔二〕姚配中，周易姚氏學，卷十五。
〔三〕姚配中，周易姚氏學，卷十五。

必有盛。窮則變，變則通，作易以救衰也。仲尼作春秋，亦此志也。」〔一〕

因貳以濟民行，以明失得之報。

姚氏曰：「民行失中，作易以濟之。得位則報以吉，失位則報以凶。成既濟，乃无失也。」〔二〕

作易者，其有憂患乎？

虞氏曰：「謂憂患百姓未知興利遠害，衣食不足，不行禮義。庖犧則天八卦，通爲六十四，以德化之，吉凶與民同患，故有憂患。」虞以此「作易」爲畫卦，與鄭、荀異。

履，德之基也。

姚氏曰：「无禮則德不成。克己復禮，天下歸仁。此九卦者，文王之所以服事殷，而終其臣節者也。」〔三〕

〔一〕姚配中，周易姚氏學，卷十五。
〔二〕姚配中，周易姚氏學，卷十五。
〔三〕姚配中，周易姚氏學，卷十五。

謙，德之柄也。

干氏曰：「柄所以持物，謙所以持禮。」

恒，德之固也。

虞氏曰：「立不易方，守德之堅固。」

損，德之修也。

荀氏曰：「懲忿窒慾，所以修德。」

困，德之辨也。

鄭氏曰：「遭困之時，君子固窮，小人窮則濫，德於是別也。」〔二〕顧氏炎武曰：「内文明而外柔順，其文王之困而亨者乎？不怨天，不尤人，下學而上達，其孔子之困而亨者乎？故在陳之戹，絃歌之志，顔淵知之，而子路、子貢之徒未足以達此也。故曰：『困，德之辨也。』」〔三〕

〔二〕鄭玄，周易鄭注，王應麟輯，繫辭下第八。

〔三〕顧炎武，日知録，卷一。

巽以行權。

九家易曰：「人君政教，進退釋當爲「擇」。利，而爲權也。春秋傳曰：『權者，反於經，然後有善者也。』此所以説九卦者，聖人履憂濟民之所急行也。故先陳其德，中言其性，後叙其用，以詳之也。西伯勞謙，殷紂驕暴，臣子之禮有常，故創易道，以輔濟君父者也。然其意義廣遠幽微，孔子指撮解此九卦之德，合三復之道，明西伯之於紂，不失上下。」案，權者，聖人之所難言也。聖人之權反乎經，而後有善也；姦人之權反乎經，以爲不善也。反乎經，而後有善，蓋聖人遺言，而公羊子述之。止此一言，本無流弊，本非姦人之所能竊。公羊以經與權對，猶孟子以禮與權對。但孟子以嫂溺援手爲權則是，而公羊以祭仲逐君爲權則非，此權之所以難言也。焦氏循推易義，説權甚詳，足以爲迂陋蔽冒者鍼肓起廢。惜乎其猶有未繩也，今删存其是者如左。

焦氏循説權曰：「法不能無弊，有權則法無弊。權也者，變而通之之謂也。法無良，當其時則良。當極寒而濟之以春，當極暑則和之以秋，此天道之權也。故爲政者以寬濟猛，以猛濟寬。夏尚忠，殷尚質，周尚文，所損所益合乎道之權。易之道在於趨時，趨時則可與權矣。邇言不能皆善，舜用之而當，則惡隱而善揚。中即在兩端，執而用之於民，舜之權也。治寒而用烏附，治熱而用硝黃，無弊也，用而當，則烏附、硝黃之惡隱矣。苟惡其毒苦，而擇不寒不熱、和平無害之味投之，鮮不誤矣。故以權用法，猶因病用藥。」〔二〕又曰：「春秋公羊傳曰：『權者何？反於經，然後有善者也。』論語：『可與立，未可與權。唐棣之華，偏其反而。』注云：『賦此詩者以言權，道反而後至於大順。』說者疑於經不可反。夫經者，法也。法久不變則弊生，故反其法以通之。不變則不善，故反而後有善。不變則道不順，故反而後至於大順。如反寒爲暑，反暑爲寒，日月運行，一寒一暑，四時乃爲順行，恒寒、恒燠則爲咎徵。禮減而不進則消，樂盈而不反則放，禮有報而樂有反，此反經所以爲權也。」〔三〕按，焦氏以法釋「反經」之「經」，甚善。法可反也，道不可反也。公羊之反經，改舊法也；孟子之反經，復常道也。不可混。

又曰：「經者何？常也。常者何？久也。易窮則變，變則通，通則久，未有不變通而能久者也。乾以易知，坤以簡能，易則易知，易知則有親，有親則可久。易即變通也。「常」本「衣裳」之「裳」，

〔二〕焦循，雕菰集，卷十說，說權二。
〔三〕焦循，雕菰集，卷十說，說權三。

其訓「久」者，通於「長」。長从兀、从匕，匕即化。説文言『久則變化』，非變化不可以久，亦未有久而不變化者也。常亦庸也。説文：『庸，用也，从用、从庚。庚，更事也。』更，猶變也。子思子作中庸，直以『庸』字名書。一則云『君子之中庸』『君子而時中』，以『時』字解『庸』字，非變通不可以趣時也；一則云『執其兩端，用其中於民』，以『用』字解『庸』字，非變通不可以利用也。權之於稱也，隨物之輕重以轉移之，得其平而止，物增損而稱則長平轉移之力也，不轉移則隨物爲低昂，而不得其平。故變而後不失常，權而後經正。」〔二〕又曰：「仁義禮知信，萬古行之而不易，故曰五常。五常即五行之性。故黄帝考建五常，謂五氣，行天地之中，以候其天和。春秋寒暑，迭相爲經，權在其中矣。恭慎勇直，經也。無禮則勞，無禮則葸，無禮則亂，無禮則絞，不知權也，故聖人之轉移天下也以禮。仁知信直勇剛，經也。不好學則其蔽愚，其蔽蕩，其蔽賊，其蔽絞，其蔽亂，其蔽狂，不知權也，故君子之轉移氣質也以學。」〔三〕又曰：「聖人以權運世，

〔二〕焦循，雕菰集，卷十説，説權四。
〔三〕焦循，雕菰集，卷十説，説權五。

君子以權治身。權，然後知輕重，非權則不知所立之是非，鮮不誤於其所行，而害於其所執。周易以易名書。孔子曰：『五十以學易，可以無大過矣。』學易何以無大過？以其能變通也。無可無不可，聖人之權也。孟子曰：『男女授受不親，禮也；嫂溺援之以手，權也。』又曰：『嫂溺不援，是豺狼也。』自守於禮而任嫂之死於溺，此害於禮者也。援則反乎禮而善矣。娶妻如何？必告父母，禮也。告則不得娶，以懟父母，且至於無後。無後爲不孝之大，故曰：『舜不告而娶，爲無後也。』是舜之反經也。任人問屋廬子，食色與禮孰重，而語之曰：『以禮食，則不得食；以親迎，則不得妻。』夫親迎之不得妻，猶之告則不得娶也。不告而娶，舜行之矣。娶妻固有不必待親迎者，孟子舉『紾兄之臂』與『踰牆摟處子』，而顯示之曰：『不揣其本，而齊其末，方寸之木可使高於岑樓。金重於羽者，豈謂一鉤金與一輿羽之謂？』權之義，分之析之，明且盡矣。親迎，禮也。必親迎則不得妻，失男女之時，絶祖宗之祀，雖不親迎可也。摟其處子，則强暴淫亂之夫，王者所誅，君子所不齒，寧無妻，不爲也。孔子章甫逢掖，其常也；微服，反常也。必儒衣儒冠以攖桓魋之怒，是輕生也。子羔處難而不由竇，則孔子以爲愚，爲不知權也。曾子易簀，未安而終。易簀固死，不易簀亦死，不敢久於安也。微服則不死，不微服則死，不敢苟於死也。皆權也。陳代曰：『不見諸侯，宜若小然。今一見之，大則王，小則霸，枉尺而直尋，宜若可爲也。』枉尺，一鉤金也；直尋，一輿羽也。以不親迎而得妻推之，故曰『宜若可爲』，不知不親迎，反乎經，而不枉乎道。經可反也，道不可枉也。枉己者，未有能直人者也。故曰：『君子欲仕，又惡不由其道。不由其道而往，爲鑽穴踰牆之類，非徒不親迎之類也。』」〔二〕又曰：「史記、漢書不爲紀信立傳，附見項羽、高帝本紀亦寥寥，非特筆檢之殊不快。及閱董子春秋繁露，乃知其故。當時重公羊學，公羊家以逢丑父爲欺三軍，當斮。董子凡三言之。一以爲不如祭仲之知權，一以爲不如轅濤塗之不宜執，一以比楚子虔之殺蔡世子，謂獲虜逃遁者，君子所甚賤。丑父措其君於人所甚賤，以生其君，春秋以爲不知權而簡之。前正而後有枉者，謂之邪道，雖能成之，春秋不愛。欺三軍，爲大罪於晉；其免頃公，爲辱宗廟於齊。由法論之，則丑父欺而不中權，忠而不中義。漢之紀信，即齊之丑父也。當時之論丑父如此，則不滿於紀信可知。方以紀信爲邪道，司馬氏與

〔二〕 焦循，雕菰集，卷十説，説權六。

董子同時，其習聞之矣，此紀信所以簡之不立傳也。按，公羊傳「欺三軍」之言出自晉，晉之斮之也固宜，亦未嘗有譏丑父爲邪道，爲不知權。董子據晉人之言，以爲丑父欺三軍，則是以司寇據讎敵之片言，以入被誣者之罪。若謂丑父是時宜與頃公同死社稷，尤爲迂論。頃公歸而賓媚人，成盟，晉師退矣。頃公發憤有爲，齊且大振，晉侯且高其義，畏其德，使諸侯復歸其侵地。若與丑父同死靡笄之下，晉率魯、衞之軍直入徐關，國已無主，其辱更不可測。頃公之遁，無異孔子之微服過宋。孔子微服不爲辱，頃公何辱之有？紀信之於沛公，所係尤大。當時無信誑楚，高帝安危正不可知，漢且由是滅矣。謂漢四百年天下，紀信實與之可也。余謂逢丑父、紀信，千古之大忠也，君子知權，莫過於是。董仲舒以爲不如祭仲，失之甚矣。況左氏述丑父之言，晉人實免之。晉人固許其忠，詎有忠於事君，而爲枉爲邪道者乎？」〔二〕又曰：「有王者之權，有霸者之權，有君子之權，有小人之權。王者以權平天下，霸者以權富其國，君子以權修身，小人以權詐人。通其變，使民不倦，神而明之，使民宜之，王者之權也善。用非其有，使非其人，動言搖辭，萬民可

〔二〕焦循，雕菰集，卷十說，說權七。

得而親，霸者之權也。君子之權，孔子、孟子所言是也。小人之權，孟子所云機變之巧是也。小人之權宜隱，君子之權不可離，無權則賊道矣，是故荀子曰：『人無動而可不與權俱。』」〔二〕

唯其時物

姚氏説以呂覽曰：「愛惡循義，文武有常，聖人之元也。譬之若寒暑之序，時至而事生之。聖人不能爲時，而能以事適時。」〔三〕

文不當，故吉凶生焉。

干氏曰：「動作云爲，必考其事，令與爻義相稱也。事不稱義，雖有吉凶，則非今日之吉凶也。故『元亨利貞』，而穆姜以死；『黄裳元吉』，南蒯以敗。是所謂『文不當』也。故於經則有君子吉，小人否，於占則王相之氣，君子以遷官，小人以遇罪也。」案，干就占者言，恐非聖傳本義。然其言亦足以爲教，故録之。

〔二〕焦循，雕菰集，卷十説，説權八。

〔三〕姚配中，周易姚氏學，卷十五。

危者使平，易者使傾。

姚氏曰：「陰消陽長，陽極陰生，无平不陂，无往不復。六十四卦旁通反復，孟子所謂『生於憂患，而死於安樂』者也。」[一]

成天下之亹亹者（荀、虞作「娓娓」。）

荀氏曰：「娓娓者，陰陽之微，可成可敗也。順時者成，逆時者敗也。」

剛柔襍居，而吉凶可見矣。

崔氏曰：「得理則吉，失理則凶。」

凡易之情

顧氏炎武曰：「愛惡相攻，遠近相取，情僞相感，人心之至變也。於何知之？以其辭知之。將叛者，其辭慙；中心疑者，其辭枝；吉人之辭寡，躁人之辭多；誣善之人，其辭遊；失其守者，其辭屈。聽其言也，觀其眸子，人焉廋哉？是以聖人設卦以盡情僞。夫誠于中，必形于外，君子之所以知人也。百物而爲之備，使民知神姦，先王之所以鑄鼎

[一] 姚配中，周易姚氏學，卷十五。

也。故曰：『作易者，其有憂患乎？』周身之防，御物之智，其全於是矣。」〔二〕

中心疑者，其辭枝。

姚氏説以荀子曰：「凡觀物有疑，中心不定，則外物不清。吾慮不清，則未可定然否也。」又曰：「心枝則无知，傾則不精，貳則疑惑。」〔三〕

説卦

窮理盡性，以至於命。

鄭氏曰：「言窮其義理，盡人之情性，以至於命，吉凶所定。」〔三〕

乾爲天，爲圓。

焦氏循曰：「天之道圓，惟圓乃直。後人以同流合汙爲圓，非圓也。地之道方，惟方

〔一〕顧炎武，日知録，卷一。
〔二〕姚配中，周易姚氏學，卷十五。
〔三〕鄭玄，周易鄭注，王應麟輯，説卦第十。

乃通。後人以絶物忤世爲方，非方也。圓則自彊，而無所依倚。同流合汙，則依倚，不能自彊。方則推廣，而無所崖岸。絶物忤世，則崖岸，不能推廣。方之言旁也，天旁通於地。故地之德方，處乎中，東西南北在其四旁，則爲四方。并四隅言之，則爲八方。極而言之，則爲萬方。方非以隅角名之也。自彊不息，則得乎道之圓；厚德載物，則得乎道之方。厚以載物，則能旁通。自彊成己也，載物及物也。物在己，旁而推而通之，德施普矣。普即方也。故絶物忤世者，反乎方者也。」〔一〕

爲君，爲父。

姚氏曰：「至尊之卦，以君臣言則爲君，以父子言則爲父。君者，臣之天；父者，子之天；夫者，妻之天也。」〔二〕

兑爲口舌。

顧氏炎武曰：「兑爲口舌。其於人也，但可以爲巫、爲妾而已。以言説人，豈非妾婦

〔一〕焦循，雕菰集，卷十説，説方上。
〔二〕姚配中，周易姚氏學，卷十六。

之道乎？凡人於交友之間，口惠而實不至，則其出而事君也，必至於靜言庸違。故舜之御臣也，敷奏以言，明試以功。而孔子之于門人，亦聽其言而觀其行。唐書言韋貫之自布衣爲相，與人交，終歲無款曲，未嘗僞辭以悦人，其賢於今之人遠矣。」〔二〕

序卦

有天地，然後萬物生焉。

干氏曰：「物有先天地而生者矣，今正取始於天地。天地之先，聖人弗之論也，故其所法象，必自天地而還。老子曰：『有物混成，先天地生，吾不知其名，彊字之曰道。』上繫曰：『法象莫大乎天地。』莊子曰：『六合之外，聖人存而不論。』春秋穀梁傳曰：『不求知所不可知者，智也。』而今後世浮華之學，彊支離道義之門，求入虛誕之域，以傷政害民，豈非讒説殄行，大舜之所疾者乎？」

〔二〕顧炎武，日知録，卷一。

屯者，物之始生也。

荀氏曰：「謂陽動在下，造生萬物於冥昧之中也。」

比必有所畜，故受之以小畜。物畜然後有禮，故受之以履。

姚氏曰：「既庶，則富之；既富，則教之。」〔一〕

物不可以終盡剥，窮上反下，故受之以復。

淮南子曰：「動而有益，則損隨之，故易曰剥之不可遂盡也，故受之以復。積薄而厚，積卑爲高，故君子日孳孳以成煇，小人日快快以至辱。」

有天地，然後有萬物；有萬物，然後有男女；有男女，然後有夫婦；有夫婦，然後有父子；有父子，然後有君臣；有君臣，然後有上下；有上下，然後禮義有所錯。

干氏曰：「此詳言人道、三綱、六紀有自來也。人有男女、陰陽之性，則自然有夫婦配合之道；有夫婦配合之道，則自然有剛柔、尊卑之義。陰陽化生，血體相傳，則自然有父子之親；以父立君，以子資臣，則必有君臣之位；有君臣之位，故有上下之序；有上

〔一〕姚配中，周易姚氏學，卷十六。

下之序，則必禮以定其體，義以制其宜。明先王制作，蓋取之於情者也。上經始於乾、坤，有生之本也；下經始於咸、恒，人道之首也。易之興也，當殷之末世，有妲己之禍，當周之盛德，有三母之功。以言天不地不生，夫不婦不成，相須之至，王教之端。故詩以關雎爲國風之始，而易於咸、恒備論禮義所由生也。」

雜卦

干氏曰：「凡易既分爲六十四卦，以爲上下經，天人之事各有始終。夫子又爲序卦，以明其相承受之義。又重爲雜卦，以易其次第。雜卦之末，又改其例。化而裁之存乎變，是故聖人之於天下也，同不是，異不非，百世以俟聖人而不惑，一以貫之矣。」

附孔子論易（以下皆顧氏炎武説。）

孔子論易見於論語者二章而已：曰加我數年，五十以學易，可以無大過矣；曰南人有言曰：「人而無恒，不可以作巫醫。」善夫！不恒其德，或承之羞，子曰：「不占而已矣。」是則聖人之所以學易者，不過庸言庸行之間，而不在乎圖書象數也。今之穿鑿圖象以自爲能者，畔也。記者於夫子學易之言，而即繼之曰：「子所雅言，詩、書、執禮，皆雅言也。」是知夫子平日不言易，而其言詩、書、執禮者，皆言易也。人苟循乎詩、書、執禮之常而不越焉，則自天祐之，吉无不利矣。故其作繫辭傳，於悔吝、无咎之旨，特諄諄焉。而大象所言，凡其體之於身，施之於政者，無非用易之事。然辭本乎象，故曰：「君子居則觀其象而玩其辭。」觀之者淺，玩之者深矣。其所以與民同患者，必於辭焉著之，故曰：「聖人之情見乎辭。」若「天一地二」「易有太極」二章，皆言數之所起，亦贊易之所不可遺，而未嘗專以象數教人爲學也。是故出入以度，无有師保，如臨父母，文王、周公、孔子之易也；希夷之圖，康節之書，道家之易也。自二子之學興，而空疏之人、迂怪之士舉，竄迹於其中以爲易，而其易爲方術之書，於聖人寡過反身之學去之遠矣。詩三百，一言以蔽之，曰：思無邪。易六十四卦，三百八十四爻，一言以蔽之，曰：不恒其德，或承之羞。夫子所以思得，見夫有恒也。有恒，然後可以無大過。〔二〕

〔二〕顧炎武，日知録，卷一。

卜筮

洪範曰：「謀及乃心，謀及卿士，謀及庶人，謀及卜筮。」孔子之贊易也，亦曰「人謀鬼謀」。夫庶人，至賤也，而猶在蓍龜之前，故盡人之明而不能決，然後謀之鬼焉。故古人之於人事也，信而有功；於鬼也，嚴而不瀆。子之必孝，臣之必忠，此不待卜而可知也。其所當爲，雖凶而不可避也，故曰：「欲從靈氛之吉占兮，心猶豫而狐疑。」又曰：「用君之心，行君之意，龜策誠不能知此事。」善哉！屈子之言。其聖人之徒歟？卜居屈原自作，設爲問答，以見此心非鬼神、吉凶之所得而移耳。王逸序乃曰：「心迷意惑，不知所爲。往至太卜之家，決之蓍龜，冀聞異策，以定嫌疑。」則與屈子之旨大相背戾矣。洪興祖補注曰：「此篇上句皆原所從，下句皆原所去。時之人去其所當從，從其所當去，其所謂吉，乃原所謂凶也。」可謂得屈子之心者矣。禮記少儀：「問卜筮曰：『義與？志與？』義則可問，志則否。」子孝臣忠，義也；違害就利，志也。卜筮者，先王所以教人去利懷仁義也。石駘仲卒，無適子，有庶子六人，卜所以爲後者，曰：「沐浴佩玉則兆。」五人者皆沐浴佩玉。石祁子曰：「孰有執親之喪，而沐浴佩玉者乎？」不沐浴佩玉。石祁子兆，衛人以龜爲有知也。南蒯將叛，枚筮之，遇坤之比，曰：「黄裳，元吉。」子服惠伯曰：「忠信之事則可，不然必敗。外彊内温，忠也；和以率貞，信也。故曰：『黄裳，元吉。』黄，中之色也；裳，下之飾也；元，善之長也。中不忠，不得其色；下不共，不得其飾；事不善，不得其極。且夫易不可以占險，猶有闕也。筮雖吉，未也。」南蒯果敗。是以嚴君平之卜筮也，與人子言依於孝，與人弟言依於順，與人臣言依於忠。而高允亦有筮者，當依附爻象，勸以忠孝之論，其知卜筮之旨矣。申鑒：「或問卜筮，曰：『德斯益，否斯損。』曰：『何謂也？』『吉而濟，凶而救，之謂德；吉而恃，凶而怠，之謂損。』」君子將有爲也，將有行也，問焉而以言，其受命也如嚮，告其爲也，告其行也。死生有命，富貴在天。若是，則無可爲也，無可行也。不當問，問亦不告也。易以前民用也，非以爲人前知也。求前知，非聖人之道也。是以少儀之訓曰：「毋測未至。」郭璞嘗過顔含，欲爲之筮。含曰：「年在天，位在人。修己而天不與者，命也；守道而人不知者，性也。自有性命，無勞蓍龜。」文中子子謂北山黄公善醫，先寢食，而後鍼藥；汾陰侯生善筮，先人事，而後説卦。金史方伎傳序曰：「古之爲術，以吉凶導人，而爲善；後世術者，或以休咎導人，而爲不善。」〔二〕

〔二〕顧炎武，日知録，卷一。

圖表第三

六藝者，圖所生也。伏羲畫卦，卦即圖也。惠、張氏之圖易，根據古義，其審察消息，原始要終，足以識天人之故、性命之理，否泰倚伏之機、殃慶由來之漸，而得聖人吉凶與民同患之心、撥亂反正之用，時止時行，進退存亡，不失其正之道，蓋七十子之遺學，漢師之精義，於是爲著。然生蓍、立卦、生爻諸事，考之十翼之文，其次序猶有倒置者。愚既據聖傳正之，語在明例，復刺取諸圖，删著於篇。圖例相應，如枝枝相直，葉葉相當，雖童蒙之流，可一覽而悟也。

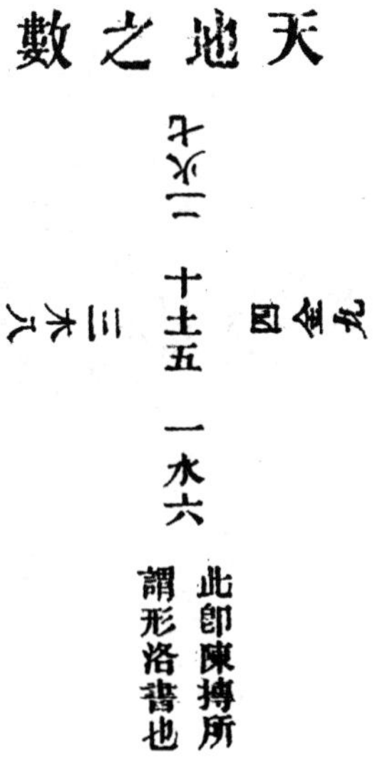

案，此大衍之數，七、八、九、六之變所自出。

以上生蓍倚數。

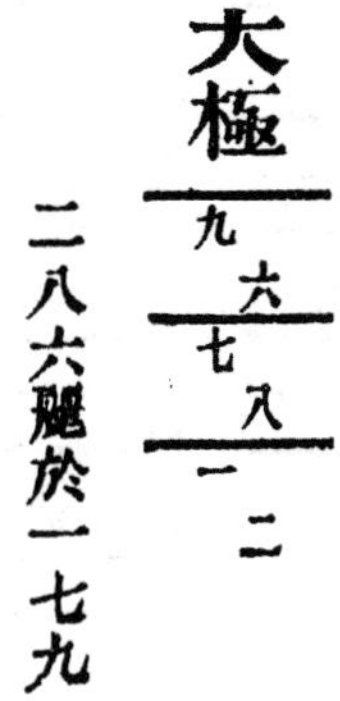

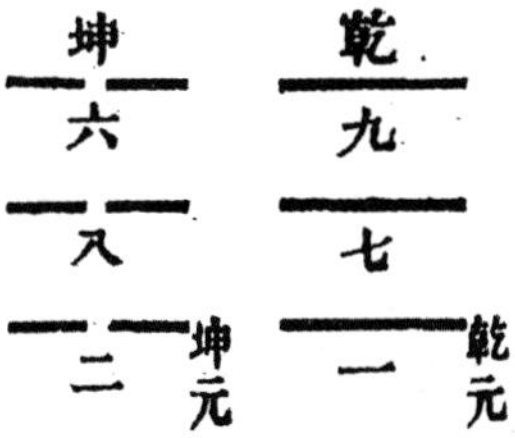

此及下圖參取虞、荀義。

乾坤生六子

八卦布散用事

此張氏卦氣用事圖。

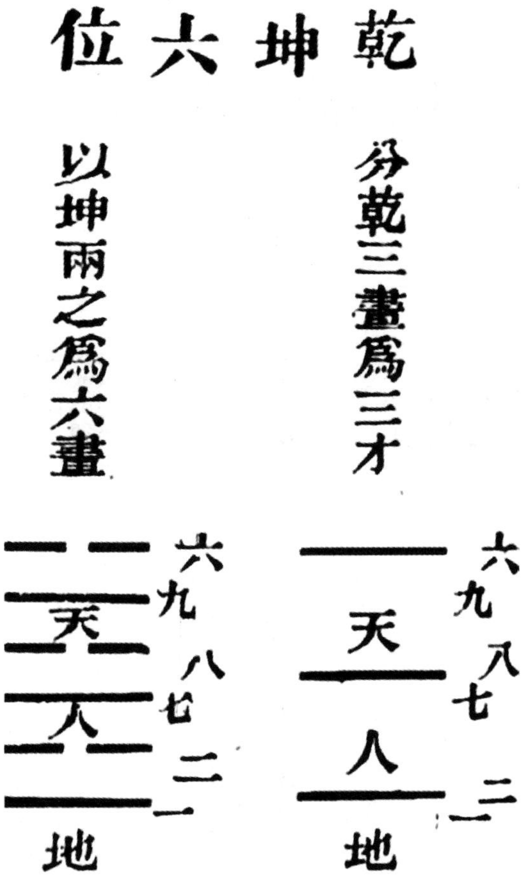

此太極本體，既濟之象。六位既定，因而重之。八卦之上各加八卦，而六十四卦成矣。

以上立卦。

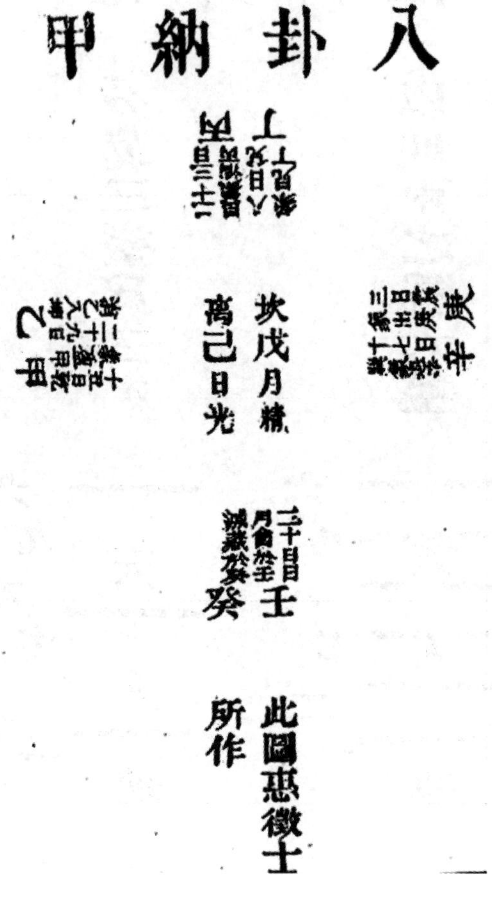

按，此消息所取法。

十二消息，六十四卦消息，詳明例。

以上生爻。

旁通，詳明例。

反卦

張氏曰：反卦與旁通表裏，此序卦消息也。序卦注闕，其義不詳，今略依虞例次而說之。

乾坤旁通

屯蒙反。乾交坤出震爲屯，故曰「萬物之始生也」。屯反成蒙，坤凝乾成性，震動而止地上。艮爲少，故曰「物之穉」。

需訟反。即謂大壯、遯也。大壯通坤，所以養就乾元。需坎水流兑口，蒙頤中无物，故需養之，爲飲食之道。然大壯陽傷之，需傷陰，陰陽相傷，故消遯，反而成訟。

師比反。遯消至二，乾二入於坤而通陰，坤爲衆，震爲起，故訟有衆起。反成比，二升正五，五陰比之也。

小畜履反。陰比陽則畜陽，故曰「比必有所畜」。豫四比五，皆復初也。復小陽潛，故小畜反成履。天正乎上，兑卑乎下，陽畜乎陰則尊，故曰「物畜然後有禮」。

䷊泰否反，亦旁通。坤闔成乾，則息交泰，巽入坤安，故履然後安也。泰、否反類。

䷌同人大有反。否乾消師二爲復，息同人，乾坤通，故曰「物不可以終否也」。反成大有，比五之息乾，有於坤五，陽應陰，乾爲人爲物，故曰「與人同者，物必歸焉」。

䷎謙豫反。坤同於乾，乾元復歸，謙豫其象也。大有五動則乾盈，盈將入坤。乾元不居五而居三，故曰「有大者不可以盈」。謙反成豫，體復初通陰，陰皆怡豫，故曰「有大而能謙，必豫」。

䷐隨蠱反，亦旁通。此泰否旁通卦也。謙乾元正，又將息泰，故以隨蠱況泰也。隨陰隨陽，否家之卦，豫爲陰元，故曰「豫必有隨」。隨反成蠱，隨又通之否，爲泰治事也，故曰「以喜隨人者必有事」。

䷒臨觀反。泰之前則臨。臨者，以陰隨陽之道也，故曰「有事然後可大」。可大則盈泰也，泰反否消觀，本由臨大，雖消，猶中正以觀天下。

䷔噬嗑賁反。此否泰相反卦也。噬嗑否來陽，噬陰合之，所以救消陽。觀陰欲合之，故曰「可觀而後有所合」。賁泰來，剛柔相文，故曰「物不可以苟合」。然致飾之道，泰所以消也。

䷖剥復反。賁與噬嗑，否泰相尋，乾坤之美盡，故曰「亨則盡矣」。故消剥入坤也，復反於下，乾元終始，此先剥後復，以乾出於屯而窮於剥復者象繼世。

䷘无妄大畜反。更本復元也。本由遯消，乾復正上，震復生下，乾元无亡，自遯消而始正乾元，至剥盡而入坤出復，即此也。未出不可見，由其復知其无亡，故曰「復則不妄矣」。无妄反爲大畜，明无妄之畜於坤中，乃以出復也，故「有无妄，物然後可畜」。

䷚頤䷛大過旁通。頤乾牝於坤，故曰「物畜然後可養」。大過乾死，故注云：「人頤不動則死也。」

䷜坎䷝离旁通。謂乾坤二五合乾，有盡而无息，但陷於陰中，而陰麗之，即謂頤牝乾也，所以剥之反即復。

右上經明天道，言乾坤也。屯蒙爲始，坎离爲終，原始及終之道備矣。出於屯蒙，養於大壯，而遯消；通於師比，成於泰，而否消；息於同人、大有，大於臨，而觀消；往來於噬嗑、賁，而剥消；正於无妄，合於坎离，復出焉。故自乾而遯、而否、而觀、而剥，爲消之次，數往者順。自坎、离，而復、而臨、而泰、而大壯、而乾，爲息之次，知來者逆。不言夬、姤者，姤坤生，不言於乾元也。大壯、遯不正，言者惡以陽避陰也。

䷋有天地。注云：「天地，否也。」䷊然後有万物。注云：「谓否反成泰。天地氤氳，萬物化醕，故有萬物也。」䷞有萬物，然後有男女。注云：「謂泰已有否，否上之三，反正成咸。咸艮爲男，兑爲女，故有男女。」䷟有男女，然後有夫婦。注云：「咸反成恒。震爲夫，巽爲婦，故有夫婦也。」䷠有夫婦，然後有父子。注云：「謂咸上復乾成遯。乾爲父，艮爲子，故有父子。」䷋有父子，然後有君臣；有君臣，然後有上下；有上下，然後禮義有所錯。注云：「謂遯三復坤成否。乾爲君，坤爲臣，故有君臣也。乾君尊上，坤臣卑下，天尊地卑，故有上下也。天、君、父、夫，象尊錯上；地、婦、臣、子，禮卑錯下。坤，地道，妻道，臣道，故禮義有所錯者也。」

䷞咸恒反。禮義起於否也。咸男女反恒夫婦，由泰通也。自少而長，故不可不久也。䷠遯大壯反。遯，否前卦也。咸上在恒巽爲入處，復乾成遯。震行居艮山，故曰「不可以終久於其所」。否反泰而復息大壯，遯而復息，故曰「不可以終遯」。

䷢晉明夷反。大壯爲陰所傷，傷則消入觀。觀四進五，以陰麗陽，消道時止，故曰「物不可以終壯」。晉反成明夷，坤亂於上，臨二之三，傷於陰，進有所傷。䷤家人睽反。晉二麗五，退反居下，成家人，故曰「傷於外者必反其家」。家人自遯來，消卦也。消時故家道窮，反成睽，睽通蹇，息乾元。䷦蹇解反。蹇三乾元，泰三也。睽旁通蹇，陰陽乖而三入坎，故有難，反成解。解，臨生也，則息泰。

䷨損益反。損益，衰盛之始也。解息泰，泰生損反否，故曰「緩必有所失」。否生益，又反泰，故曰「損而不已必益」。䷪夬姤反。否反泰則決陰，故益而不已必決。陰入乾出，而遇陽成姤，天地相遇，品物咸章，故曰「決必有所遇」。䷬萃升反。萃五，乾元所以通陰也。以陽聚陰，故曰「相遇而後聚」。乾元正則又息，故反成升，升則上而成泰，故曰「聚而上者謂之升」。

䷮困井反。困井，既濟、未濟之前卦也。升息泰反而否，否成困則未濟，否之極也。極則反泰，泰成井則既濟，泰之極也。由升至困，歷泰否，故曰「升而不已必困」。困時五困於上，成井，反於二，爲寒泉，故曰「困乎上者必反下」。

䷰革鼎反。革鼎皆乾元也。否泰相尋，極於既濟，是謂一終，乾元易世，故曰「井道不可不革」。鼎所以孰物，故曰「革物者莫若鼎」。新震出於故乾，時當之否，故先革而後鼎。䷲震艮反。乾老震生，象長子。震則泰矣，反否消觀而成艮，陽止於上，故曰「物不可以終動」。

䷴漸歸妹反。否三進之四，所以反泰，反成歸妹。泰三之四，陽歸於陰，又反否。䷶豐旅反。否至噬嗑，泰來變豐，否又反泰，陽來合陰，故陰得所歸而大。泰至賁，否來變旅，泰又反否，陽道之極，故曰窮大。乾寄於坤，故无所容。䷸巽兌反。巽，否之前；兌，泰之後。陽寄陰，則消入巽成否，反決陰成兌，又過乎泰也。

䷺渙節反。否將泰，成渙，陽自四之二，入陰散之，故曰「說而後散之」。既泰將否，成節，泰三之五，陽自節止，陰猶歸陽，故曰「物不可以終离」，所以持泰。䷼中孚小過旁通。否消至息，其卦中孚，節上復乾，坎形乎中，故曰「節而信之」。泰息至消，其卦小過，中孚下體臨，小過行臨而消於坤，故五過，故曰「有其信者必行之」。䷾既濟未濟反。由臨之觀，必歷既濟，故曰「有過物者必濟」。物謂泰，乾坤也。既濟窮矣，反成未濟。漸生於下，歸乎中孚，又以反泰，終則有始，故終焉。

右下經明人事，言泰否也。始乎咸恒，通乎既未濟，泰否往來之義備矣。否感於咸，往來於遯、大壯，正乾元於蹇，而解息泰；泰衰於損，出入於夬、姤，正乾元於萃，而升息泰。困窮未濟，井終既濟，而泰運極。正乾元於革鼎，而震復生，消於艮，泰不定矣。漸、歸妹互正，消巽入否而出兌，已過乎泰矣。渙、節，承漸、歸妹者也。中孚、小過，消息也。既濟、未濟，其成也。言不正泰者，既濟不可終也。故咸恒爲始，困井爲交，既未濟爲終，自咸恒而損，損則困，未濟也。困則漸，漸則豐，豐則渙，渙則中孚，中孚則既濟矣，是爲否反成泰。自咸恒而益，益則井，既濟也。井而歸妹，歸妹則旅，旅則節，節則小過，小過則未濟矣，是爲泰已又否。〔一〕

〔一〕張惠言，周易虞氏消息，卷二，反卦第十二。

惠氏卦氣六日七分圖

惠氏十二消息主七十二候圖

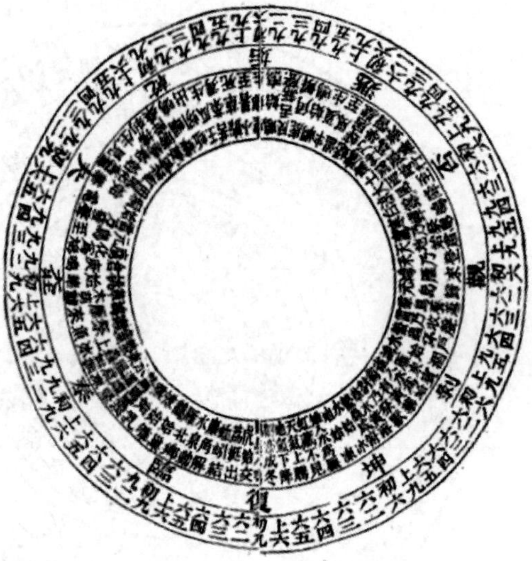

張氏十二消息卦氣圖

案，惠氏七十二候圖以十二消息正當十二月，每卦初爻直月初之候，至上爻直月末之候。張氏此圖則以乾起子中，坤起午中，十二卦氣皆起月中，則初爻當直公卦之候。似張義爲長。

大衍歷步發斂術

天中之策五，餘二百二十一，秒三十一，秒法七十二。

地中之策六，餘二百六十五，秒八十六，秒法一百二十。

貞悔〔一〕之策三，餘百三十三，秒百三。辰法七百六十。刻法三百四。

推七十二候，各因中節大小餘命之，即初候日也。以天中之策及餘秒加之，數除如法，即次候日。又加，得末候日。凡發斂皆以恒氣。

推六十卦，各因中氣大小餘命之，公卦用事日也。以地中之策及餘秒累加之，數除如法，各次卦用事日。若以貞悔〔二〕之策加諸候卦，得十有二節之初，外卦用事日。

推五行用事，各因四立大小餘命之，即春木、夏火、秋金、冬水首用事日也。以貞悔〔三〕之策及餘秒減四季中氣大小餘，即其月土始用事日。

〔一〕原文爲「𠧩」。
〔二〕原文爲「𠧩」。
〔三〕原文爲「𠧩」。

常氣月中節，四正卦。	初候	次候	末候
	始卦	中卦	終卦
冬至十一月中，坎初六。	蚯蚓結	麋角解	水泉動
	公中孚	辟復	侯屯內
小寒十二月節，坎九二。	雁北鄉	鵲始巢	野雞始雊
	侯屯外	大夫謙	卿睽
大寒十二月中，坎六三。	雞始乳	鷙鳥厲疾	水澤腹堅
	公升	辟臨	侯小過內
立春正月節，坎六四。	東風解凍	蟄蟲始振	魚上冰
	侯小過外	大夫蒙	卿益
雨水正月中，坎九五。	獺祭魚	鴻雁來	草木萌動
	公漸	辟泰	侯需內

驚蟄二月節，坎上六。	桃始華	倉庚鳴	鷹化爲鳩
	侯需外	大夫隨	卿晉
春分二月中，震初九。	元鳥至	雷乃發聲	始電
	公解	辟大壯	侯豫內
清明三月節，震六二。	桐始華	田鼠化爲鴽	虹始見
	侯豫外	大夫訟	卿蠱
穀雨三月中，震六三。	萍始生	鳴鳩拂其羽	戴勝降于桑
	公革	辟夬	侯旅內
立夏四月節，震九四。	螻蟈鳴	蚯蚓出	王瓜生
	侯旅外	大夫師	卿比
小満四月中，震六五。	苦菜秀	靡草死	小暑至
	公小畜	辟乾	侯大有內

芒種五月節，震上六。	螳螂生	侯大有外	鶪始鳴	大夫家人	反舌無聲	卿井
夏至五月中，离初九。	鹿角解	公咸	蜩始鳴	辟姤	半夏生	侯鼎內
小暑六月節，离六二。	温風至	侯鼎外	蟋蟀居壁	大夫豐	鷹乃學習	卿渙
大暑六月中，离九三。	腐草爲螢	公履	土潤溽暑	辟遯	大雨時行	侯恒內
立秋七月節，离九四。	涼風至	侯恒外	白露降	大夫節	寒蟬鳴	卿同人
處暑七月中，离六五。	鷹祭鳥	公損	天地始肅	辟否	禾乃登	侯巽內

白露八月節，离上九。	鴻雁來	元鳥歸	羣鳥養羞	侯巽外	大夫萃	卿大畜
秋分八月中，兑初九。	雷乃收聲	蟄蟲坯户	水始涸	公賁	辟觀	侯歸妹內
寒露九月節，兑九二。	鴻雁來賓	雀入大水爲蛤	菊有黄花	侯歸妹外	大夫无妄	卿明夷
霜降九月中，兑六三。	豺乃祭獸	草木黄落	蟄蟲咸俯	公困	辟剥	侯艮內
立冬十月節，兑九四。	水始冰	地始凍	野雞入水爲蜄	侯艮外	大夫既濟	卿噬嗑
小雪十月中，兑九五。	虹藏不見	天氣上騰地氣下降	閉塞而成冬	公大過	辟坤	侯未濟內

大雪十一月節，兌上六。

鶡鳥不鳴　虎始交　荔挺出

侯未濟外　大夫蹇　卿頤

十二月爻辰圖

八宮卦次圖〔二〕

乾。上爲世爻不變。	姤。一世。	遯。二世。	否。三世。	觀。四世。	剝。五世。	晉。遊魂用離。	大有。歸魂。
震。	豫。	解。	恆。	升。	井。	大過。兌用。	隨。
坎。	節。	屯。	既濟。	革。	豐。	明夷。坤用。	師。
艮。	賁。	大畜。	損。	睽。	履。	中孚。巽用。	漸。
坤。	復。	臨。	泰。	大壯。	夬。	需。坎用。	比。
巽。	小畜。	家人。	益。	无妄。	噬嗑。	頤。艮用。	蠱。
離。	旅。	鼎。	未濟。	蒙。	渙。	訟。乾用。	同人。
兌。	困。	萃。	咸。	蹇。	謙。	小過。震用。	歸妹。

乾

━	上爲世爻不變。
━	五世變剝。
━	四世變觀。
━	三世變否。下體成坤。
━	二世變遯。
━	一世變姤。

〔二〕 八宮卦次圖及下張行成語引自惠棟易漢學卷四。

張行成曰：「若上九變，遂成純坤，無復乾性矣。乾之世爻，上九不變，九返於四而成离，則明出地上，陽道復行，故遊魂爲晉，歸魂於大有，則乾體復於下矣。」

震

上世不變。　五世變井。　四世變升。　三世變恒，下體成巽。　二世變解。　一世變豫。

坎

上世不變。　五世變豐。　四世變革。　三世變既濟，下體成離。　二世變屯。　一世變節。

艮

上世不變。　五世變履。　四世變睽。　三世變損，下體成兌。　二世變大畜。　一世變賁。

坤

上世不變。　五世變夬。　四世變大壯。　三世變泰，下體成乾。　二世變臨。　一世變復。

張行成曰：「若上六變，遂成純乾，無復坤性矣。坤之世爻，上六不變，六返於四而成坎，則雲上於天，陰道復行，故遊魂之卦爲需，歸魂於比，則坤體復於下矣。」

	上世	五世	四世	三世	二世	一世
巽	上世不變.	五世變噬嗑.	四世變无妄.	三世變益.下體成震.	二世變家人.	一世變小畜.
離	上世不變.	五世變渙.	四世變蒙.	三世變未濟.下體成坎.	二世變鼎.	一世變旅.
兌	上世不變.	五世變謙.	四世變蹇.	三世變咸.下體成艮.	二世變萃.	一世變困.

以上繫辭取義。

附虞氏例圖

日月在天成八卦。

天地之數見前

日月之數

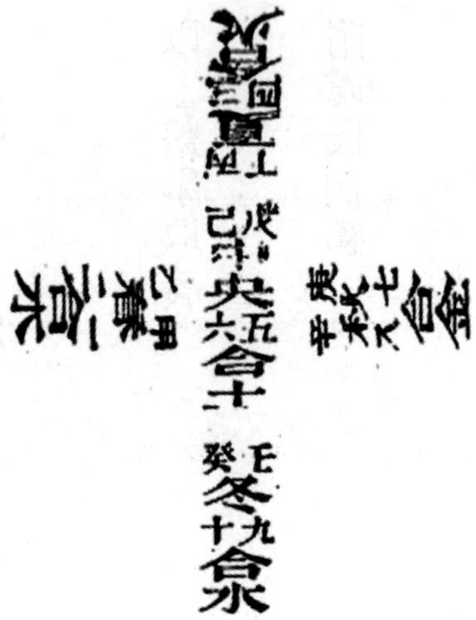

八卦之數、納甲見前

庖犧則天八卦

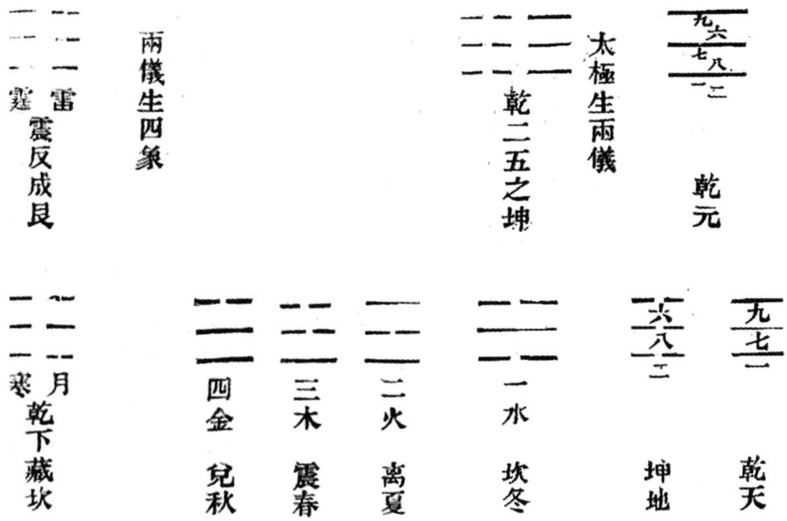
九六
七八
一二
乾元
太極生兩儀
乾二五之坤
兩儀生四象
雷
霆
震反成艮
九
七
一
乾天
六
八
二
坤地
一水
坎冬
二火
离夏
三木
震春
四金
兌秋
月
寒
乾下藏坎

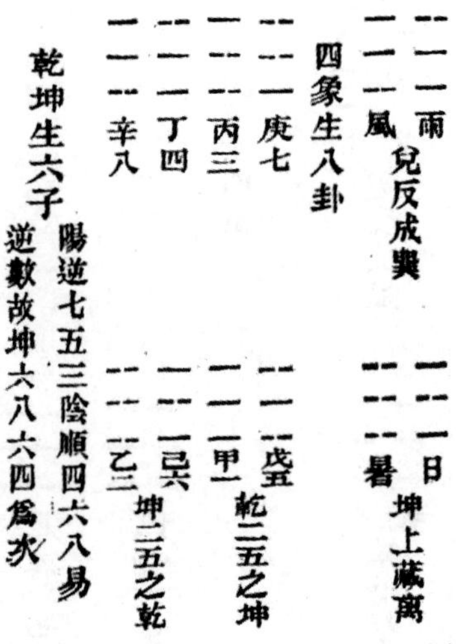

八卦成列

雷霆、風雨、日月、寒暑者，四時、八卦之象也。天、地、山、澤、雷、風、水、火者，乾坤生八卦之象也。

會通第四

漢書藝文志曰：「六藝之文，樂以和神，仁之表也；詩以正言，義之用也；禮以明體，明者著見，故無訓也；書以廣聽，知之術也；春秋以斷事，信之符也。五者蓋五常之道，相須而備，而易爲之原，故曰：『易不可見，則乾坤或幾乎息矣。』言與天地爲終始也。」易道於六藝，無所不貫。今舉其文義相表裏尤顯白者，條列以爲會通篇。

書

易曰：「河出圖，洛出書，聖人則之。」書契之興遠矣！伏羲畫卦，文字之本，政教之原也。象法乾坤，順陰陽，以正君臣、父子、夫婦之義，度時制宜，教佃漁以贍民用，人民乃治。君親以尊，臣子以順，羣生和洽，各安其性，萬世治法由是開焉。歷神農、黄帝，至堯、舜，而治道大備。故孔子删書，斷自唐、虞。易者，變易也，不易也。伏羲教佃漁，神農教耒耨、交易，黄帝作舟車、弧矢、宫室、書契等九事，堯、舜、禹平地成天，湯、武行大義，平殘賊，變通趣時，所謂變易者也。堯、舜稽古，文、武之道同伏羲，荀子語。所謂不易也。易本天道，以訓人事，聖人德合乾元，故書堯典之稽古，師説以爲同天。惟天爲大，惟堯則之，所謂乾元用九，時乘六龍以御天，無爲而治也。乾道主敬，故典以欽始，謨以欽終，帝舜之戒慢遊，周公之作無逸，自强不息也。坤道主順，書謂之若故曰：「欽若昊天。」順者，理也。物各有理，故曰「若予采，若予工，若予草、木、鳥、獸」，所謂順天理物也。知人則哲，能官人，故易辨陰消陽息、君子小人之别也。民安則惠，黎民懷之，故易辨有應無應、得衆失衆之象也。允執其中，時中之義也；皇建有極，三極之道也；平地成天，既濟之事也；洪範之徵，休咎、吉凶、失得之應也；召誥之言性命，乾道變化之功也。王位在德元，天命不易，小人難保，有天德而後能保天位，故必乾五之大人，乃位乎天德也。唐、虞禪讓，故乾二升坤五；殷、周放伐，故師二成比五。易者，吉凶存亡之所以然也；書、詩者，吉凶存亡已然之迹也；春秋者，因吉凶存亡已然之迹，以推所以然之故，而爲之制斷也。殷、周興亡之事，易與書尤相發明，後王之著龜也。經義宏深，不可殫述，述事證若干條如左。

用九，見羣龍。漢儒多以堯、舜爲乾元，禹、稷諸人爲羣龍，姚氏備引爲說。

飛龍在天，乃位乎天德。惠氏說以書曰：「其惟王位在德元。」〔一〕

蒙以養正，聖功也。惠氏引曰：「聖，時風若；曰蒙，恒風若。」〔二〕證聖與蒙反。

泰「以左右民」。惠氏說以書曰：「予欲左右有民。」〔三〕

蠱「先甲三日，後甲三日」。惠氏以爲合於郊天用辛與丁之義，引白虎通說，以春秋傳曰：「以正月上辛。尚書曰：『丁巳，用牲於郊。』」〔四〕春秋類不別出。

噬嗑「雷電」，取其威明，惠氏說以書曰：「德威惟畏，德明惟明。」〔五〕

〔一〕惠棟，周易述，卷十八、二十。
〔二〕惠棟，周易述，卷八。
〔三〕惠棟，周易述，卷十。
〔四〕惠棟，周易述，卷八。
〔五〕惠棟，周易述，卷八。

明夷「利艱貞」。　案，易說文王與紂之事，莫此爲著，足以補書之缺。「箕子之明夷」，亦與微子、洪範篇相表裏。益體震，二月，初九利用爲大作，虞氏以大作爲耕耨，引「日中星鳥，敬授民時」爲證。

既濟、未濟亦言文王與紂之事，「飲酒」、「濡首」，即書所謂「酗於酒德」。「高宗伐鬼方」，足以補書之缺。

繫辭「歸奇于扐以象閏」。　虞氏說以閏月定四時成歲。

河出圖，洛出書。　顧命陳寶有河圖。

耒耨之利，日中爲市。　洪範八政，食貨所自放。

說卦方位　乾鑿度有太乙行九宮之法，二、九、四、七、五、三、六、一、八，取說卦方位而別次其數。說者以爲法龜文，即九疇之數，疑不敢定，姑附於此。

詩

善乎！鄭君之言曰：「孔子録詩，以爲勤民恤功，昭事上帝，則受頌聲，宏福如彼。

違而弗用，則被劫殺，大禍如此。吉凶之所由，憂娛之萌漸，昭昭在斯，足作後王之鑒。」此易與詩相表裏之大義也。禍福無不自己求之者，易以吉凶憂虞示人，而其得失之迹，莫明於詩。易曰：「正其本，萬事理。」故易首乾、坤，詩始關雎，家人之卦，思齊之詩，爲王化之基。易有否泰，「濟濟多士，文王以寧，」君子道長，小人道消，所以泰也；「潝潝訿訿，亦孔之哀，」小人道長，君子道消，所以否也。君子小人不並立，故「雨雪瀌瀌，见晛曰消」，即消息之消也。陽與君子之道不可亡，故「風雨如晦，雞鳴不已」，所謂碩果不食也。三百八十四爻，吉少而凶多；三百五篇，美少而刺多。自古天下治日少而亂日多，觀於殷、周先後興衰之故，積善積不善殃慶之應，豈不彰明較著哉？若夫文、武、周公之聖學，以及烝民、抑戒之作，皆易之微言。十五國之民風，即易之情僞。而二篇、十翼用韻，與詩音條理合一不紊，亦攷古者所當知也。別出事證如左。

屯九五「屯其膏」。虞氏說以詩曰：「陰雨膏之。」[一]

履「視履考詳」。詩曰：「君子所履，小人所視。」

[一] 惠棟，周易述，卷一。

泰「君子道長，小人道消」。　劉子政說詩「雨雪漂漂，见晛曰消」，與易同義。

履彖辭「履虎尾」、泰九二「用馮河」。　詩曰：「不敢暴虎，不敢馮河。」合於履、泰之義。

蠱九二象曰「幹母之蠱，得中道也」，凱風以之。上九「不事王侯，高尚其事」，惠氏引四牡、蓼莪、白華、南陔證之。

觀「利用賓于王」。　虞氏說以詩曰：「莫敢不來王。」

晉「康侯用錫馬蕃庶」。　侯果說以采菽曰：「雖無予之，路車乘馬。」

「晉如碩鼠」。　鄭氏引詩碩鼠爲證。

萃「除戎器，戒不虞」。　虞氏說以詩曰：「修爾車馬，弓矢戎兵。」

「乃利用禴」。　虞氏說以詩曰：「禴祭烝嘗。」

明夷「南狩」、升「南征」。　紂命文王典治南國之諸侯，于此見之。

困「朱紱」、「赤紱」。　皆見詩。

漸六二象曰：「飲食衎衎，不素飽也。」姚氏説以詩曰：「不素餐兮。」[二]

兑「説以先民，民忘其勞；説以犯難，民忘其死」。詩東山序本此。

周禮

易曰：「備物致用，立成器以爲天下利，莫大乎聖人。」昔庖犧氏象天法地，作易名官，君臣初建，人倫實始。自時厥後，聖作明述，通變神化，立功立事，至周而大備。吾於周官見聖人吉凶與民同患之心，而歎其爲致中和、位天地、育萬物、既濟之極功，庖犧氏通德類情之能事於是畢矣。古者凡治天下之道，通謂之禮，故周官謂之周禮。易者，開物成務、備物致用之書，而禮則其所成之務，所備之物。易，禮象也；禮，易事也。惟王建國，設官分職，以爲民極。易之太極，乾元統天也，大宰掌六典，以佐王治。坤元承天也，六官分天地四時，兩儀、四象之位也。官屬三百六十，當期之數也。自格心匡德，用

[二] 姚配中，周易姚氏學，卷十二。

人理財，禮樂兵刑，以及天文地理，工事算數，下而鳥獸、草木、蟲魚、雜物、奇怪，凡有利者無不興，有害者無不除，以至於養欲給求，人無所憾，所謂吉凶生大業，后以財成天下之道，輔相天地之宜，以左右民也。昔文王憂患生民而作易，周公監之，以爲禮經三百，威儀三千。是故八卦方位，井田之法也；地中有水，軍政之象也；雷震百里，康侯錫馬，封建之制也；享帝用禴，祀典之準也。此類繁多，不可殫述。嗚呼！聖人明於天之道，而察於民之故，制而用之謂之法，舉而措之天下謂之事業。上皇象天以作物，後聖稽古以同天，自伏羲而下，由周公而上，其間易姓改物，因時制宜，胡可勝數？而大經大法，則未之有易。故六經之文，其爲道也一，此我中國所以爲普天大地中至富、至强、至治之國也。自秦政不道，奮其私智，盡去前聖爲民經營數千載之法，而中國浸以衰微。封建、井田、學校、宗法，爲先王養民教民、足食足兵莫善之政，悠悠千載，卒不可復。其愚黔首之禍，不效於當時，而效于後世。寇賊姦宄，殊俗異類，得以肆其陵虐，此作易者所不勝憂患者哉！秦焚書滅禮學，易以卜筮之用，未燔。然禮廢而易之大用亡矣！傳曰：「惟幾也，故能成天下之務。」天下之事無不始於幾，由幾而象，由象而事業，以至於動天地，成世運，故曰：「引而申之，觸類而長之，天下之能事畢。」知變化之道者，知神之所爲。利用出入，民咸用之謂之神，此易、禮相通之消息也。世有好學深思，深識治本，欲紓君父之憂，拯生民之禍者，當於此求之。若夫事證，其一隅耳，舉之以備考省。

坤元用六。　姚氏以太宰建邦六典，大計羣吏當之。

屯「即鹿无虞」。　惠氏說以周官山虞。

訟「邑人三百户」。　鄭曰：「小國之下大夫，采地方一成，定出稅三百家。」[一]按，此足推明周官禄田之制。

「地中有水，師」，先王寓兵於農之象。周禮伍兩卒旅之衆，即比閭族黨之民。

比「原筮，元永貞」。　大祝職曰：「求永貞。」

後夫凶。　惠氏說以大司馬「比軍衆，誅後至者」。

比「先王以建萬國，親諸侯」。　大司馬職曰：「比小事大，以和邦國。」

[一] 鄭玄，周易鄭注，王應麟輯，上經乾傳第一。

王用三驅。鄭氏以軍禮說之。張氏曰「田立三表，三驅而止」〔一〕，約大司馬文。

隨「孚于嘉，吉」。惠氏說以昏、冠嘉禮。

噬嗑九四「得金矢」、六五「得黄金」。惠氏說以司寇束矢鈞金。

賁上九「白賁，无咎」。惠氏說以考工記曰：「繪畫之事後素功。」又引論語「繪事後素」。〔二〕論語類不別出。

坎六四「尊酒簋，貳用缶」。惠氏說以「大祭三貳，中祭再貳，小祭壹貳」。

上六，繫用徽纆，寘於叢棘，三歲不得，凶。鄭氏說以嘉石圜土之法。

离「𠫓如其來如，焚如」。鄭氏據掌戮說之曰：「焚如，殺其親之刑。」〔三〕

晉「晝日三接」。侯果說以大行人「三饗」。

萃「用大牲，吉」。鄭氏以爲天子會諸侯而盟之事。

〔一〕張惠言，周易虞氏義，卷一，

〔二〕惠棟，周易述，卷四。

〔三〕鄭玄，周易鄭注，王應麟輯，下經咸傳第四。

乃利用禴。大宗伯所謂「以禴夏享先王」。

鼎「其形剭」。司烜氏所謂「屋誅」。

禮

易曰有天地、萬物、男女、夫婦、夫子、君臣、上下，禮義有所錯。又曰：「天尊地卑，乾坤定矣。卑高以陳，貴賤位矣。」又曰：「上天下澤，履。君子以辯上下，定民志。」履者，禮也，此易之大本，即禮之大本也。又曰：「亨者，嘉之會也。嘉會足以合禮。」又曰：「聖人有以見天下之動，而觀其會通，以行其典禮。」此易之大用，即禮之大用也。道之大原出於天。夫禮，天之經、地之義、民之行也。天地之性，人爲貴。人之爲道也，不仁愛則不能羣，不能羣則不勝物，故人之生生於羣。羣必有所統，故有君臣。凡統其羣者，必能仁愛其羣者也。仁愛之心有所自來，統必有所本，故有父子。本不可以不正，故有夫婦。伏羲別男女，以爲夫婦。有夫婦，而後有父子；有父子，而後有君臣。有父子，則有兄弟；有君臣，則有朋友。伏羲之畫卦也，首乾，次坤，次六子。夫爲妻綱，君爲臣綱，父爲子綱，長少有序，羣居和洽也。有夫婦，則有昏禮；有父子，則有冠禮、喪禮、祭禮；有君臣，則有覲禮、聘禮；有兄弟、長幼、朋友，則有飲食、會聚次序之禮。家有家教，國有國政，相生、相養、相衛之道日以益備。八卦重爲六十四，以通神明之德，類萬物之情也。有父子，則有慈孝；有君臣，則有忠敬；有夫婦，則有廉恥貞信；有兄弟，則有友恭；有朋友，則有信義。所謂元也。君臣、父子、夫婦、兄弟、朋友各盡其忠敬、慈孝、貞信、友恭、道義以相接，而典禮行焉。所謂亨也。人人親其親，長其長，而天下平。父養其子，君養其民，子衛其父，臣衛其君。上下内外，各竭其聰明材力，以相生相養。害至爲備，患生爲弭，事爲之制，曲爲之防，民用和睦，國以安寧。所謂利貞也。故易者，伏羲之禮經也；禮者，周公之易傳也。禮經正人倫，周官立王事，王事出於人倫，皆易之所包也。若夫泰、歸妹、咸、恒可以見昏禮，觀可以見鄉飲酒禮，旅可以見聘禮，豐可以見覲禮，損可以見饋食禮，取象所及，遽數難終，别録其略如左。

易首乾、坤，與禮始冠、昏同義。

屯「乘馬班如」。惠氏説以昏禮親迎。

需「飲食宴樂」。鄭以宴爲享宴。上六「不速之客」，惠氏説以飲酒禮戒賓。需于郊。姚氏以聘禮遂行，舍于郊當之。

觀「盥而不薦」。鄭氏説以天子宗廟之祭，及鄉飲酒禮。惠氏説以禘禮。省方、觀民設教。惠氏以爲巡狩之禮。

六四，觀國之光，利用賓于王。惠氏説以聘禮請觀。

坎「樽酒，簋，貳用缶」。張氏謂：「尊酒」，饗禮；「簋」，食禮；「貳用缶」，燕禮。

咸「取女吉」，彖曰：「男下女。」昏禮親迎取諸此。

「晉：康侯用錫馬蕃庶，晝日三接。」惠氏訓「錫」爲納錫之「錫」，説以覲禮匹馬卓上，九馬隨之。又以覲享天子親勞爲三接。張氏以三享爲三接。

損「二簋用享」。按，特牲禮士祭用二敦，同姓則二簋。

萃「齊資涕洟」。虞氏以爲賻禮。

困九二「朱韍，利用享祀」、九五「赤韍，利用祭祀」。　案，他服謂之韠，祭服謂之韍，於此明矣。

鼎「得妾以其子」。　張氏說以庶子爲父後之禮。

鼎有實。　案，鼎實莫詳於禮。

鼎「玉鉉」、「金鉉」。　禮經今文與易同。古文「鉉」作「扃」。

震「不喪匕鬯」。　鄭曰：「人君於祭之時，匕牲體薦鬯而已。」〔一〕案，特牲主人亦親匕。

漸「女歸吉」。　昏禮用雁，故六爻皆象鴻漸。

歸妹「人之終始」。　昏禮饗婦，舅姑先降自西階，婦降自阼階，授之室以著代是其義。

歸妹以娣。　古者嫁女必姪娣從，娣尊姪卑。士昏禮曰：「雖無娣，媵先。」

上六「承筐」。　鄭氏說以三月祭行之禮。

〔一〕鄭玄，周易鄭注，王應麟輯，下經夬傳第五豐初九「遇其配主，雖旬无咎」。　聘禮曰：「旬而稍。」

九三「折其右肱」。　覲禮候氏右肉袒，告聽事。鄭氏引此爻爲證。

旅初六「旅瑣瑣，斯其所取災」。　鄭氏引聘禮記「辭曰『非禮』，對曰『非禮』」爲説。

繫辭「古之葬者」節。　案，此喪禮所自始。

禮記

易、禮相表裏如此，故二戴禮記不啻皆易傳也。易貴中，禮亦貴中；易貴時，禮時爲大；易貴誠，禮三百、三千皆由誠。中庸，繫辭之義疏，而禮運、樂記、哀公問、孔子閒居等篇，則中庸之類也。月令，説卦之外傳，而夏小正、盛德記、易本命等篇，則月令之類也。「天尊地卑」之文見於樂記，「敬以直内，義以方外」之文本於踐阼記，「六龍御天」之義釋於盛德記。其精微廣大，非學貫天人者，其孰能與于斯？傳曰：「吉凶悔吝生乎動。」人有禮則安，无禮則危。至誠之道，可以前知，禍福將至，動乎四體，故觀其敬肆，而知其人之吉凶，捷於影響，昭若蓍蔡。國家亦然。覘其敬怠、義欲之孰勝，而吉滅凶從，先事可決。此又易、禮一貫之精義也。因述其事證，以示學者。

乾：元、亨、利、貞。　惠氏説以中庸致中和，天地位，萬物育。

君子以自强不息。　惠氏引中庸「抑而强與」説之曰：「而强即自强」〔二〕。

遯世无悶。　中庸所謂「遯世不見知而不悔」。

庸言之信，庸行之謹。　中庸曰：「庸德之行，庸言之謹。」

君子學以聚之，問以辨之，寬以居之，仁以行之。　案，人君不可不學。孔子告哀公，以博學、審問、慎思、明辨、篤行，爲明强之本，義與此同。

「天且弗違」三句。　惠氏説以中庸「建諸天地而不悖，質諸鬼神而無疑，百世以俟聖人而不惑」。

〔二〕惠棟，周易述，卷十。

坤「君子以厚德載物」。　惠氏說以中庸曰：「博厚，所以載物也。」〔一〕

六二之動，直以方也。　深衣記引。

屯「君子以經綸」。　惠氏說以中庸「經綸天下之大經」。

女子貞，不字。　惠氏引曲禮「女子許嫁，笄而字」爲證。

蒙「匪我求童蒙，童蒙求我」。　虞氏曰：「謂禮有來學，無往教。」本曲禮。

初筮告，再三瀆，瀆則不告。　表記引。又鄭注說以學記「師勤功寡」。

訟「或錫之鞶帶」。　虞氏說以内則「男鞶革」。

比「王用三驅，失前禽」。　曲禮曰：「天子不合圍。」

履「上天下澤，履。君子以辨上下，定民志」。　惠氏說以樂記曰：「天高地下，萬物散殊，而禮制行。」〔二〕

蠱「不事王侯，高尚其事」。　表記引。

〔一〕惠棟，周易述，卷十。
〔二〕惠棟，周易述，卷十。

臨「知臨，大君之宜，吉」。　惠氏説以中庸「聰明睿知，足以有臨」。

无妄六二「不耕穫，不菑畬」。　坊記引。

大畜「不家食，吉」。　表記引。

恒九三、六五。　緇衣引。

家人「正家而天下定」，又上九象曰：「威如之吉，反身之謂也。」　大學「身修而后家齊」云云，義本此。

言有物而行有恒。　緇衣曰：「言有物而行有格。」

蹇九五象曰：「大蹇朋來，以中節也。」　惠氏説以中庸「發而皆中節」。

雷雨作，解。君子以赦過宥罪。　姚氏説以月令：「仲春之月始雨水，雷乃發聲。是月也，安萌芽，養幼少，存諸孤，命有司省囹圄，去桎梏，無肆掠，止獄訟。」

損、益「或益之以十朋之龜，弗克違」。　惠氏引表記「不違龜筮」爲解。

益，正月卦。六二曰：「王用亨于帝。」　月令「正月祈穀」本此。又左傳孟獻子説「啟蟄而郊，郊而後耕」，亦與此同。春秋類不別出。

六三「凶事用圭」。　惠氏引雜記「含者執璧，賵者執圭」爲證。

震彖辭「震驚百里」。震爲諸侯。殷以前封國，不過百里，取諸此。周初亦然。見王制、孟子。孟子類不別出。

既濟「東鄰殺牛，不如西鄰之禴祭，實受其福」。　坊記引。

繫辭「天尊地卑」云云。　樂記取此文以説禮曰：「如此，則禮者，天地之別也。」

「剛柔相摩」云云。　樂記取此文以説樂曰：「如此，則樂者，天地之和也。」

精氣爲物，遊魂爲變，是故知鬼神之情狀。　案，鬼神情狀，祭義孔子答宰我之問盡矣。

樂天知命、安土敦仁。　哀公問記曰：「不能安土，不能樂天。」

仁者見之謂之仁，知者見之謂之知，百姓日用而不知。　中庸所謂「賢知過之，愚不肖不及」。

附姚氏配中中庸説

中庸者，所以發明周易之義，而闡其成既濟之功也。易者，元也。元藏於中，不見不聞，故謂之中。天地之中，心之中也，所謂視之不見，聽之不聞，體物而不可遺，上天之載，無聲無臭者也。元之發爲六畫，變爲六爻，往來升降，始終一經者，周也，元之用也。中之發爲事業，而參天地，贊化育者，庸也，中之用也，故曰「中庸」。庸者，用也。太極元氣，函三爲一，所謂一陰一陽之謂道，天之所以命也。天命之謂性，其陰陽之性之在人者，即其陰陽之發，而爲卦畫者也。率性之謂道，人之率性而行焉者，即其由畫而變成爻，七變之九、八變之六者也。一陰一陽之謂道，六畫之定位，太極之全體，所謂中者，此也，所謂元者，亦此也。六十四卦，唯既濟六爻正，其餘諸卦則皆有失位之爻，以此驗性，性可知矣，故曰「修道之謂教」。修之者，修其不正，以歸于正，成既濟，而復太極之體，所謂乾道變化，各正性命，窮理盡性，以至於命者也。案，毗陰毗陽，性之所以當正也。雖毗陰毗陽，而陽性欲升，陰性欲承，性之所以能正也，此天命之也，孟子所謂「性善」也。升者升，承者承，則能正一陰一陽各得其正，盡性以至於命矣。姚氏説稍有未安，爲補正。中不可見，故不睹不聞。不睹不聞，幾也，嘖也。幾者，動之微，吉之先見者也。故莫見乎隱，莫顯乎微。知幾其神，君子者，庶幾者也。元之藏也，未發之爲中者也。元之發而爲一陰一陽，以成既濟者，發而皆中節者也。一陰一陽，各得其正，太極之體，一陰一陽之道也，故曰大本，曰達道，本于是，由于是也。乾道變化，各正性命，保合太和，乃利貞。六十四卦皆成既濟，而易之功用畢矣，故曰：「致中和，天地位焉，萬物育焉。」所謂中庸者，如此而已矣。大舜、文、武、周公、孔子、顏淵、子路者，致中和之人也。至誠至聖，聖人君子者，致中和者之品也。其諸所詳盡而推究之者，則致中和之功、致中和之事、致中和之驗也。易之要，要于成既濟；中庸之要，要于致中和。君子中庸，既濟之六爻正也；小人反中庸，未濟之六爻窮也。知賢過之，愚不肖之不及，所謂仁者見仁，知者見知，百姓日用而不知者也。知陰知陽，見仁見知，執兩用中，而既濟成矣。得善弗失，而既濟定矣。無陰陽之偏，無剛柔之戾，則和而不流，而既濟之道章，中庸之道立矣。用之不中，而索隱行怪。失位之發也，中不能用，而廢以半途。得位之化也，確乎不拔，依乎中庸者，天下一人而已，此既濟之所以獨也。且夫君子之道，其用之而費者，皆其中焉而隱者也。形而上者謂之道，形而下者謂之器，鳶飛戾天，魚躍于淵，察乎天地者，何莫非中乎？故曰：「道不遠人。」乾道成男，坤道成女，君子之道，達乎人倫，行遠自邇，登高自卑，君子亦求其在己者而已。爻之正，由於畫，其不正，亦由於畫也。其謂之鬼神者何也？就中庸而鬼神之也。易之書以大衍成變化，行鬼神。鬼神者非它，易之元，中庸之所以爲中庸，而不見不聞，不可遺者也。故曰：「夫微之顯，誠之不可揜。」如此夫謂中庸也。誠者，天之道也；自誠明者，謂之性。此至誠之道，太極之發，爲既濟者也。誠之者，人之道也。自明誠者謂之教，此其次致曲，化其不正，以歸于正，而成既濟者也。其又謂之誠者，何也？誠者，成也，合中庸而名之者也。誠則形誠于中者，中也，形于外者庸也。誠也者，合内外而名之，舉終始而統之者也。故至誠無息，於穆不已，天之所以爲天，純亦不已，文王之所以爲文。天行健，地勢坤，君子以之，乾圜坤布而易道周，所謂不已者，周而已矣，誠而已矣。範圍不過，曲成不遺，發育萬物，峻極于天，無不持載，無不覆幬，洋洋者焉，肫肫者焉，淵淵者焉，浩浩者焉。既濟之功成，中之用于是至矣。然其要，則自不覩不聞始，知遠之近，知風之自，知微之顯，潛雖伏矣，亦孔之昭，此所謂幾也，嘖也，吉之先見者也。而其極，則至于不賞而民勸，不怒而民威，篤恭而天下平。上天之載，無聲無臭，此則乾元用九，而天下治者也，則陰陽交而既濟定矣。是知中者元也，元者一也，一者易也，無聲無臭而不見不聞者也。知易之元者，其知中庸之中乎？

以上小戴禮記。

大哉乾元，萬物資始。易本命論之詳矣。

時乘六龍以御天。盛德記説御義與此合。用九見羣龍，聖人用衆賢以御政之象。

坤至靜而德方。曾子天圓篇曰：「天道曰圓，地道曰方。」全篇多發明易道。

積善、積不善，辯之早辯。保傅篇引易「正其本，萬物理。失之毫釐，差之千里」，義與此相表裏。

直其正也，方其義也，君子敬以直内，義以方外。武王踐阼記丹書之言曰：「敬勝怠者吉，怠勝敬者滅，義勝欲者從，欲勝義者凶。凡事不强則枉，弗敬則不正。」傳義所本，弗敬則不正，敬與正相將，故上言正而下言敬。惠氏破正爲敬，非矣。

蒙九二「包蒙吉」。姚氏以爲保傅篇胎教之事。

隨與蠱旁通。隨言夫婦，蠱言父子。千乘篇曰：「立妃設如宗廟，立子設如宗社，正以教百姓，則蠱佞不生。」

懲忿窒欲、遷善改過。曾子十篇皆其節目。

升「君子以順德，積小以高大」。　勸學篇曰：「積善成德。」

革「君子以治歷明時」。　夏小正爲授時書之最古者。

八卦方位。　明堂之制所自出，二、九、四、七、五、三、六、一、八，四正四維，合中央之數。

以上大戴禮記。

春秋

聖人，人倫之至也，治辨之極也。天下之治，治于人倫，人倫辨則治，不辨則亂。易曰：「臣弑其君，子弑其父，非一朝一夕之故，其所由來者漸矣，由辨之不早辨也。」孟子曰：「世衰道微，邪説暴行有作，臣弑其君者有之，子弑其父者有之。孔子懼，作春秋。孔子成春秋，而亂臣賊子懼。」易與春秋皆聖人辨人倫、撥亂反正之書也。方生民之初，天下未知父之爲父，君之爲君，而伏羲氏爲之父子焉，爲之君臣焉，辨之也。及殷之末世，君虐於上，民散於下，天命既訖，億萬离心，諸侯背叛，彝倫之不斁者幾希。文王三分天下有其二，率殷之叛國以事紂，彌縫其闕，匡救其違，爲臣止敬，立萬世人倫之極，躬行以辨之也。其作易也，專以明人倫，不取連山之首艮，不取歸藏之首坤，而從伏羲之首乾。乾，天也，其於人也，爲父，爲君，爲夫。故父者，子之天也；君者，臣之天也；夫者，妻之天也。次乾者坤。坤，地也，其於人也，臣道也，妻道也，猶地之順承天也。乾、坤生六子，六子與雜卦並列，子莫敢比擬於父也。開宗明義，而辨之已如日中天矣。其繫辭也，於乾曰「見羣龍无首，吉」，明君父至尊，莫之與先也；於坤曰「利牝馬之貞」，戒臣子當至順也；六五坤德至盛，而其辭曰「黄裳元吉」，黄，中之色也，裳，下之飾也，明當降乾二。乾元位五，坤元位二，天尊地卑而乾坤定，聖人於上下名分之際辨之若是其嚴也。易重消息，陰消陽則凶，息陽則吉，故坤先迷後得主，復小而辨於物。聖人於消長順逆之際，辨之若是其精也。周公卒其業，本之以致太平，制典法，而刑措四十餘年，享國八百餘載。故韓宣子見易象曰：「吾乃今知周公之德，與周之所以王。」謂其正名定分，深根固本，至德要道，可大可久也。及周之衰，天子微，諸侯强，大夫侈，夷狄横，名分寖，以不正甚，至弑逆大惡，史不絕書。孔子以大聖不見用，欲變魯至道，以興周室而不可得，懼人倫之滅絕，而乾、坤或幾乎息也，於是作春秋，以討亂賊。何以討之？以辨討之也。明其爲賊，賊乃可服，春秋之討亂賊，辨其爲亂也，辨其爲賊也。亂臣賊子雖窮凶極悍，未有不懼天下之一旦致討者，故諱其弑莫如深，飾其弑莫如工，冀天下之惛然而莫辨也。晋太史書趙盾弑君，而盾自解之，懼其辨也。齊太史書崔杼弑君，而杼殺之，懼其辨也。襄昭以後，禍變日多，良史罕聞，凶德逆節，習不爲怪。孔子請討陳恒，而爲權臣所阻，不得已而以天經地義、萬世人倫寄之春秋。春秋之討亂賊也，正名以辨之，比事以辨之，充類盡義以辨之，探本窮原以辨之。曷謂「正名以辨之」？當時政在大夫，君弱臣强，魯昭公伐季氏，而自謂弑季氏，名之不正至此而極。春秋凡君殺其臣曰殺，臣弑其君曰弑，弑君二十六同辭。周禮曰：「賊殺其親則焚之，放弑其君則殘之。」書弑者，春秋所以焚之、殘之也。當時史例，凡弑君，稱君，君無道；稱臣，臣之罪。春秋則無論君有道無道，凡弑君者，罪皆在臣。夫父子無獄，君臣無獄，君已被弑，而猶論其有道無道，則凡弑君者皆以其君爲無道者也，是亂臣賊子皆可以解免，而弑逆將公行無忌也。君果無道，其可弑乎？史文之謬，莫此爲甚。春秋斷以義，不以稱君稱臣爲分别曲直之辭，而惟以書弑爲正名定罪之辭，而後亂賊無所逃於天下萬世之誅。後世之爲亂賊者，無所恃以藉口藏身，此「正名以辨之」也。曷謂「比事以辨之」？趙盾弑君，董狐書之，崔杼弑君，南史書之。然盾也杼也弑君而未篡國，故南、董得而懼之，其弑君而篡國者，南、董所不能懼，惟春秋能懼之。春秋凡公薨，必地必葬，而隱公不地不葬，辨其爲弑也。繼弑君，子不言即位，而桓公書即位，辨弑隱者即桓也，此比事以辨之也。曷謂『充類盡義以辨之』？趙盾不弑君，而加之弑君，許止不弑父，而加之弑父。以爲盾也止也雖無弑父與君之心，而充類至義之盡，則與弑無異。苟盾也止也可以解免，則天下之亂賊，將有所藉口，以行其逆惡，而弑禍不可止矣。故明正其罪，以大爲之坊，而後天下懔然於君臣父子之義，辨之早辨也。曷謂「探本窮源以辨之」？春秋深塞亂源，齊崔杼弑君，而豫書齊崔氏來奔，以譏世卿。公子翬弑隱公，而豫書翬帥師以誅專命。宋宣公舍子立弟，當時君子以爲知人，而春秋大居正，謂與夷之禍，宣公爲之，辨之早辨也。故春秋者，辨當時之亂賊，以杜萬世亂賊之漸。辨已亂已賊之爲亂爲賊，以推所由亂，所由賊之漸，所以保全萬世之君臣父子也，所以保全萬世生民也。人非父不生，亦非君不生，天下君君臣臣，而後人人得父其父、子其子，上下各思永保其父子，而後爲君盡君道，爲臣盡臣道。君臣父子，生人之大本也，故曰：「惟天下至誠，爲能經綸天下之大經，立天下之大本。」道之大本出于天，天之經，地之義，人之所以爲心，即易之元也。王者以一人生養保全萬萬生靈，恃此而已。春秋以天治人，以人治人，以王治人。發首書「元」，乾元也。書「王正月」，王者位乎天德，體元者也。書「公即位」，爲子受之父，爲諸侯受之君，君君臣臣、父父子子，屯建侯之繼乾、坤也。王者爲天下正人倫，而後有逆順，有是非，有功罪，賞善罰惡，命德討罪。乾元正，而後分陰陽，出消息，序六位，明吉凶，生大業也。王者大一統，禮樂征伐自天子出，百官得宜，萬事得序，備物致用，以利天下也。諸侯不專封，大夫無遂事，地道无成而代有終也。觀物之動，而先覺其萌，絶亂塞害於將然而未形之時。坤之凝陽，訟之救遯，益之傾否，无妄之明，乾元也。善無細而不舉，惡無細而不去，進善誅惡，明王道之本。坤之言積，臨、遯之戒浸，復之辨於物，見天地之心也。於春每月書王，以通三統，安不忘危，存不忘亡，八月有凶之戒也。監於夏、殷，變通趨時之準也。人事浹，王道備，終於獲麟，既濟定也。當時諸侯無王，故亂臣賊子得而橫行。春秋奉王以正天下，所謂乾元用九而天下治。王法立，則亂賊無不伏其辜。人倫正，而朝廷百官萬民四海無不一於正矣。故曰：春秋，天子之事也，謂周天子也。周天子守府於當時，而當陽大一統於春秋，此即孔子之爲臣止敬，以至順討至不順也。周之法度本於文王，後王亦猶行文王之道，故曰：王者孰謂？謂文王也。春秋本文王作易大義，以撥亂反正，故曰：文王既没，文不在茲乎？文王憂患而作易，孔子懼而作春秋。易首乾、坤，扶陽抑陰以至於既濟，春秋尊王討亂賊，而終於獲麟，皆致中和，位天地，育萬物之事。子思作中庸，易與春秋之通義也。三傳春秋，各有得失，三傳之源流不明，則春秋不明，而與易相表裏之大義亦不明，故各論而列之。

左傳

孟子曰：「晉之承，楚之檮杌，魯之春秋，一也。其事則齊桓、晉文，其文則史。孔子曰：『其義則丘〔二〕竊取之矣。』」左氏所傳，魯春秋之事與文也；公羊、穀梁所傳，孔子春秋之義也。昔孔子與左邱明觀史記，以百二十國寶書，參考魯春秋，筆削之以爲經，而以史書舊文本事屬邱明論之。昔人謂不見魯春秋與百二十國寶書，終不可以見春秋筆削之旨，不知是二者已備著于左傳。左傳所書朝聘、會盟、征伐之等，皆舊史之事也。所舉五十凡，及所釋書法，皆舊史本文之例也。所謂「禮」者，當時之禮，所謂「君子曰」者，當時君子之言，皆其事其文之類也。春秋因其事其文而辨之以義，而後君臣、父子之道立。舊史之例曰：「凡弑君，稱君，君無道；稱臣，臣之罪。」春秋辨之，凡弑君者，罪皆在臣，無有道無道之别。公羊傳謂大夫弑君稱名氏，微者窮諸人，衆弑君賊無主名稱國。雖未盡得春秋本義，然即此可見孔子口授弟子之義，與魯史舊例不同。然則春秋本義宜如何？曰：春秋之文，史也。史文實事，不能從百年後追改，然仍其文於經，而詳著其事之本末於傳。賊在傳與在經無異，則凡弑君者，名氏無一得隱於千載，此亂賊所以懼也，此春秋本義也。且弑君者雖歸惡於君，而赴告他國，必舉弑君之名，或諉罪微者，或託言衆叛。春秋正因其書人書國，以見其當國脅衆，歸罪他人，而卒不免於萬世之公討，義中之義也。穀梁説此例止一語，疑此後師失其本義，而用左氏説補之。魯昭公出奔，當時論者以爲社稷無常奉，君臣無常位。春秋辨之，書「公居于鄆」、「公在乾侯以存」、「公誅季氏」。凡左氏説與公羊、穀梁異者，皆魯春秋

〔二〕丘缺少最後一筆，爲避諱。

失義，而孔子辨之。聖人之用莫大乎義。易曰：「精義入神，以致用也。」六十四卦，一卦有一卦之義，故彖傳每云「某之時義」，象傳云「其義吉」、「其義凶」。孔子之作春秋，猶孔子之傳易也。義以辨而明，春秋於舊史，或因或革，革者固辨，因者亦辨，辨其失義以歸于義。藉非左氏論其本事，何由見聖人辨義之精哉？左傳敘述典禮，足以明易之禮象，紀邦國成敗，足以爲吉凶失得之驗，而占事知來，受命如嚮。雖與易之本義不盡符合，亦懲惡勸善，使人順天知命之道也。國語亦如之。春秋分傳附經，漢末已然，許君説文引春秋經皆繫之傳。今用其例。左氏事證較多，先列之如左。

易象　昭二年，韓宣子見易象曰：「周禮盡在魯。」

乾、坤爻辭稱「龍」。　昭二十九年傳説。

黄裳，元吉。　昭十二年傳説。

屯、屯之比。　閔元年、昭七年傳説。

訟「食舊德」。　左氏説卿大夫皆得世禄。傳曰：「官有世功，則有官族。」許氏五經異義引此文申之，并引書「世選爾勞」、詩「不顯亦世」、論語「繼絶世」、孟子「仕者世禄」爲證。

師初六「師出以律」。　宣十二年傳説。

師左次，无咎。　春秋書次本此。

泰「帝乙歸妹」。　哀九年，陽虎説以「帝乙」爲紂父，非也。易之「帝乙」謂成湯。

同人「君子以類族辨物」。　惠氏説以男女辨姓。

大有之乾。　閔二年傳説。

公用亨于天子。　僖二十五年傳説。

豫上六「成有渝」。　惠氏士奇引鄭人來渝平，傳曰「更成也」爲證。

隨「元亨，利貞，无咎」。　襄九年傳説。

蠱。　昭元年傳説。又僖十五年，筮卦遇蠱，辭與周易異，蓋出連山、歸藏。

觀六四「觀國之光，利用賓于王」。　莊二十二年傳説。又惠氏説以韓宣子觀書，季札觀樂。

復上六「迷復，凶」。　襄二十八年傳説。又成十六年，筮卦遇復，辭與周易異。

离「大人以繼明照于四方」。　傳曰：「照臨四方曰明。」

雷在天上，大壯。　昭三十二年傳説。

明夷之謙。　昭五年傳説。

困之大過。　襄二十五年傳説。

鼎「正位凝命」。　張氏曰：「鼎于序卦，革命之後。昔夏后鑄鼎，三代遷之，成王定鼎于郟鄏，故以鼎象正位凝命。」〔二〕據左傳爲説。

歸妹之睽。　僖十五年傳説。

豐之离。　宣六年傳説。

以上左傳。

用九、用六。　惠氏謂樂出于易，引周語伶州鳩説六律、六吕相間之義爲證。案，此爻辰之法所自出。

〔二〕 張惠言，虞氏易事，卷下。

屯彖辭。晉語説豫彖辭同。

比「後夫凶」。惠氏説以魯語防風氏後至，禹殺而戮之。

泰「小往大來，吉亨」。晉語説。

同人于野，亨。惠氏以晉語説之曰：「同心則同德，同德則同心，同心則同志。」〔一〕

蠱。晉語説。

噬嗑「噬腊肉，遇毒」。惠氏説以周語曰：「厚味實腊毒。」〔二〕

大過「棟橈」。姚氏説以魯語曰：「不厚其棟，不能任重。」〔三〕按，左傳子產説「棟折榱崩」，義同。

以上國語

〔一〕惠棟，周易述，卷二。

〔二〕惠棟，周易述，卷三。

〔三〕姚配中，周易姚氏學，卷八。

公羊

春秋辨義，若此其精也。而公羊家有黜周王魯，以春秋當新王之説，又有孔子爲素王，改周制之説。無乃與「辯上下、定民志」之旨大相刺謬乎？曰：此漢世爲公羊學者援春秋尊周之例以尊漢，推經文以合世用，有爲言之也，非春秋之本意也。然其説亦有所自來，蓋易與春秋皆聖人治萬世之書也。文王憂患而作易，孔子懼而作春秋，所以爲萬世慮至深遠也。其爲書也，本天以求其端，正人倫以立其本。定吉凶，正褒貶，以明失得之報。極深研幾，推見至隱，萬變不離，百物不廢，以示化裁通變、引伸觸類之準。是故春秋以元之氣正天之端，以天之端正王之政，以王之政正諸侯之即位，以諸侯之即位正境内之治。易之乾元首出庶物，萬國咸寧也。尊尊而親親，善善而惡惡，大德而小刑，易之扶陽抑陰，各正性命也。仁以安人，義以正我，貴禮而重信，易之中正，正己正人，天道助順，人道助信也。聖人之用莫大於義，易之吉凶，其義吉，其義凶也。雖更萬世，歷萬變，而如是則吉，如是則凶，歷歷不爽也。春秋之予奪，於禮難明，而裁之以義。其義當與其義不與，其義實與而文不與，化裁推行，時措之宜，雖更萬世，歷萬變，而物來可順應，事來可不惑也。六經皆聖人治天下之書，而易與春秋爲憂懼生民，不得已而作，操心危而慮患深，尤主乎辨義，以前民用。易斷吉凶，以待後人之用；春秋正褒貶，以示後人運用之準。所謂先知先覺，神以知來者，此也。嗚呼！天下之生久矣，一治一亂。春秋之亂，爲唐虞以來所未有。聖人吉凶與民同患，逆知萬世禍變之未有窮已，故因事明義，以存王法。六經之道備在春秋。孔子經論六經，以前聖之道示萬世也；制作春秋，用前聖之道以治萬世也。是以周歷既終，秦政凶暴，盡滅聖法，而漢興猶得修先王之道以治天下，君君、臣臣、父父、子子，相生、相養、相保，歷唐、宋、元、明，屢亂而卒屢治，人類緜延以至今日者，皆夫子天覆地載之仁也。漢儒當秦糜爛生民，創鉅痛深之後，喜天下之有王，急欲以孔子之道，活夷滅創殘之餘民。賈生、董子之徒，務引其君以當道，志於仁，盪亡秦之毒螫，復三代之善治。董子治公羊春秋，以爲春秋孔子爲萬世而作，漢爲繼周而王萬世之始，則春秋即爲漢作，故推衍春秋以備時王，制禮作樂，興太平之用。太史公曰：「上大夫董仲舒推春秋義，可謂知言。」春秋尊周，故公羊家推以尊漢。所謂「黜周王魯」者，黜周王漢也，以漢繼周，不以漢繼秦也；所謂「以春秋當新王」者，以春秋當漢也；所謂「素王」者，謂孔子有王德，已爲漢立王法，猶孟子所謂「王者師」，班孟堅所謂「孔佐」也；所謂「改制」者，春秋爲漢制作，則漢當準之以作禮樂、興太平也。春秋通三統，周存夏、殷之後，在漢則當存殷、周，故曰「黜杞新周故宋」。春秋杞書侯、書伯、書子，蓋當時杞甚微，非宋比。觀左傳可見其爵之遞降，蓋自貶以事大國，如邾、滕屬齊、宋之比。公羊桓公二年，杞侯來朝，杞誤紀，後師因謂春秋黜杞爲小國。果爾，則滕、薛始稱侯，繼稱伯、子，何耶？新周故宋，史記作「親周」，蓋親親敬故之義。魯，周之懿親，而孔子故宋也。史說亦本董子，疑公羊家舊有二說，作「親」公者爲本義，作「新」者爲推說之義。王迹熄于周衰而興于春秋，春秋尊周，則中興之象也。漢儒謂春秋爲漢作，則易姓之象也。於時漢未興，不可云「王漢」，以春秋魯史，故假魯爲受命王當漢處。春秋繁露于改制之事皆曰宜。宜者，當如此而未如此者也。若春秋本已據魯改制，何待云宜？魯宜如此，實漢宜如此也。撥亂世反諸正，莫近諸春秋，漢儒欲其君之本春秋，以盡撥秦亂也。故董子之對策曰：「聖王之繼亂世也，掃除其迹而悉去之。自古以來，未有以亂繼亂，大敗天下，如秦者也。其餘毒遺烈至今未滅，必變而更化之，乃可理。」此言漢當盡掃秦迹也。又曰：「孔子作春秋，見素王之文。」此言漢掃秦迹當法春秋，春秋已豫爲漢立法也。又曰：「孔子曰：『鳳鳥不至，河不出圖，吾已矣夫！』自悲可致此物，而身卑賤不得致也。今陛下貴爲天子，富有四海，居得致之位，操可致之勢，又有能致之資」，云云。言漢天子正行春秋之人也。又曰：「今漢繼大亂之後，若宜少損周之文，致用夏之忠者。」忠質皆所以救文弊，損周之文，用夏之忠，漢則宜然。然則春秋變周之文，從殷之質，非以治漢之法託之春秋哉？公羊子曰：「制春秋之義，以俟後聖。」漢誅無道秦，出民水火中。儒者以爲孔子所俟之後聖即漢，故班孟堅之典引曰：「天將授漢，先命玄聖綴學立制，宏亮洪業，表相祖宗。雖皐、夔、衡、旦，比茲褊矣。」何邵公公羊解詁於「西狩獲麟」之傳，極言春秋爲聖漢作。邵公又以春秋駁正漢事六百餘條，蓋自董子以訖邵公，皆欲推春秋爲漢制法，以興太平。凡春秋繁露、公羊解詁中所言新王受命改制等事，可分別輯録，殊之春秋，以爲漢禮一書。當時帝者，雖以霸王道雜之，未能盡用其説。然推明孔氏抑黜百家，引經斷獄，正名定分，詔令奏議，引據大義，人識君臣、父子之綱，家知違邪歸正之路，吏治士節，三代同風，是以滅而再興，歷年永久，豈非用春秋之效乎？傳曰：「頌其詩，讀其書，不知其人，可乎？」是以論其世也。

春秋之義莫著乎中庸。中庸曰：「爲下不倍，非天子不議禮，不制度，不考文。雖有其德，苟無其位，不敢作禮樂。」「吾學周禮，今用之，吾從周。」「仲尼祖述堯舜，憲章文武。」春秋之謹嚴如此。故素王也，王魯也，以春秋當新王也，漢儒始言之，春秋絶無是義也，公羊亦無是文也，周人皆無是説也。顔淵問爲邦，子曰：「行夏之時，乘殷之路，服周之冕，樂則韶、舞。」此魯禮也。周、魯皆用周正，行夏令。觀周禮「正月之吉」，與正歲别文，及詩七月篇，可見明堂位稱魯君乘大路，載冕藻，周用六代之樂，魯用四代，首韶舞。孔子舉魯禮之盡善者以爲萬世法也。周末文勝，人習奢僞，孔子憂之，子曰：「質勝文則野，文勝質則史。文質彬彬，然後君子。」又曰：「先進於禮樂，野人也；後進於禮樂，君子也。如用之，則吾從先進。」此章歧説最多，今從朱子義。「周監于二代，郁郁乎文哉！吾從周。」從先進即從周也。孔子以周初之文救當時之文，即救文反質也。若立乎漢世而論，則以魯禮推之，損益百王，以求盡善可也。以「從先進」推之，變周之文，從殷之質，可也。夫言豈一端而已夫？各有所當。文王三分服事，爲臣止敬。而周既克紂，尊文王爲太祖，禮樂制度悉推本之，後世遂傳於文王受命稱王之言。成王以周公有大勳勞，命魯郊禘如天子禮，魯人遂傳於魯王禮之言。而漢儒以託之春秋，孔子作春秋，尊天王，奉周正，大一統，正君臣、父子之義，以示萬世。初非爲一代制，而漢儒推尊周之義以尊漢，謂春秋爲漢作，是以傳於以春秋當新王之言。春秋憲章文、武，王道燦然分明，而有德無位者，自古有玄聖素王之稱。見莊子。漢儒尊孔子，以爲漢帝興太平之法，是以傳於孔子爲素王之言。凡此數者，雖乖事實，然其失不過爲尊崇大過，孰意千八百年後乃有元惡大憝？竊其説而反其道，始爲誣衊春秋，決裂三綱，犯上作亂之言，而後突如其來，爲大逆不道之事。其禍蔓延，輾轉爲天下大患，臣子所不忍言。嗚呼！孔子以君臣父子之道垂示萬世，故自漢以來得相生相養，人類不絶，以至今日。我國家遵行孔子之道，如天之仁，覆育萬物，作人養士，三百餘年。方今中原多故，士之感憤報禮宜何如？而彼賊臣者，乃乘國步艱難之際，挾其無厭叵測之亂心，拔本塞源，狂猘反噬。先變亂聖經，淆惑人心，而後公然致難於君父，姦詐逆惡，至此而極，此春秋所當首誅之亂臣賊子也。嗚呼！君子小人處心之不同，其順逆相去，豈止霄壤耶？文王不稱王，而周人推尊以爲王，是周人尊周也。魯實諸侯，而魯之儒者以成王賜魯重祭，謂魯爲王禮，是魯人尊魯也。孔子爲萬世明王法，而漢人以爲爲漢作，以春秋當新王，且因孔子豫爲漢立法，而謂孔子爲素王，是漢人尊漢也。雖其説不合於春秋，不合於公羊，而其意則懃懃至忠，以尊其君，是固春秋尊周之義也。古人推春秋以尊君，賊臣乃巧借以誣春秋以叛國家。是賊臣者，非惟我孔子之罪人，春秋之罪人，公羊之罪人，乃尊周之周人、尊魯之魯人、尊漢之漢人之罪人也。孟子曰：「世衰道微，邪説暴行有作。」暴行必以邪説爲先驅。夫天下之所以尊尊親親者，以孔子六經三綱之教深入人心也。賊臣欲致難於國家，必先搖惑人心，決裂三綱。欲搖惑人心，決裂三綱，必先廢六經，排孔子。春秋專爲正人倫而作，尤賊臣所深忌。而欲去其籍者，適有公羊家有爲言之之説，可以巧借而倒持之。賊臣以爲，謗毁孔子以激衆怒，不如誣衊孔子以惑人心。於是騰其姦言，以誣公羊，以誣春秋，以誣孔子，使漢儒抱無窮之憾於千載之上。其餘六經與春秋相表裏，足以破其姦言者，概斥以爲僞，而豈知春秋之文具在，公羊之文具在，漢儒之説其意昭然，萬萬非賊臣之所得而誣借者乎？亂臣賊子非一朝一夕之故，所由來者漸矣，由辨之不早辨也。漢儒推春秋以尊君，君子嘉其志，善其用，而惜其稍失之不辨，今不得已爲漢儒辨，爲公羊辨，爲春秋辨。春秋明，而後亂賊無所逃于天下萬世之誅，無所藉口以文其姦，而易與春秋相表裏之大義明矣。公羊、穀梁説春秋，其精義多與易通，而文句顯證頗鮮，姑列一二以備參考。

君子行此四德者，故曰「乾：元、亨、利、貞」。　干氏曰：「純陽，天之精氣；四行，君之懿德。是故乾冠卦首，辭表篇目，明道義之門在於此矣，猶春秋之備五始也。」案，易、春秋皆以元建首，公羊家說元義最精，惠氏、姚氏備引以說易。

中正。　春秋凡事斷以中正。傳曰：「什一者，天下之中正也。」

履「眇而視，跛而履」。　傳曰：「跛者，御跛者。眇者，御眇者。」眇跛連文，蓋古相傳之語。穀梁亦云。

同人九四象曰：「義弗克也。」　晉人納捷菑于邾婁，弗克納。傳載郤缺曰：「非我力不能納也，義實不爾克也。」穀梁亦曰：「弗克，其義也。」

穀梁

春秋辨義之精，莫著于穀梁。發首正隱、治桓二義。治桓，辨之也；正隱，辨之早辨也。隱不自正，而書正以正隱，以正君臣父子兄弟之倫，正其本，萬事理也。桓無王，而書王以治桓，由是書王以正與夷之卒，書王以正終生之卒。所謂春秋，天子之事，乾元正，而後三百八十四爻陰陽之失正者，靡不正也。易道貴正，反正爲邪。傳曰：「春秋貴義而不貴惠，信道而不信邪。」道者，中也，易貴中和。傳曰：「獨陽不生，獨陰不生，獨天不生。」元、亨、利、貞，所以爲成既濟也。君子惡惡疾其始，故姤「勿用取女，不可與長也」；善善樂其終，故夬「利有攸往，剛長乃終也」。荀子治穀梁，其言曰：「易曰：『復自道，何其咎？』春秋賢穆公，以其能變也。」今傳無是義，其諸穀梁佚説歟？夫穀梁非求合易也，春秋之義得，而易之道通焉耳。鄭君有言，左氏善於禮，公羊善於讖，穀梁善於經。古者凡治天下之道皆謂之禮，禮樂刑法、政俗備物、典策，君舉必書，無非禮也。左氏備載，以見褒貶之旨，存筆削之迹，是春秋前之春秋也。讖者知來之别名，聖人知萬世禍變之未有已，故爲之正人倫，明順道，塞逆源，以立其本，決嫌疑，明是非，因義起禮，權時制變，以達其用。公羊家窺見其旨，會秦滅漢興，遂推以輔世立事。當其可之謂時，漢人尊漢，不覺其言之過，是春秋後之春秋也。惟善於經者，就經解經，專守七十子遺説。蓋穀梁近孔子，其説上不及魯史，下不及漢事，以春秋爲春秋，故其義爲純。三傳各有後師增續，穀梁雖少過，亦不能盡合。多聞闕疑，慎言其餘，則春秋立教之旨明。而所謂「文王既没，文不在茲」者，傳易、作春秋，同條共理，一以貫之。後人或疑十翼，或詆春秋，多見其無知妄作而已。穀梁事證亦有一二，可述列之如左。

乾元，文言曰「乾始」。　傳曰：「雖無事必書正月，謹始也。」案，小戴記，易曰：「君子慎始，差以毫釐，謬以千里。」大戴記，易曰：「正其本，萬事理，失之毫釐，差之千里。」易之乾、坤，春秋之元，皆慎始謹終云爾。春秋元爲大始，每事必謹其始，即易乾、坤皆言元之義，亦即辨之早辨之義。復小而辨於物，乾之元也。

元、亨、利、貞。　惠氏引傳「獨陽不生」三語，以明四德爲成既濟。

由辨之不早辨也。　惠氏説以傳曰：「滅而不自知，由别之而不别。」〔一〕

鼎「得妾以其子」。　春秋書惠公仲子僖公成風，傳曰「母以子氏」本此。

〔一〕惠棟，周易述，卷十八。

孝經

六經之有孝經，猶六十四卦之有乾元也。六經皆聖人愛人敬人之道，而孝經者，其愛敬之原。道之大原出於天，天命之謂性，天地之大德曰生，故人性莫不好生而惡殺。然自太極未分之先，陰陽已相並俱生，陽爲生，陰爲成，陽爲生，陰爲殺，故人之性雖莫不好生，而愛惡相攻，遠近相取，情僞相感，其勢必至於相殺以自殺，而生生之道窮矣。聖人與天地合其德，哀殺機之日熾，而人無以全其生也。以其聰明睿知，察於民之故，知人之相殺由於惡慢，而其相生由于愛敬。人性莫不好生而惡死，則固可以道之以愛敬，而止其惡慢，所謂方以類聚，物以羣分，而吉凶生。定之以吉凶，則人莫不趨吉避凶，此作易之大權也。相生之道由于愛敬，而愛敬之心本于生生之始。親生之膝下，骨肉相連屬，愛莫隆焉，以養父母日嚴，敬莫隆焉。此人之最初之心得于天，而非强爲聖。凡知愚無不同者，所謂元也。由是聖人因嚴以教敬，因親以教愛。愛親者不敢惡於人，敬親者不敢慢於人，所謂亨也。天子愛敬四海之內，則得萬國之歡心，以事其先王。諸侯愛敬一國之人，則得百姓之歡心，以事其先君。卿大夫、士、庶人愛敬其家，則得人之歡心，以事其親。事生則親安，祭則鬼享，近之身體髮膚無毁傷，遠之立身行道可傳後世。天子則事天明，事地察。大孝尊親，嚴父配天，庶人則用天之道，分地之利，不愧不怍，無忝所生，民用和睦，上下無怨，天下若一家，中國若一人，尊其尊，親其親，樂其樂，利其利，智其智，勇其勇，雖有桀惡强寇，莫之能害，所謂利貞也。人之相愛敬本于父子，父子正于夫婦，故資於事父以事母而愛同。人非父不生，非君不治，所以人人能父其父，子其子者，以有君也，故資於事父以事君而敬同。以孝事君則忠。有父子則有兄弟，有君臣則有長屬，兄愛其弟，長仁其下，故孩提少長無不知敬其兄，以敬事長則順。人之大倫定于聖人，本于天經地義，是故乾爲天、爲君、爲父、爲聖人，坤爲地、爲母。天地者萬物之元也，君者國之元也，父母者家之元也，聖人者人倫之元也，身者家國天下後世之元也，孝弟、忠順、愛敬者人心之元，人類相生相養之元也。孝始於事親，中於事君，終於立身。忠順愛敬，百行之元也。六十四卦各有元，而實本于一元，故曰：「夫孝，德之本也。」帝出乎震，震，長子，繼世復初，所以爲乾元也。乾元資始，坤元資生，人人保其元而相愛相敬，生意盈于天地之間，致中和，天地位，萬物育，既濟定，自天右之，吉无不利，此禮樂所由作也。亂臣賊子絶其元，要君無上，非聖無法，非孝無親，自絶其生理，以殘天下之生。聖人不得已而誅之，以殺全生，以陰佐陽，救否遯，明乾元，撥亂世反之正，此春秋所以作也。書者，明王之孝治，愛敬之實政也。詩者，賢人君子愛敬之發乎情者也。夫道，一而已矣。先王有至德要道，以順天下，易簡之善配至德，人人親其親，長其長，而天下平，易簡而天下之理得矣。易與孝經皆本天道，以順人心。爲通其大義，而以事證附焉。

豫「殷薦之上帝，以配祖考」。　鄭氏説以孝經郊祀、宗祀。

蠱「元亨而天下治也」。　惠氏以孝經「至德要道」説之。

离「突如其來如，焚如」。　鄭氏曰：「不孝之罪，五行莫大。」〔一〕

家人「有嚴君焉，父母之謂也」。　惠氏説以親生之膝下，以養父母日嚴。

〔一〕鄭玄，周易鄭注，王應麟輯，下經咸傳第四。

損「二簋應有時」。虞氏説以春秋祭祀，以時思之。

節彖曰：「節以制度。」案，孝經曰：「制節謹度。」

无咎者，善補過也。虞氏説以孝經曰：「退思補過。」

論語

孝經言先王以愛敬順天下之大道，是之謂仁，易之元也。孔子合德乾元，故論語言仁尤詳。仁者人也，一陰一陽之謂道，與人相人偶之謂仁。易之旁通也，時行也，承應也，乾元往來上下生爻，成六十四卦，定既濟也，皆仁之用也。仁者與人相接而盡其敬禮忠恕，己欲立而立人，己欲達而達人，己所不欲勿施於人，使臣則以禮，事君則以忠，與朋友交則以信，保民則以富以教，使民則以時以義，無不愛也，無不敬也。六十四卦各有一元，皆乾元也。愛人敬人本於愛親敬親。天地之大德曰生，孝弟之心與生俱生，易出復初見天地心，生生之本，元之元也。愛敬皆出于誠，所謂肫肫其仁，易之忠信進德、存誠立誠也，故巧言令色鮮矣仁，剛毅木訥近仁。仁者其言也訒，色取仁而行違，鄉原亂德，利口覆邦家，則不仁之甚，易、論語所以辨君子小人也。仁以孝弟忠信爲本，則言思可道，行思可樂，德義可尊，作事可法，容止可觀，進退可度，是之謂禮。禮者愛敬之極則，故克己復禮爲仁。非禮勿視聽言動，則心志百體皆由順正。履信思順而愛不可勝用，敬不可勝用，故出門如賓，承事如祭，不欲勿施，邦家無怨，所謂庸言之信，庸行之謹，德博而化，品物咸亨也，所謂敬以直內，義以方外，美在其中，而暢於四支，發於事業也。元發爲亨，仁著爲禮，自視聽言動，與凡事親教子，事君使臣，使民爲國，莫不以禮，故曰：「嘉會足以合禮。」極之動容，周旋中禮，盛德之至。老者安之，少者懷之，立之斯立，道之斯行，綏之斯來，動之斯和，則剛健中正純粹精，發揮旁通，大生廣生，而元無所不周。乾始而以美利利天下，不言所利，大矣哉！利者義之和也，利物足以和義，立人達人，仁之各得其宜。愛親以愛人，敬親以敬人，君君、臣臣、父父、子子，朋友切切偲偲，兄弟怡怡。尊賢而容衆，嘉善而矜不能，好仁惡不仁，無非義也，禮之所以爲禮也。禮以義起，義者因時。鄉黨一篇言孔子行禮要節之妙，而終以時哉，所謂孔子聖之時，君子而時中。中，元也，禮所以制中也；時者，元之行也，義所以隨時也。乾純陽，坤純陰，未合中和，故乾二曰「時舍」，三曰「因時」、曰「與時偕行」，四曰「及時」，上曰「與時偕極」，坤三曰「時發」，皆謂成既濟。陽宜升，陰宜承，象其物宜。宜者，義也。時中者正己正人。蒙九二養五使正，謂之時中。乾元亨坤，成六十四卦，各有所以爲既濟，故曰某之時義。聖人之用莫利乎義，從心所欲不踰矩，變化云爲，無非義也。仕止久速，時止則止，時行則行，樂則行之，憂則違之，無非義也。教人因材，無行不與，應問無窮，無非義也。故曰「義之與比」，曰「徙義」。和順於道德而理於義，成己成物，各正性命，保合太和，利之至也。舍義以爲利，則不仁矣，君子弗利也，故曰：「君子喻於義，小人喻於利。」君子義以爲質，禮以行之，孫以出之，信以成之。信者，貞也，故曰：「民無信不立。」貞兼信與知二義，君子貞而不諒，不諒，知也。生生之謂易。生生者，仁也。生生而條理者，禮也。其所以爲條理者，義也。始條理者，智之事也；終條理者，聖之事也。聖者知之極，知者仁之所以成始而成終。不知命無以爲君子，不知禮無以立，不知言無以知人，知天知人，舉直錯諸枉，能使枉者直，則知周乎萬物，而道濟天下矣，成既濟也。「君子行此四德者」，四德，一元而已。仁義禮智信，一仁而已。知仁勇三者，天下之達德也。子曰：「未知焉得仁？」又曰：「仁者必有勇。」夫天下之所以强者，以人人一心，親其親，君其君，相愛相敬，各竭其智力，以相生相養相保，無求生以害仁，有殺身以成仁，故以戰則克，以守則固也。所以人人能相生相養者，以真知相愛相敬之爲利，而離心離德之爲害，且知所以爲生養之道也。所以真知利害之機若此者，以聖人因其固有之明，道其本然之善心，使其德慧術知觸類而長，以養欲給求，禦災捍患也。是故勇出於仁，仁出於智，智出於學。乾九二學以聚之，問以辨之，寬以居之，仁以行之。學、問、辨即知也。君德本於學，所以仁天下也。乾知大始，大明終始，所以剛健中正，貞固幹事也。三代以下，民生日蹙，愚闇涣散，不能相人偶，以自即於弱。從政者或不學無術，遂以不知重禍天下，迷復之凶，何不仁甚邪？孔子以學仁萬世，故論語以「學而時習」發端，天行健，君子以自强不息也。乾元時行，聖人時習，自十五志學，以至七十從心所欲不踰矩，仁其身以仁天下萬世，日進無疆，與時偕行，所以天施地生，其益无方也。崇德廣業，開物成務，必由於學。博學篤志，温故知新，自先王大道以及世間人事，有關國家治亂、民生休戚者，無不學也。聖人生知知學也，學所以正己正人正萬事。故乾、坤之後，屯以經論，蒙以養正，乾九三、九四皆言修。修者，學也，凡陰陽失正者，皆須學問以養成之。乾元正，而後引伸觸類，發揮旁通，有朋自遠方來，誨人不倦，君子以教思無窮也。七十子之徒傳業不絕，三綱五常六經之教萬世永賴，教思無窮，所以容保民无疆也。天積衆精以自剛，聖人積衆賢以自强，敬義立而德不孤，仁天下，仁萬世，皆必賴人才以共濟。德行、言語、政事、文學因才設教，各正性命，所以扶衰周弱魯於大過、未濟之時，而開萬世之既濟也。一人之心，千萬人之心，千萬世之心，故質直好義達於邦家，恭寬信敏惠行於天下。居處恭，執事敬，與人忠，雖之夷狄，不可棄言忠信。行篤敬，雖蠻貊之邦，行此心此理同也。故曰：「夫子之道，忠恕而已矣。」乾元旁行，通天下之志，類萬物之情，吾道一以貫之也。聖人贊化育，以天地萬物爲一體，誠不忍生民之瀕於死也。故管仲之器小，不知禮，而一匡九合，不以兵車，則大其仁，以其活萬萬生靈也。雖未足以反泰，而能救否遯，則與之。雖未足以定既濟，而能息陽，則與之。吾非斯人之徒與而誰與？吉凶與民同患也。知其不可而爲之，懼乾、坤之或幾乎息也。若夫有恒，無大過，思不出其位，則示人學易之方。論語二十篇，六十四象，無一義不相表裏也。列其事證如左。

君子以自强不息。　易六十四象皆言君子。論語以君子始，以君子終。學而時習，即自强不息。

樂則行之，憂則違之。　論語曰：「用之則行，舍之則藏。」

不言所利。　虞氏説以「天何言哉？四時行焉，百物生焉」。

敬義立而德不孤。　虞氏説以孔子曰：「必有鄰。」

蒙「初筮告，再三瀆，瀆則不告」。　鄭氏説以「舉一隅不以三隅反，則不復」。

六四「困蒙」。　惠氏説以「困而不學，民斯爲下」。

泰「用馮河」。　論語曰：「暴虎馮河。」按，以乾履兑而象履虎，以乾升坤而象馮河，所謂「臨事而懼」。

得尚於中行。　論語曰：「不得中行而與之。」

同人「君子以類族辨物」。　虞氏曰：「孔子曰『君子和而不同』，故於同人象〔二〕言

〔二〕原文爲「家」，形誤。

『類族辨物』。」

觀「盥而不薦」。　馬氏、虞氏説以論語曰：「禘自既灌而往者，吾不欲觀之矣。」

无妄九五「无妄之疾，勿藥有喜」。　虞氏説以論語「康子饋藥，某未達，不敢嘗」。

恒九三「不恒其德，或承之羞」。　論語引而説之。

蹇「君子以反身修德」。　虞氏説以論語曰：「德之不修，是吾憂也。」

夬九五「莧陸夬夬」。　虞讀「莧」爲「夫子莧爾而笑」之「莧」。案，今論語「莧」作「莞」，與虞本異。

艮「君子以思不出其位」。　論語文同。

樂天知命。　論語曰：「不知命，無以爲君子。」

仁者見之謂之仁，知者見之謂之知。　論語多以仁知並言。

河出圖，洛出書。　論語曰：「河不出圖。」

「天地之大德曰生」節。　漢書食貨志曰：「殷、周之盛，詩、書所述，要在安民，富而教之。故易稱天地之大德曰生，聖人之大寶曰位。何以守位？曰仁。何以聚人？曰財。財者，帝王所以聚人守位，養成羣生，奉順天德，治國安民之本也。故曰：『不患寡而患不均，不患貧而患不安。』蓋均亡貧，和亡寡，安亡傾。」又引「斲木爲耜」「日中爲市」兩節及論語「道千乘之國」「苟有用我」「必世後仁」諸章爲證，此易、論語相表裏之大義。

「顏氏之子其殆庶幾」節。虞氏説以「回也其庶乎？不遷怒，不貳過」、「克己復禮，天下歸仁」。

困，德之辨也。鄭氏曰：「君子固窮，小人窮則濫，德於是别。」〔二〕

履以和行。虞氏説以「禮之用，和爲貴」。

緩必有所失。故論語曰：「敏則有功。」

入而後説之。學問之道，真積力久則入，入而後説之，故學而時習之，不亦説乎？

〔二〕鄭玄，周易鄭注，王應麟輯，繫辭下第八。

節而信之。

有其信者必行之。論語曰：「敬事而信，節用。」反是則人而無信，何以行之？

孟子

論語言仁，而戰國時諸侯放恣，處士横議，重以不仁禍天下。邪説賊道，至以仁義爲非人情。故孟子格君心，正人心，正本清源，首明仁義之爲性。性善之説，實伏羲以來則天順民、開物成務、以人治人、以心度心、施政立教之本。孔子始顯白言之，著在易傳、孝經、論語。子思作中庸，述之以授孟子。孟子言性，易傳之義疏也。易曰：「一陰一陽之謂道，繼之者善也，成之者性也。」一陰一陽之謂道，太極也；繼之者善，乾元、坤元也；成之者性，萬物資始、資生也。太極元氣，函三爲一。元，善之長也。天地以元氣生人生物，人物各資之以爲性，而物得其偏，人得其全，故人之性善。人者，天地之德，陰陽之交，鬼神之會，五行之秀氣，口知味，目知色，耳知聲，鼻知臭，心知理義，皆性也。天生烝民，有物有則。耳目鼻口統於心，人之所以異於禽獸者在心。知理義以節于內，俾百體皆效其用，所欲不違其則，故曰：「成性存存，道義之門。」凡孔子、子思、孟子之言性，皆據性之理言。易言繼善爲成性之本，而繼之曰仁者見仁，知者見知。仁知，善也。又曰「聖人作易，以順性命之理」，不但曰「性命」，而曰「性命之理」。繼之曰「立人之道，曰仁與義」，仁義，善也。孝經曰「天地之性人爲貴」，貴其善也。又曰「父子之道，天性也」，父慈子孝，善也。論語曰「性相近」，孟子所謂理義，心之所同然也。中庸曰：「天命之謂性，率性之謂道。」惟以性之理言，故率之而爲道。又曰：「成己，仁也，成物，知也，性之德也。」性之德，故善也。夫天命之謂性，性命一而已。而世衰道微，知德者鮮，岐性命而二之，專以性之欲爲己性，不可須臾離，而以性之理、性之德諉之天，若行不行有命存者。其説與孔子、子思之旨大悖，勢將滅天理，窮人欲，率獸食人，人相食而後已。孟子救之曰：「仁義禮智之於父子、君臣、賓主賢者，命也，有性焉，君子不謂命也。口鼻耳目之於味色聲臭，性也，有命焉，君子不謂性也。」君子所性，仁義禮智，夫然故道性善。蓋口鼻耳目之於味色聲臭，人與物之性雖不同，而皆有其欲，皆有其覺，惟德理在心，則人性所獨而絕於物，是謂善德。理節於內，而耳目百體之欲皆順其則，則欲亦無不善。孟子所謂性善，非謂人人之性純乎德理也，謂人人之性皆有德理也。易六十卦皆受始于乾元，惟既濟一卦剛柔正而位當，聖人之性純乎善也，其餘諸卦各有得位之爻，凡人之性皆有善也。未濟六爻失正，而剛柔相應，其情仍可以爲善，陽猶是陽，陰猶是陰，陽性欲升，陰性欲承，爲不善，非才之罪，反之即可以成既濟。惡人之性亦有善也，故曰：惻隱之心人皆有之，羞惡、辭讓、是非之心人皆有之，孩提之童無不知愛其親，及其長也，無不知敬其兄。性善之本，乾元之出復初也。乍見孺子，皆有怵惕惻隱之心。平旦之氣，好惡與人相近，性善之發見，消卦之仍有乾元也。求其放心，剥之反復，擴而充之，反復道之，利有攸往也。孟子言性善，又言擴充。性善，元也；擴充，亨也。惟性善，故能擴充。易有太極，爲乾元，性善也。生兩儀，生四象，生八卦，重爲六十四卦，擴充也。易出復初見天地心，性善也。乾、坤十二畫，剛柔相推，成消息，十二卦十二消息，柔剛相易，覆成六十四卦，擴充也。一陰一陽之謂道，太極之本體，性善也。分陰分陽，迭用柔剛，窮理盡性，六十四卦皆成既濟，擴充也。故曰：「引而申之，觸類而長之，天下之能事畢。」類者，人物之大別，方以類聚，物以羣分，親上親下，各從其類。聖人之於民，類也，先知先覺先得我心之所同然耳，故道性善，稱堯、舜。惟性善，故親親，親親故可擴充之，以立三綱，正五倫，使民相愛敬生養，協智同力，因時制宜，興利除害，自佃漁農商，舟楫弓矢，以及平水土，制井田，立學校，班爵禄，備物致用，以利天下，易之通神明之德，類萬物之情，定天下之業也。惟性善，故人皆有不忍人之心。有不忍人之心，則好仁惡不仁，而羞惡、是非出焉，易吉凶失得之辨也。有不忍人之心，則不遺其親，不後其君，不敢爭，不敢慢，而恭敬辭讓出焉，易會通典禮之準也。有不忍人之心，則可擴充之，以爲不忍人之政，老吾老以及人之老，幼吾幼以及人之幼，好樂與民同，好貨與民同，好色與民同，樂民之樂，憂民之憂，解民倒懸，救民水火，易之吉凶與民同患也。惟性善，故可擴充之以學問，服堯之服，誦堯之言，行堯之行。師文王，學孔子，深造自得，博學反約，知言集義，養氣盡心，知性知天。居廣居，立正位，行大道，窮則獨善，達則兼善。守先王，待後學，息邪説，閑聖道。易之初九乾元，九二學問，九三成德，直方而大，德無不利，所以教思無窮也。惟性善而擴充之以學問，故仁不可勝用。以道覺民，恥匹夫匹婦不被堯、舜之澤，悲天憫人，懼邪説暴行、亂臣賊子之作，距詖放淫，懼仁義之充塞，聖道之不著，道濟天下，作易之憂患也。不義不可勝用，非道非義，天下弗顧，一介不取，不以三公易其介，不枉尺直尋以求利，不同流合污以媚世，進以禮，退以義，辭受取與，各當其可，或遠或近，歸潔其身，精義入神，利用崇德，學易之大方也。蓋自古聖人所以仁其身，仁天下，仁萬世者，其本性善而已。爲高必因邱陵，爲下必因川澤。惟性善，故因嚴教敬，因親教愛，因民之所利而利之，相生、相養、相保之道，發揮旁通，與時偕行，日進无疆。此堯、舜、三代所以愛民之深，養民之厚，待天下以君子、長者之道，而其民亦孝弟忠信，親上死長，與國爲體，無事則順治，有事則無敵也。世之衰也，在上者率土地而食人肉，靈明大過之人見善治之無望於天下，欲舉善惡而悉空之，以歸於尚寐無覺、太虛無爲，不覺其言之過。刻薄怪誕之徒，遂以人性爲本不善，而仁義不足以治民，決綱常，斁彝倫，舉伏羲以及孔子順天下之至德要道，悉反而逆行之。商鞅、李斯以刀鋸鼎鑊待天下之民，强秦終以亡。秦无魚起凶，炕龍絶氣，其本由于性善之義不明。卒之不嗜殺人者能一之，否傾於彼而泰成於此，善不善，殃慶之效，豈不著哉？大抵大亂之後，不嗜殺人者能一之。乾元出而萬國寧，列國之世，國家閒暇，及是時，明其政刑，雖大國必畏之，其亡其亡，而乾元常存，皆仁也。昔人謂孔子言仁，而孟子輔之以義。夫義者，仁之利用，各得其宜也。禮者，仁之著於尊尊、親親、長長、賢賢，仁民愛物，物來順應，可法可則也。知者真知此，信者實踐此，仁義禮智信，一仁而已，故曰「仁者，人也」、「仁，人心也」。其本由于乾元亨坤，保合大和，各正性命。元亨利貞，一元而已，是謂性善。性善，元也；擴充，亨也。以言乎德行，人皆可以爲堯、舜，以言乎治道，推恩足以保四海，利貞也。易六十四卦統於乾元，孟子七篇統於性善，良知良能，達之天下，易簡而天下之理得也。夜氣平旦之氣，由坤息陽也。苟得其養，無物不長，苟失其養，無物不消，消息之大義也。諸所稱王政，既濟之事也。守先王之道，碩果不食也。曰時，曰義，曰中，曰權，皆易義也。説詩不以辭害志，武成取二三策，周公施四事，有不合，思而得之，變通趣時之準也。故者以利爲本，易之所謂利也，易之利，利貞也，「何必曰利」，不貞之利也。仁不遺親，義不後君，不言所利，而利大矣。孟子之書無述易明文，而其義之相應如此，聖賢所言所行，何一非易哉？更徵文句以備考詳。

利者，義之和也。　古者以義爲利，故易言「利後世」。以利害義，故孟子惡利。

直方大。　孟子曰：「至大至剛以直。」

由辯之不早辨也。　孟子所以不得已而辨。

美在其中。　孟子曰：「充實之謂美。」

大得民也。　孟子亟言得民。

屯其膏。　孟子曰：「膏澤不下於民。」

貞疾，恒不死。　孟子曰：「人之有德慧術知者，恒存乎疢疾。」

既憂之，无咎。　孟子曰：「生於憂患。」

闚觀，利女貞。　孟子曰：「鑽穴隙相窺，則父母國人皆賤之。」

消息。　孟子曰：「日夜之所息。」此消息之息。

復其見天地之心乎？　孟子曰：「仁，人心也。」又曰：「求其放心。」求則復矣。

頻復。　虞訓爲「頻蹙」。

養賢。　孟子言養賢之義備矣。

坎不盈中，未光大也。　孟子曰：「盈科而後進。」

遯「君子以遠小人，不惡而嚴」。　若孟子於王驩。

家人彖曰：「正家而天下定矣。」象曰：「威如之吉，反身之謂也。」　孟子曰：「天下之本在國，國之本在家，家之本在身。」

損「君子以懲忿窒欲」、六四「損其疾」。　孟子言好勇、好貨、好色皆曰疾，即忿欲也。

益「民說无疆」。　孟子亟言民說。

立心勿恒。　孟子所謂無恒心。

震蘇蘇。　與孟子「后來其蘇」同義。

說以使民，民忘其勞。　孟子曰：「以佚道使民，雖勞不怨。」

行過乎恭，用過乎儉。　孟子亟言恭儉。

易知簡能。　孟子言：「良知良能達之天下。」又曰：「道在邇，事在易。」皆本此。

道濟天下。　孟子曰：「天下溺，援之以道。」

樂天知命。　知命説詳孟子。

安土敦乎仁。　孟子曰：「仁，人之安宅。」

繼善成性。　性善之説本之。孔子傳自伏羲以來，此其確據。

耒耨之利、日中爲市。　許行並耕而食，市賈不貳，所以託之神農。然曰「以教天下」，則非並耕，曰「各得其所」，則非强比而同，不原物情可知。

巽以行權。　孟子善言權。

「將叛者其辭慙」節。　孟子知言之學所自出。

和順於道德而理於義。　孟子集義養氣之學。

窮理盡性以至於命。　孟子存心養性、知天立命之學。

立人之道，曰仁與義。　中庸、孟子仁義並言本此。

附姚氏配中釋才

經之言才者，莫詳於孟子。其釋才也，亦莫詳于孟子。自文章家用周易三才之語，讀者不察，混以才指天、地、人。易不明而孟子之言多不得其解，不知易之義本明，孟子之言尤詳且盡也，讀者自不察耳。易繫辭傳云：「易之爲書也，廣大悉備。有天道焉，有人道焉，有地道焉，兼三才而兩之，故六。六者，非他也，三才之道也。」説卦傳云：「昔者聖人之作易也，將以順性命之理。是以立天之道曰陰與陽，立地之道曰柔與剛，立人之道曰仁與義。兼三才而兩之，故易六畫而成卦。」六畫者，兼三才而兩之，則畫爲才矣。才者，對極之稱，故曰「六爻之動，三極之道也。」畫謂之才，才者，始也。爻謂之極，爻由畫變，由才而極也。畫者⚊⚋〔一〕，由⚊⚋而變爲九六。⚊⚋爲畫，九六稱爻，所謂極數知來。陽極于九，陰極于六也，故六畫曰三才之道。天、地、人之始，道也。六爻曰三極之道，

〔一〕分别爲陽爻和陰爻圖。下同。

天、地、人之極，道也。三者，天、地、人也。才與極，則指道之始究言耳。知才之爲始，則孟子之言才者，可得而悉推矣。孟子曰：「惻隱之心，仁之端也；羞惡之心，義之端也；辭讓之心，禮之端也；是非之心，智之端也。」端者，才之謂也。凡有四端於我者，知皆擴而充之矣。若火之始然，泉之始達，苟能充之，足以保四海，盡其才者也。苟不充之，不足以事父母，不能盡其才者也。仁義禮智非由外鑠，求則得之，舍則失之，得其養則長，失其養則消，故曰：「若夫爲不善，非才之罪也。」謂非其始之不善也。或相倍蓰而無算者，不能盡其才者也。良心放而平旦之氣亡，陷溺深而賴暴之情異，非其始本無仁義之性，而天生之不善也，故曰：「人見其禽獸也，而以爲未嘗有才焉者，是豈人之情也哉？」曰：「非天之降才爾殊也，其所以陷溺其心者然也。」牿亡陷溺，夫豈始之不善，而其始之罪也與？孟子之所謂才，即易之所謂才，孟子之所謂盡，所謂擴充，所謂消長，即易之所謂極。知才而易明，易明而孟子之義章矣。才訓爲始，故與中對稱。中也養不中，才也養不才。得其養而能擴充之，以盡其中，盡其才，謂之爲中，謂之爲才，既濟之六爻定也。失其養而不能擴充之，以盡其才，盡其中，謂之不中，謂之不才，未濟之六爻窮也。案，古人言才質、才性，本據始受于天者言才，始與才質義相引申。易之三才，孟子之降才，皆謂其始之質性事能，如目能視，耳能聽，與生俱生者，姚説足申舊解未盡之義。

爾雅

伏羲作八卦，以立天下之道，作結繩，以立天下之文。道非文不顯，八卦即文字之肇端，與結繩非有二義。八卦之義，即萬世訓詁義理之肇端。子曰：「書不盡言，言不盡意。」説者謂：書，形也；言，音也；意，義也。凡文字，有義，有形，有音。乾爲天，坤爲地，六子爲雷、風、水、火、山、澤，乾爲健，坤爲順，六子爲動、入、陷、麗、止、説，義也。畫之爲乾、坤、震、巽、坎、离、艮、兑之卦，形也。讀之爲乾、坤、震、巽、坎、离、艮、兑之名，音也。合是三者，即萬世訓詁之學之祖。説卦所釋八卦之義，序卦所釋六十四卦之義，皆訓詁也。説卦所釋八卦之象，亦皆訓詁也。子曰：「聖人立象以盡意。」象者，意所引申，雖有遠近大小，其歸則一，猶爾雅初、哉、首、基之同爲始，林、烝、天、帝、皇、王之同爲君。漢丁將軍説易，訓詁舉大義，非不言象也，象亦訓詁也。八卦爲萬世教道政治之祖，必訓詁而後明。訓詁明而後文辭達，而後義理明，政教行。故周公制禮，又作爾雅，孔子曰「必也正名」，皆本伏羲之教也。訓詁者，經藝之本，王政之始，未有不得其辭而得其義者，未有語言文字侏離乖晦，而道術不滅裂、心術不邪僻、治術不悖亂者。故爾雅觀政辨言，與易辨物正言，其道一也。述事證如左。

大哉乾元，萬物資始。　案，乾知大始，在人爲君。爾雅以始也、君也、大也三事發端，與易同義。「大也」之後，繼以「至也」，亦乾稱大，坤稱至，相次之意。

坤文言「爲其兼于陽也」。　坤十月卦，下有伏陽，故爾雅十月爲陽。

比，輔也。　爾雅輔作「俌」，音義同。

履　序卦：「履者，禮也。」爾雅同。

豫「朋盍簪」。　爾雅：「盍，合也。」

蠱　爾雅：「蠱，疑也。」又云：「康謂之蠱」，此左傳「女惑男，風落山，及穀飛爲蠱」之義。又云：「治、古，故也。」古、故皆與蠱通。此序卦「蠱者，事也」、彖傳蠱「元亨而天下治也」之義。

觀　卦取五陽觀示坤民。爾雅：「觀，示也。」

无妄「不菑畬」。　爾雅：「一歲曰菑，二歲曰新田，三歲曰畬。」

大畜「豶豕」。　爾雅：「豕，子豶。」

坎　爾雅：「坎，律銓也。」坎爲法律象，即訓詁於此明矣。

晉「鼫鼠」。　見爾雅。

萃、升「用禴」。　易禮象據周制，爾雅「夏祭曰禴」，與易合。

既濟　爾雅：「濟，成也；濟，益也。」焦氏循易詁曰：「既濟定也，定即成也，益上之三，成既濟。」

彖曰：「終止則亂，其道窮也。」　爾雅：「濟謂之霽。」焦云：「濟有止義。既濟者，既止也。」[一]

[一] 焦循，易通釋，卷十九。

說卦「勞乎坎」、坎爲弓輪。爾雅：「倫，勞也。」焦云：「弓輪，姚信作『倫』，同聲通借。輪、勞一聲之轉，皆坎也。」〔一〕案，此尤足見象與聲音、訓詁合一之理。然謂易之取象，有用同聲假借字之例則可。若概取同音之字比而合之，以爲一象，以便變亂師法，穿求崖穴，則孟子所謂「所惡於智，爲其鑿矣」。

〔一〕焦循，易通釋，卷十。

解紛第五

重卦之人及三易考

孔氏正義曰：「伏犧初畫八卦，萬物之象皆在其中，故繫辭曰『八卦成列，象在其中矣』是也。雖有萬物之象，其萬物變通之理，猶自未備，故因其八卦而更重之。卦有六爻，遂重爲六十四卦，繫辭曰『因而重之，爻在其中矣』是也。然重卦之人，諸儒不同。凡有四説：王輔嗣等以爲伏犧畫卦，鄭玄之徒以爲神農重卦，孫盛以爲夏禹重卦，史遷等以爲文王重卦。其言夏禹及文王重卦者，案繫辭，神農之時已有，蓋取益與噬嗑。以此論之，不攻自破。其言神農重卦，亦未爲得。今以諸文驗之，以伏犧重卦爲得其實。八卦小成，爻象未備，重三成六，能事畢矣。若言重卦起自神農，其爲功也，豈比繫辭而已哉？何因易緯等數所歷三聖，但云伏犧、文王、孔子，竟不及神農，明神農不重卦矣。」又曰：「案周禮太卜，三易云：一曰連山，二曰歸藏，三曰周易。杜子春云：『連山伏犧，歸藏黄帝。』鄭易贊及易論云：『夏曰連山，殷曰歸藏，周曰周易。』案世譜等羣書，神農一曰『連山氏』，亦曰『列山氏』，黄帝一曰『歸藏氏』，則『連山』『歸藏』竝是代號。」〔二〕案，孔説皆是。繫云「八卦成列，因而重之」，明是八卦既成，即重爲六十四。繫又云：「庖犧氏始作八卦，以通神明之德，以類萬物之情。」萬物即六十四卦，萬一千五百二十策，所謂二篇之策，萬有一千五百二十，當萬物之數也。伏犧重卦，聖傳明文。虞仲翔述孟氏舊義，固然非王弼獨得。孔氏於諸儒，或直舉名字，或云某某等，惟於鄭云「鄭某之徒」，則神農重卦，非鄭注本文，爲鄭學者推衍之説耳。重卦異説，其原出于三易。孔氏以連山爲神農易，獨勝諸儒。蓋伏犧作八卦，因而重之，其次首乾。神農更之而首艮，是曰連山，後世因稱「連山氏」，亦稱「列山氏」。黄帝又更神農之次而首坤，是曰歸藏，後世因稱「歸藏氏」。禹因神農之次而繫之辭，禹得洪範九疇，易、範相表裏。湯因黄帝之次而繫之辭，文王始復伏犧之次而繫之辭，又加以六爻，謂之周易。「周」取周流之義，適與代名同。神農始更序，禹始繫

〔二〕孔穎達，周易正義序。

辭，連山、歸藏皆有辭，見春秋傳。文王始附爻，故後世皆有重卦之說。孔子曰：「坤乾之義，吾以是觀之。」坤乾即歸藏，歸藏之義，可以觀殷道，則必湯若伊尹所制，可知三易皆神聖所作，故周公並列之太卜。但連山、歸藏非伏犧原次，周易依伏犧原次。連山、歸藏有象無爻，其文略。周易有象，復有爻，其道備。三易之有周易，猶三正之有夏時，四代樂之有韶舞，皆聖道之造極者。且孔子志文王、周公之志，故尊贊周易云。

周易卦辭、爻辭誰作及文言名號考

孔氏曰：「周易繫辭有二説。一説以卦辭、爻辭並文王作。繫辭云：『易之興也，其於中古乎？作易者，其有憂患乎？』又曰：『易之興也，其當殷之末世，周之盛德邪？當文王與紂之事邪？』又準乾鑿度、通卦驗諸文，伏犧制卦，文王繫辭，孔子作十翼，易歷三聖，只謂此。故史遷云『文王囚而演易』，即是『作易者其有憂患』，鄭學之徒並依此説也。二以爲，驗爻辭，多文王後事。升卦六四，王用亨于岐山，武王克殷後，始追號文王爲王，若爻辭是文王所制，不應云王用亨于岐山。又明夷六五，箕子之明夷，武王觀兵後，箕子始被囚奴，文王不宜豫言箕子之明夷。又既濟九五，東鄰殺牛，不如西鄰之禴祭，説者皆云，西鄰謂文王，東鄰謂紂。文王之時，紂尚南面，豈容自言己德，受福勝殷，又欲抗君之國，遂言東西相鄰而已？又左傳：『韓宣子適魯，見易象云：吾乃知周公之德。』周公被流言之謗，亦得爲憂患也。驗此諸説，以爲卦辭文王，爻辭周公。馬融、陸績等並同此説，今依而用之。所以只言三聖，不數周公者，以父統子業故也。案禮稽命徵曰：『文王見禮壞樂崩，道孤無主，故設禮經三百，威儀三千。』其三百、三千，即周公所制周官、儀禮，明文王本有此意，周公述而成之，故繫之文王。然則易之爻辭，蓋亦是文王本意，故易緯但言文王也。」〔二〕案，孔以卦辭、爻辭並文王作之説屬諸鄭學之徒，則非鄭注本文。蓋鄭先通京氏易，又注乾鑿度。神農重卦，京氏易説；易歷三聖，乾鑿度説。故鄭學之徒皆依用之。考孔子於六十四卦通爲彖傳、象傳，而於乾、坤二卦又别爲文言傳。文言名義，説者不一，惟惠氏棟節取梁武帝義，以爲文王之言，最爲得之。易是文

〔二〕孔穎達，周易正義序。

王所作，六十四卦孰非「文言」？而孔子特目乾、坤二卦，爲文言，一若六十四卦同名彖、象，而不得同稱「文言」者。且上繫七爻，下繫十一爻，亦文言之類，而不入之文言。然則六十四卦彖辭、爻辭，孔子不皆以爲文言也。蓋夏、殷易有卦無爻，文王演易，既作卦辭謂之「彖」，又分别每卦之六畫，觀其變動，謂之「爻」，而於乾、坤二卦繫之辭以爲例。自屯以下，則周公續成之。乾坤卦、爻辭皆文王作，故仲翔謂文王書經，繫庖犧於乾五，屯以下卦辭文王，爻辭周公，故爻辭中多文王後事。孔子名乾、坤卦爻辭爲文言，以别於屯以下之不盡「文言」。文言之義明，而卦辭、爻辭之誰作定矣。

周易分傳附經考

胡氏培翬曰：「易經伏犧畫卦，文王作卦辭，周公作爻辭，謂之經。經分二篇，自乾至离爲上經，自咸至未濟爲下經。孔子作十翼，謂之傳。傳分十篇，上彖一，下彖二，上象三，下象四，上繫五，下繫六，文言七，説卦八，序卦九，雜卦十。以上本孔穎達説。漢書藝文志云：『易經十二篇，施、孟、梁邱三家。』師古曰：『上下經及十翼，故十二篇。』是三家皆經傳別行也。自王輔嗣作注，以彖傳、大象附卦辭後，以小象分附各爻後，以乾、坤文言分附其卦後，而易非復十二篇之舊。晁以道曰：『先儒謂費直專以彖、象、文言參解易爻。以彖、象、文言雜入卦中者，自費氏始。』此其說非也。漢儒林傳云：『費直治易，長於卦筮，亡章句，徒以彖、象、繫辭、文言十篇解說上下經。』謂其以十篇之言解說經意耳，非謂其以彖、象、文言入卦中。如今所傳，輔嗣本也。藝文志云：『劉向以中古文易經，校施、孟、梁邱經，或脫去『无咎』、『悔亡』，唯費氏經與古文同。』初未嘗言其篇敘與三家異，則知費氏經猶是古文十二篇之舊，而析傳附經，費氏不應受過矣。戴氏震亦嘗辨之，但云康成合彖、象於經，猶沿舊說。鄭康成，傳費氏易者也。其所注易十卷，今不傳。然北宋時猶存一卷，崇文總目稱存者爲文言、說卦、序卦、雜卦四篇，則鄭本尚以文言自爲一傳。呂伯恭乃謂康成、輔嗣合彖、象、文言於經，學者遂不見古本。後人又謂鄭康成合彖、象於經，如今所傳輔嗣本之乾卦，紛紛議論，俱無依據。孔穎達坤卦正義云：『夫子所作象辭，元在六爻經辭之後，以自卑退，不敢干亂先聖正經之辭。及至輔嗣以爲，象者本釋經文，宜相附近，其義易了，故分爻之象辭，各附其當爻下。』據此，則分傳附經始於輔嗣，斯言殆得其實已。」[二]案三國志高貴鄉公幸太學，問諸儒曰：「孔子作彖、象，鄭玄作注，雖聖賢不同，其釋經義一也。今彖、象不與經文相連，而注連之，何也？」博士淳于俊對曰：「鄭玄合彖、象於經，欲使學者尋省易了也。」帝曰：「若合之，於學誠便，孔子曷爲不合，以了學者乎？」對曰：「孔子恐其與文王相亂，是以不合，此聖人以不合爲謙。」帝曰：「若聖人以不合爲謙，則鄭玄何獨不謙耶？」後人據此志文，遂謂合傳於經自鄭君始，不知此志乃鄭本經傳不合之確據。何則魏君臣以彖、象與鄭注並論？則當時所講者，鄭易也。既據鄭本而曰「彖、象不與經連」，則鄭本經自經，彖、象自彖、象，明甚。曰「彖、象不與經連而注連之」，則鄭自以注連經，而未嘗以彖、象連經，又明甚。帝執彖、象之不連以難注之連，故博士對以合注於經之意，其曰「鄭玄合彖、象於經」者，「彖」、「象」二字必「注」字之誤。若作「彖」、「象」，則是帝所問者注之連，而博士所對者，乃彖、象之連，帝明云彖、象不連經，而博士妄稱彖、象合經，其誣且戾，與趙高之指鹿爲馬無

[二] 胡培翬，研六室文鈔，卷二。

異，帝何以不駁而釋之？及再問再答，而帝詰之曰「鄭某何獨不謙」，惟鄭自以注連經，故有不謙之嫌。若以彖、象合經，則鄭豈當代孔子？謙者，後人尊孔子與尊文王同，以彖、象合經，謂之不古，可也，謂之不謙，可乎？合上、下文義求之，「合彖、象於經」爲「合注於經」之誤，灼然無疑矣。或曰：合彖、象於經，亦謂注也。蓋鄭注本經自經，彖、象自彖、象，而經注中每條輒先引彖、象，與經合釋之，如禮喪服注，每條先引傳文，次下己意，稱「玄謂」以別之。解經即解傳之比。李氏集解卦首先引序卦，而説卦之下仍有序卦，全篇正用鄭例。鄭引傳注經，即費氏以十篇解經之法，荀、宋亦然。觀荀乾九二注，宋用九注，可見。（如此則非由李氏刪合。）要皆於注中引傳，非如王弼本析傳附經也。魏志「今彖、象不與經連」一語，足存鄭本於千古矣。

乾

張氏惠言曰：「乾六爻皆君道。荀氏説也，即繫辭一君二民、二君一民之義，乃通六十四卦言之，其在乾六位，則兼君臣。要之，六爻皆聖人之時。虞氏以庖犧位乾五，文王位乾三，鄭以堯之末年，四凶在位，象亢龍，舜受堯禪，爲羣龍無首，干寶以象文、武受命，程傳以象舜自側微登帝位，義皆得之。但干寶以後，皆以亢龍爲非道，聖人反之，然後无悔，則乾不得爲六龍。唯鄭以爲，堯之末年，則龍德不失，此以知其精也。」〔二〕

夕惕若厲

惠氏「惕若」下增「夤」字，其說曰：「說文夕部引易曰：『夕惕若夤。』案，許慎敘曰：『其稱易，孟氏古文也。』是古文易有夤字。虞翻傳其家五世，孟氏之學以乾有『夤』敬之義，故其注易以乾爲敬。俗本脫『夤』，今從古增入也。」〔三〕王氏念孫曰：「經文本無『夤』字，請列五證以明之。文言曰：『故乾乾因其時而惕，雖危无咎矣。』言惕而不言夤，則經文本無『夤』字，其證一也。李鼎祚集解所列鄭、荀諸家之說，皆不爲『夤』字作解，則是諸家本皆無『夤』字，其證二也。若謂虞翻以乾有夤敬之義，故注易以乾爲敬。案，說文曰：『惕，敬也。』乾有『夕惕若厲』之文，故虞翻以乾爲敬，敬謂惕，非謂夤也。且翻注文言曰：『夕惕若厲，故不驕也。』注繫辭傳『其辭危』曰：『危

〔二〕張惠言，虞氏易事，卷上。
〔三〕惠棟，周易述，卷一。

謂乾三夕愓若厲，故辭危也。』則是翻本亦無夤字，其證三也。惠氏所據者，説文也。案説文：『夤，敬惕也。從夕，寅聲。易曰：夕惕若夤。』此『夤』字本作『厲』，今作『夤』者，因正文夤字而誤也。説文骼字解曰：『讀若易曰夕惕若厲。』足證夤字之誤，則是許氏所見，本亦無夤字，其證四也。淮南人間篇、漢書王莽傳、風俗通義竝引易曰：『夕惕若厲。』乾元序制記曰：『三聖首乾德，夕惕若厲。』班固爲第五倫薦謝夷吾表曰：『尸禄負乘，夕惕若厲。』張衡思元賦曰：『夕惕若厲，以省諐兮。』則是兩漢相傳之本皆無夤字，其證五也。」〔二〕姚氏配中曰：「『夕惕若』絶句，『厲』絶句。淮南子、班固、張衡等，皆以『夕惕若，厲』爲句。蓋『厲』本絶句，故得連『夕惕若』言之。如『頻復，厲』，傳云『頻復之厲』，『遯尾，厲』，傳云『遯尾之厲』，皆以『厲』一字爲句，故與某某之吉，某某之凶同。『若』與『沱若，嗟若』同，不得作如似解。」〔三〕

用九，見羣龍无首，吉。

姚氏曰：「張氏惠言謂用九，變成既濟，离爲見，坤爲羣，乾、坤交离，乾象不見。

〔二〕王念孫，經義述聞，第一。
〔三〕姚配中，周易姚氏學，卷一。

經明言『見羣龍』，何得云『乾象不見』？六爻爲羣，何取乎坤？惠氏棟謂坤爲用，經明言『乾元用九』，亦无取坤。此皆矯枉過直之論。」〔二〕案，王弼以忘象之説亂易，遂以清談流毒天下。惠、張力復漢學，有興滅繼絶、撥亂反正之功。然求象太密，間失之鑿。姚氏謂爲矯枉過直，洵通論也。又乾道變化，各正性命，惠、張氏皆謂巽爲命，姚氏駁之，謂陰陽各有性命，成既濟，无與巽事，亦至當之言。此比多多，舉一二爲例。

坤

張氏惠言曰：「易者乾元，主陽。孟氏之易有爻變，故虞義以坤息乾。費氏之易无爻變，（案，費氏易未嘗无變。）故鄭、荀之義以坤輔乾。乾六爻聖君，坤六爻聖臣，故鄭注黃裳，以舜試天子、周公攝政，注龍戰，以聖人喻龍，君子喻蛇，坤雜乾氣，蛇似龍。荀注履霜堅冰，象臣順君命而成之，不習无不利，云陽倡陰和，括囊云迫近于五，謹慎畏懼。則其説雖各異，其主陽，一也。自王弼、干寶，乃有坤初陰生，漸致弑父，陰與陽戰，兩敗俱傷之

〔二〕姚配中，周易姚氏學，卷一。

說。就如其言，初將弑逆，積而至二，乃直方大，何哉？此亦說之易破者。而後世競宗之，何也？」〔一〕

先迷後得主，利。

集解引盧氏，讀「先迷後得主」句，「利」字句。惠氏從之，張氏、姚氏「利」字皆下屬。案馬、荀、虞氏注釋「西南得朋，東北喪朋」，皆不及「利」字。惠讀是。

西南得朋，東北喪朋。

此經說者不一，得朋喪朋，皆據坤言。惟虞氏以爲指說消息大要，得喪皆謂陽。且引荀說駁之，謂如荀所言，午至申，當云南西，子至寅，當云北東，以乾變坤，而云喪朋。經以乾卦爲喪耶？案，傳云「牝馬地類」，又云「西南得朋，乃與類行」，兩「類」字相承，不應異解，則得朋爲陰得其類，甚明。姚氏配中云：「虞謂如荀說，當云南西北東，此所謂欲加之罪耳。東北、西南乃語之轉。爾雅稱西南隅、東北隅，詩稱南東其畝，非獨易然也。若謂自北而東，必當言北東，則傳稱艮，東北之卦，豈艮之方位自東而北與？虞

〔一〕張惠言，虞氏易事，卷上。

又謂：『經豈以乾爲喪？』案，喪朋自謂陰失其類，无預乾事。」[二]又案，虞氏解此經，據納甲爲説，與説卦方位相戾，焦氏循、王氏引之、陳氏澧皆駁之。今謂納甲者，易家以月行之進退驗消息，因以月出没之地識别之。消息之象，可見者惟震、兑、乾、巽、艮、坤六卦。謂月行出没之地，有六卦之象則可。即以月行之地爲八卦之定位，則不可。何者？月三日生明，震，一陽象也。以昏時見於西方，故云震象出庚。（十干陽配陽卦，陰配陰卦。）震象見於庚方，非震象本在庚方也。八日上弦，兑，二陽象也。以昏時見於南方，故曰兑象見丁，亦非兑本在丁也。十五日望，全受曰光，乾，三陽象也。昏時見東方，故曰乾象盈甲，非乾本在甲也。十六日生魄，巽，一陰象也。平旦没於西方，故云巽象退辛，非巽本在辛也。二十三日下弦，艮，二陰象也。平旦没於南方，故云艮象消丙，非艮本在丙也。三十日晦於東方，坤，三陰象也。故云坤象喪乙，非坤本在乙也。蓋八卦有位，而消息無位。且十二消息不見坎离，日月之行，可以見消息之象，而不可即以定八卦之位。説卦震東、兑西、离

[二] 姚配中，周易姚氏學，卷三。

南、坎北、巽東南、坤西南、乾西北、艮東北，正釋坤、蹇解諸卦之文。仲翔舍此而別爲之辭，殆失之矣。仲翔「震象出庚」等語不誤，但即以爲經之西南東北，則未敢從耳。

需

此卦以重卦言，則乾健在下，坎險在上，乾之三陽當需時而升，所謂「需，須也，險在前也。剛健而不陷，其義不困窮」。不困窮者，不速之客來，敬之終吉，始需而終升也。以生爻言，則大壯四之五成需，五以乾折坤四，以陰養陽，需時而息乾，成既濟，所謂「有孚，光亨，貞吉，位乎天位，以正中也」。卦取升乾爻，取息乾，各指所之，皆陽道也。李氏集解于「有孚，光亨，貞吉」引虞氏，于「險在前，剛健不陷」引何妥、侯果，于「不速之客」引荀氏，皆依經立義，確不可易。孔疏、程傳、姚氏皆兼明二義，視惠、張專主一説者爲長。又案，張氏於此卦，深譏荀氏，以爲違失經義。案，經云「不速之客三人來」，即乾三爻上升之明文，荀説不誤。傳曰：「觀變於陰陽而立卦，發揮於剛柔而生爻。」立卦以兩體言，生爻以六位言。以兩體言，則乾爲天象，至高無上，凡乾在下者，皆當上升，故左氏説大壯曰「雷乘乾」，象曰「上天下澤，履」，而乾在坎下，需時當升，謂之需，此一義也。以六位言，則易氣自下生，陽自下息爲泰，陰消而上爲否，一陰一陽之謂道。需自大壯來，九五正位，即乾元，二當變應之，成既濟，六爻當位，得其常道，此又一義也。象曰「需，險在前，剛健而不陷」，據兩體言。曰「位乎天位，以正中」，專據九五一爻言。象于初曰「未失常」，言初當位，不動則未失常。于五曰「以中正」，亦當位不動之義。皆據當爻言之。于上曰「雖不當位，未大失」，則會通卦爻之義釋之，謂乾三陽上升，則五爻皆失位，雖不當位，而陽升陰降，于義未大失也。易道廣大，非一端可盡，聖人亦不以一端盡之。但一陰一陽，六爻定位，乾元託位於五，以治天下，成既濟定，易之義，莫大乎是。故乾升坎降，止於此卦見例，以坎例餘卦。而餘不及焉，非常辭也。

訟

此卦鄭、荀以爲二與四訟。虞注不備，張氏申之，謂二自遯三來訟，陰四輔之，而皆不克。按，訟自遯來，未成卦時，剛來得中，爲以陽訟陰。既成卦，則上剛下險，險而健，訟自九五中正外，五爻皆有訟象，故彖曰：「訟不可成。」雜卦曰：「訟，不親也。」訟既成卦，六爻相訟不親。初不永所事，以辨明之正而吉。二、四皆與三比，上與三正應。三者，三公之位，二、四、上皆爭之。二大夫，四諸侯，上處不事之地，爻皆失正。三伏陽出，食舊德，故二、四皆不克，上雖錫之盤帶，而終見拕。爭競之世，分理未明，故二、四、上皆欲取非其有。五以中正解其訟，使訟皆不成，故初辨明，二无眚，三從上吉，四復即命渝，上亦不以訟受服，六爻皆正，成既濟，而終凶者終吉矣，所謂「利見大人」也。張氏申虞有見，而駁鄭、荀則非。蓋虞據未成卦時言，故以陽訟陰，所謂「剛來而得中」也。荀、鄭據已成卦言，故險健相訟，自下訟上，所謂終凶，訟不可成也。成卦即成訟，九五元吉，由聽訟而使無訟也。程傳亦以九二成卦之主，與兩體分别論之。

師

荀、陸、干氏以九二爲受命之主，合于「能以衆正」、「可以王」之文。張述虞義，以爲王所命之將，合于「長子帥師，以中行」、「弟子輿尸，使不當」之文。兩義相兼乃具，故鄭注「貞丈人」兼天子、諸侯言。

小畜

畜，養也。陽爲大，陰爲小，小畜以一陰畜陽，陽以陰作財，以財聚人，所謂「富以其鄰」、「柔得位而上下應之」也。大畜以乾陽畜陰，童牛之告，豶豕之牙，以德化民也。小畜養人，其施猶小，故密雲不雨。大畜養賢，其正乃大，故利涉大川。小畜初至五體需，大畜三至上體頤，皆養象。說者或以畜爲止，張氏深非之。

履

荀氏以爲卦自夬來，以三履二，故曰「柔履剛」。既成卦，則以乾履兌，乾爲人，兌爲虎，三在兌後，故曰「履虎尾」。本惠氏、姚氏義。虞氏以爲，謙坤爲虎，艮爲尾，謙三之初爲復，震息成履，以坤藉乾，爲柔履剛，以乾、兌、震蹈坤、艮，爲履虎尾。履虎尾之履訓踐，柔履剛之履則訓藉，二說並通。虞義說者多不瞭，惟程子說與之脗合。張氏申虞而不據程義，失之。陳氏澧信程而力排虞說，亦失之。

泰、否

張氏曰：「劉向曰：『君子在下位，則思與其類俱進。易曰：拔茅茹，以其彙，征吉。』後儒據以爲三陽在下，當拔而俱升，此謬之大也。泰以天地交，君子在內，則三陽皆已得君，豈當爲在下位乎？唯否時外君子而內小人，故四思拔去三陰，與其類俱得進。

用彙，類也，謂三陽；茅茹，謂三陰。劉氏之言與虞符合若此。」[一]案，拔茅茹，以其彙，張中虞義最精。荀氏以爲乾性欲升，坤性欲承，泰之三陽自下而上，天尊地卑，乾坤位定，泰之極也。然泰極則君驕臣諂，外賢內佞，陰將消陽，故謂之否。否而知懼，損上益下，則復反泰。泰則成既濟，否亂不止，則成未濟。拔茅本從否巽取象，茅叢，生之物，始以喻否之羣陰，反之即以喻泰之羣陽，義亦可通。鄭君「彙」作「夤」，訓勤，其諸乾九三，「夕惕若夤」，說文所引，未必誤字。以其夤，征吉，謂以三上息；以其夤，貞吉，謂以四正初。否四即泰三，陰陽相接，夕惕之時，泰息否反，皆勤以行之乎？姑存一說，以俟達者。

城復于隍，荀以爲泰反成否，虞以爲否反成泰。觀其辭氣，荀說較允。

張氏又說否爻辭以君子得位，正否反泰而言。象曰「險德避難」，則以君子不得位言。

案，於此見說易之不可執一。

大有

卦以柔居尊位，如虞說，則乾元用坤，以成离，所謂乾五動，成大有，以离日照天也。

[一] 張惠言，虞氏易事，卷上。

如鄭說，則坤元體离，以育乾，如大臣有明德，代君爲政也。皆謂五陰中有乾陽，合于大有之義。張氏駁鄭，非也。

隨

易凡言係者，皆係於上。隨二、三兩爻言「係小子」、「係丈夫」，謂上係於四、五。「小子」謂四，「丈夫」謂五。二本應五丈夫，以三、四易位，承九三小子，故失丈夫。三本承四小子，今與四易位，承五丈夫，故失小子。二承三，九四所易。則失五。昏姻之道，從一而已，故弗兼與也。三承五則失四，易位得正，故隨有求得利居貞。四易在下，故志舍下，此蓋周官媒氏會男女、謀合二姓之事。丈夫謂年長已至三十者，小子謂三十早取者。女子許嫁繫纓，更無改圖，一係一失，當審之於謀和之始。方其未許，則或係丈夫或係小子，皆未可知。及其既許，則從一而已。凡從人者，皆當堅持一心，如女之從男，又當量而後入，如父母媒妁之爲女相攸，故於隨著此義。自虞氏以下，說丈夫、小子義多乖隔，惟姚氏配中得之，爲引伸其義如此。虞謂隨三爻已上體大過，死有欲嫁之義，尤失之。

臨

經言八月有凶，鄭君謂臨卦斗建丑而用事，殷之正月也。當文王之時，紂爲无道，故於是卦爲殷家著興衰之戒，以見周改殷正之數。云臨自周二月用事，訖其七月至八月，而遯卦受之。姚氏配中曰：「正朔三而改，自伏羲以來已然。周易首乾，故依天統，以遯爲八月，文王未嘗以爲周家之月也，注家推言周耳。孔子、周人得云行夏之時，則文王、殷人亦得言天統之八月也。」〔一〕按，姚說極是。

復

六四中行獨復，鄭君謂四在五陰之中，度中而行。虞氏駁之。案，易言中有三例。一以二、五爲中，兩體之中也，彖傳、象傳所謂剛中、柔中是也；一以復、姤之初爲中，天地之中也，復彖傳云「復其見天地之心」是也；一以三、四爲中，全卦若互體之中也，乾文言云「中不在人」是也。泰之中行在二，據兩體之中言；復之中行在四，益之中行在三、四，據全卦之中言。剥三復四，皆處五陰之中。剥曰「失上下」，復曰「中行」，以

〔一〕姚配中，周易姚氏學，卷七。

經證經，義正相發。虞氏駁鄭，非也。

无妄

无妄、大畜、益，虞説特出變例，然不可易也。錢氏大昕、陳氏澧駁之，以爲自亂其例。夫例有正有變，易道屢遷，各指所之。无妄彖曰：「剛自外來而爲主於内。」若不如虞説，何以解之？陳氏謂遯三之初。夫三亦内體，不得云「自外來」，既不自外卦來，又何所對而云「爲主于内」卦乎？虞説依經立義，殆不可易。京氏以「无妄」爲「无所望」，大旱之卦，萬物皆死。虞氏駁之，以「无妄」爲「无所亡」。案，雜卦「无妄，災也」，无妄實災卦。但先王以茂對時育萬物，則能禦大災，捍大患，而元亨利貞矣。故序卦曰：「復則不妄，有无妄，然後可畜。」蓋始於无所望，而終於无所亡。序卦之訓當從虞，雜卦之訓當從京，經文則兼有二義，於此見天下无亂之不可治也。

大過

易家舊義以初爲女妻，上爲老婦，虞氏反之，義似較勝。惠氏並存兩説。

大壯

序卦曰：「遯者，退也。物不可以終遯，故受之以大壯。物不可以終壯，故受之以晉。晉者，進也。」雜卦曰：「大壯則止，遯則退也。」據此二文，則大壯，止也，止而不退，止而未進之卦也。大壯陽已盛，二陰在上，不能拒之，故止而不退。然上體猶有二陰，過於鋭進則傷，故止而未進。鄭、荀訓「壯」爲「强」，馬、虞訓「壯」爲「傷」，非相違也，而相成也。聖人爲戒，每於方盛之時，恃强而輕進，未有不傷者。陽息至五成夬，可以決伐小人矣。然而聖人猶有懼焉，此所以好謀而成，舉不失策也。

明夷

文王與紂之事，莫著于明夷。羑里之囚，以明見夷。晉之康侯蒙大難矣，所謂晉必有所傷。（即大壯陽盛，見傷之義。聖人直亂世，而在高位，不能免於小人之傷。）文王之明傷，而殷之明晦，上六所謂不明，晦也。殷由明而晦，天位殷適，使不挾四方，初登于天，後入於地也。周由夷而明，牧野之師，明夷于南狩，得其大首。所謂明夷，誅也。箕子者，殷之懿親，文王明夷，猶望箕子能貞之，故六五曰「箕子之明夷，利貞」。利箕子正君，猶可以濟也。箕子囚而明息，文王之所大不忍也。卦辭作於文王，惟言己之明夷，而利箕子之貞。爻辭作於周公，故言殷之明晦，而并傷箕子之夷。君臣之義，興亡之戒，於是著矣。

六五，箕子之明夷，利貞。象曰：「利艱貞。箕子以之。」經傳相表裏如此，足刊荄滋之野文矣。

家人

虞氏有三變受上之説。焦氏循痛詆之，謂未有舍己之正，而受人之不正者。此特以虛辭加人罪耳。三變受上，惟卦有巽者有是例，所謂巽以行權，權者，反乎經，然後有善也。張氏説此卦曰：「易言權，而於家人父子、兄弟、夫婦之間，常變備矣。能經而不能權，伯奇、申生之所以爲愚也。權也者如是，而後有正者也。」〔一〕如其説，亦何失義之有哉？

睽

彖傳三言「柔進而上行」，晉也，睽也，鼎也。晉之柔進而上行，謂觀四之五也。睽

〔一〕張惠言，虞氏易事，卷下。

曰「火動而上，澤動而下」，謂與革兩象易也。革時澤在上，火在下，今火動而上，澤動而下，則六二進居五，故曰「柔進而上行」也。鼎曰「巽而耳目聰明」，則取巽四之五，柔進而上行也。三者文同義異，各就本文解之，昭然甚明。若欲一言蔽之，則程傳云「凡离在上，而彖欲見柔居尊者，則曰『柔進而上行』」，尤爲抉經心、執聖權之言。蓋坎上离下，既濟定位。离在上，則上體皆失位。六五又离之主，以陰居尊，聖人尤慎之。以爻之言，則有進退動靜之異，以爻位言，則六在五者，皆進而上行也。焦氏循據此三文發難，惜無申程子之義以折之者。得中而應乎剛，鄭君謂六五應九二，君陰臣陽，與蒙五同義。虞氏謂睽五應蹇五，與鼎五同義。易道屢遷，不可執一，當並存之。虞氏謂睽自大壯來，又取无妄二之五，以升、蹇例之，亦是。詳升卦。

蹇

凡卦爻往來，從十二消息卦爲正，亦有自雜卦來者。有取兩象易者，有據六爻定位言者。以蹇卦言之，睽與蹇旁通。虞注睽卦，既從消息正例，取大壯上之三，又取无妄二之五。注蹇卦亦從消息正例，取觀上反三，合於彖傳反身之文。然彖曰：「蹇，利西南，往得中也。」以睽卦例之，當兼取升二之五，與彖文方協。注文殘缺，惠氏補之，是也。睽與革兩象易，則蹇亦當與蒙兩象易。陸公紀謂水本在山下，今在山上，終應反下，正據與蒙易言。蒙之九二居五，所謂往得中也。凡六爻定位，坎在上者，皆乾二往居坤五，荀氏謂「乾動往居坤五，故得中」是也。易道廣大，必參伍錯綜求之，而後能究詳其旨。説者或以不能畫一，譏議先儒，然我未見其自爲之能畫一也。

夬

張氏曰：「序卦曰：『益而不已則決。』謂益道不已，必能盡去羣陰，故決小人也。韓康伯乃以爲益盈而決，謬哉。又曰：『揚于王庭。』鄭氏云：『小人乘君子，罪惡上聞于聖人之朝。』小人之勢重，故決之不可以不慎也。『孚號有厲』，孚，謂二、五君臣同心，以相號戒，爻曰『惕號莫夜』是也。『告自邑，不利即戎』，謂當播告于民，以散其衆，不用兵戎以與之爭。邑，謂小人之邑。後儒乃謂自治己邑，君子決小人，豈宜邑尚未有治耶？」[一]案，九三爻辭，集解引荀慈明説，甚明。惠氏申之曰：「三應上，故壯于頄。頄，

[一] 張惠言，虞氏易事，卷下。

上象也。應上則有凶道矣。然五陽同欲決上者也，故曰『君子夬夬』。一爻獨與陰相應，爲陰所施，故遇雨也。雖爲陰所濡，能愠不説，得无咎也。」〔一〕如此解經，絶無齟齬，胡安定、程伊川移易經文，殆失之矣。

姤

夬象曰：「柔乘五剛。」則姤當爲柔遇五剛。鄭君謂一女當五男，所以極見淫女之亂家，不可取也。虞氏亦云，姤，女望於五陽。他卦注屢言姤淫女，則虞、鄭義同。張氏駁鄭，并違虞矣。

升

以卦象言，地中生木，升於地上。巽當升坤上，初爲巽之主，以二剛俱升，故曰「柔以時升」。以爻位言，二當升五成蹇。蹇曰「利西南」，升曰「南征」，曰「亨岐山」，義正相協。荀、虞二説當並存。孔子以乾、坤卦、爻辭爲「文言」，則餘卦不盡「文言」可知。先儒以爻辭爲周公作，其言當有所受之。蓋自屯而下，卦辭文王，爻辭周公也。惟周

〔一〕惠棟，周易本義辨證，卷三。

公作，故多言文王受天命，宜爲天子。若出自文王，則豈三分服事之意乎？且繫云「懼以終始，其辭危」，文王蒙難而演易，危懼之不暇，豈宜自言功德？且豫言伐殷，以致不密失身乎？凡卦、爻辭所謂王，皆汎據卦象言，初不定指何人。孔子以文王之事論之，每云可處王位，明非即以經之王爲文王也。張氏因「王用亨于岐山」諸文，謂文王實自稱王，過矣。惠氏以爲夏、殷之王，姚氏概以爲殷王，亦近泥。

困

困體兑，坎互离，鄭謂兑爲暗昧，掩日月之明，故困。荀謂否二之上，二五爲陰所弇，故困。案，兑之暗昧在上，兑陰弇离坎，即剛揜之義。鄭據卦，荀據爻，義不相妨。諸侯赤韍，二至四互离，离火色赤，四爲諸侯，正當服赤韍。而二云朱韍，方來者，朱深于赤，明諸侯有明德者，當升五爲天子，服朱韍，文王是也。文王率殷之叛國以事紂，與諸侯同服赤韍耳。諸侯歸之，以爲受命之王，非文心所安，故曰「倪杌」、「困于赤韍」，姚氏謂爲諸侯所困是也。天命歸周，卒當代殷，故曰「朱韍方來」。不繫于五而繫于二者，乾鑿度謂天子之朝朱韍，諸侯之朝赤韍。二，大夫爻。文王爲紂三公，三公、大夫在王朝，皆服赤韍，與天子同。諸侯見文之服朱韍，以爲天子也。文之服朱韍，以爲大夫也，德愈大，心愈小也。鄭注殘缺，緯文舛譌，爲通其要如此。

鼎

彖曰：「巽而耳目聰明，柔進而上行。」朱子謂卦自巽來，巽四之五成鼎，與傳義脗合。蓋巽四之五，上體成离，巽而明也。三得正，初、四易位，五陽出，二變應之，上亦變應三，六爻正，體兩坎兩离，所謂耳目聰明也。虞氏謂大壯上之初，張氏謂以屯卦例之，當离二之初，於卦象亦皆有合。

艮

艮，消卦，否道也。否世上下不交，故艮之言很。鄭氏謂「君在上，臣在下，恩敬不相與通」、虞氏謂「位窮於上，兩象相背」是也。然陰消而陽能止之，上體剥，碩果不食，德車安宅，三自觀五反，體謙三出震，時止則止，時行則行，陰不能侵，各止其所。故君子法之，以思不出其位。凡艮之道，乖很而消，剥入坤則凶，安固而終，乾反震則吉。艮雖消卦，卦、爻辭皆不言消，明止其所也。

漸

顧氏炎武曰：「上九，鴻漸于陸，其羽可用爲儀，吉。安定胡氏改『陸』爲『逵』，朱子從之，謂合韻，非也。詩『儀』字凡十見，皆音牛何反，不得與『逵』爲叶，而雲路亦非可翔之地，仍當作陸爲是。漸至於陵而止矣，不可以更進，故反而之陸。」〔一〕張氏曰：「初艮下爲干，二中終爲磐，三坎變坤爲陸，皆本位也。四順五爲木，五以四在艮中爲陵。三已變。上以三爲陸，象與下三爻不同。卦以進爲義，下卦有進，上卦非進也。五據四爲夫婦，上反三成既濟，故其象如此。後儒不知此義，遂疑上九『陸』字之誤，不知若以各爻漸上，則木已高于陵矣，豈必陵高于陸哉？」〔二〕案，漸上九與三同象，此三變受上，上反三之確證。

歸妹

泰三之四成歸妹，天地交，萬物興，故天地之大義。然三、四失正，三又乘剛，故征

〔一〕顧炎武，日知録，卷一。
〔二〕張惠言，虞氏易事，卷下。

凶，无攸利。其義之大在歸，以全卦言也，其凶、无攸利在征，以爻之言也。妃匹之際，生民之本，王化之基，一或不正，亡國敗家相隨屬矣，故重以爲戒。彖曰：「歸妹，天地之大義，人之終始。」言歸妹之事大也。説以動，所歸妹也，説兑動震，卦象如是，所歸必妹，明卦之所以名歸妹也。説以動，婚姻有成，言教戒而後行，所謂説言乎兑也。歸妹之義大如是，而可以違義失正乎？因三、四失正，而著「征凶，无攸利」之戒，歸妹非凶，歸而妄行，失婦順則凶。六五及泰之六五，言承陽得正之吉，彖辭言失正乘陽之凶。士昏禮之戒夙夜無違，勉五之吉也。喪服之婦人雖在外，必有歸宗，防上之凶也。歸妹於消息，陽道已衰，故著此深戒，所謂「永終知敝」。

涣

惠氏士奇易説曰：「太玄準涣以文曰：『陰斂其質，陽散其文，文質斑斑，萬物粲然。』此訓涣爲文也。京氏易傳曰：『水上見風，涣然而合。』則涣又訓爲合矣。雜卦傳曰：『涣，離也。』序卦傳曰：『涣，散也。』離而合，散而聚。夫言豈一端而已？學易者見序卦傳訓爲散，六爻皆以散解之。九五，涣王居，象曰『正位也』，位可散乎？失之甚矣。六四，渙其羣，元吉，渙有邱，匪夷所思。呂氏春秋曰：『渙者，賢也。羣者，衆。元者，吉之始也。渙其羣元吉者，其佐多賢也。』渙爲文章賢能之象，故有元吉之占。如謂散其朋黨，則君子羣而不黨，羣不可爲黨，亦明矣。象曰『光大』，光大者，渙之正義，非散之謂也。卦名渙者，謂天下已散而復聚之，人心已離而復合之，如光武入關，三輔吏士垂涕相謂曰：『不圖今日復見漢官威儀。』非所謂『渙有丘，匪夷所思』者乎？邱者，君象也。九五，正居王位，邱之象。或訓邱爲聚，失之。」〔一〕

中孚、小過

聖人以十二消息，發揮剛柔而生爻。乾、坤與十辟皆生爻之卦，而乾、坤又爲消息之本。故六子也，十辟也，反復不衰之卦也，一陰一陽之卦也，皆自乾、坤來。大過積坎，頤積离，中孚内坎外离，小過内离外坎，故此四卦又自坎离來。一陰一陽之卦，在剥、復、夬、姤之際，故又自剥、復、夬、姤來。餘則二陰二陽之卦，自臨、觀、遯、大壯來，三陰三陽之卦自泰、否來。乾、坤與十辟一例生爻，故其用周而不窮。中孚、小過本從

〔一〕惠士奇，易説，卷六。

乾、坤、坎、离來，不在四陽二陰，四陰二陽，雜卦之例。虞氏仍以臨、觀、大壯、遯生卦之例求之，遂若消息有所不周，致使焦氏緣隙奮筆，以爲十二辟卦之法可廢，不知臨、觀、大壯、遯生卦有所不及。合十二消息，則無所不及。十二消息，固兼乾、坤，乾、坤所生卦外，乃從十辟。聖人立法，本意如是，説者自參錯耳。雖然，易道屢遷，惟變所適，故有乾、坤往來之卦，兼取十辟、六子者，有十辟所生之卦，兼取雜卦者。虞氏於小過取晉，於中孚取訟，訟從遯來，晉從觀來，亦未必非乾、坤往來，兼取十辟之變例也。

繫辭

「樂天知命，故不憂。安土敦乎仁，故能愛。」虞氏樂作變。案禮哀公問記「不能安土，不能樂天」，與此文正同。樂天安土，乃先聖撰定微言，虞讀失之。

姚氏曰：「惠氏棟以『富有之謂大業』至『陰陽不測之謂神』，爲後師所訓。云上義已盡，故知此下四十六字後師所訓。案：惠説非也。孔子繫辭文相類者，不一而足，而義各有在。惠氏疑傳非止一端，於此一譏而已。戴氏震據隋志，謂説卦三篇爲後師所訓，亦非。孫先生云：『論衡正説篇云逸易一篇，隋志言三篇，俱不足信。』案，説卦之名，見於孔子世家，則司馬遷得見之。云宣帝時得之者，非矣。始皇本紀云：『秦燒書，不去醫、藥、卜筮之書。』漢書儒林傳云：『秦禁學。易爲筮卜之書，獨不禁，故傳授者不絶。』據此，則易无逸篇，明矣。」〔一〕按，姚説極是。自宋以來，疑十翼者多矣，皆淺妄，不足致辨。惠氏、漢易大師亦有此誤。通人之蔽，千慮之失，不可不亟正之，以尊聖經而絶來惑。

作易者，其知盜乎？謂作易者知盜之所由起，故能戒備之也。六三失位，小人而乘君子之器，盜也。困五之二奪三，失正伐人，聖人亦不與之，故亦謂之盜。三伏陽出，公用射隼，則所謂征者，上伐下，而非盜矣。

「大衍之數五十」以下經文甚明。漢書律歷志引「天一，地二」節，在「天數五」節前，不過以意貫串，使讀者易了，猶虞、鄭之探後釋前，非其本有異，亦非謂經文有誤，而更正之也。後人因此移易積古相傳之本，非所敢從。

子曰：「知變化之道者，其知神之所爲乎？」荀、馬諸儒上爲後章之首，虞謂以美大衍四象之作，屬上章讀。虞義較優，朱子從之。

〔一〕姚配中，周易姚氏學，卷十四。

闕疑第六

河圖、洛書、先天、後天疑義略

河圖、洛書、先天、後天，胡氏渭、張氏惠言論之詳矣，今約其辭文，依據聖傳，次列聞疑，用諗來者。繫曰：「古者庖犧氏之王天下也，仰則觀象於天，俯則觀法於地。觀鳥獸之文，與地之宜，近取諸身，遠取諸物，於是始作八卦。」又曰：「天生神物，聖人則之；天地變化，聖人效之；天垂象，見吉凶，聖人象之；河出圖，洛出書，聖人則之。」是伏羲作易，觀取則效，其類甚博，而河圖、洛書特象法中一事，非八卦專取法於圖、書也。即曰六藝者，圖所生，鄭君說謂圖爲卦畫、文字之所由生。伏羲得河圖而作易，馬氏說。而河圖之象，曠世莫得而記，聞東序河圖亡佚已久。或曰河圖有九篇，洛書有六篇，鄭君說。謂緯候說河、洛之文，而其說不詳。或曰伏羲得河圖而畫之，八卦是也；禹得洛書法而陳之，洪範是也。又曰「初一曰五行」以下六十五字皆洛書本文。（劉歆說。）然則河圖，圖也，洛書，書也，非圖也，謂八卦則河圖，而圖與卦之異同不可知。或曰河圖即八卦，（僞孔氏說。）則卦非伏羲始作。或曰古者天子一娶九女，河圖授嗣，正在九房。（劉瑜說。）或曰洛書有數，一至九，（僞孔說。）明堂二、九、四、七、五、三、六、一、八，法龜文。（盧辨說。）合是三說，則河、洛皆圖，而無書，其數皆九，無所別。或又以爲帝王録紀興亡之數，星分地圖之屬。自唐以前，異說已若是，然未嘗有圖之說之，附合經文，指實聖人若何則之以畫卦者。繫曰：「天一，地二；天三，地四；天五，地六；天七，地八；天九，地十。」此五行生成之數，大衍之數所自出。聖人以之生蓍，不以之立卦。自漢以來，不聞以爲洛書，亦不聞以爲河圖也，而劉牧以爲洛書，僞關朗以爲河圖。說卦曰：「帝出乎震，齊乎巽，相見乎离，致役乎坤，說言乎兑，戰乎乾，勞乎坎，成言乎艮。」此八卦布散用事之位，合中央則爲九。古之說者，以爲太乙常居之九宮，（見靈樞經。）又取一陰一陽，合于十五，以二、九、四、七、五、六、三、一、八相次爲太乙日遊九宮之數。見靈樞經、易乾鑿度。曰八卦，曰九宮，不聞以爲河圖，亦不聞以爲洛書也。而劉牧附九房之說以爲河圖，僞關朗襲龜文之說以爲洛書。文言曰：「先天而天弗違，後天而奉天時。」謂先乎天、後乎天，或據爻變，謂天象在先、天象在後，非在先之天、在後之天也。且乾爲天，文言說乾五之義，先天、後天皆據乾言，非統論八卦而說者，有所謂先天、後天八卦次序方位。繫曰：「易有太極，是生兩儀，兩儀生四象，四象生八卦。」四象以前，皆生蓍之事，故曰：「分而爲二以象兩，揲之以四以象四時。」而說者皆以爲畫卦之事，二而四，四而八。八卦生次，據繫辭、說卦，則乾、坤交索以成六子也。而說者由陰陽太少，加之始乾、次兑，以至於坤，八卦重爲六十四。據繫辭「因重」「兼兩」、周禮經別之文，則八卦之上更加八卦也。而說者謂由八而十六，而三十二，而六十四，層累加之，未有終極。八卦方位，據說卦，則离南、坎北、震東、兑西，乾、坤、艮、巽分居四隅，自伏羲而然，無異位也。而說者謂此爲後天，文王所爲，別有伏羲卦位以先之。說卦曰：「天地定位，山澤通氣，雷風相薄，水火不相射。」八卦皆相錯，此承三才、六畫而言，爲重卦舉例也。又曰：「雷以動之，風以散之，雨以潤之，日以烜之，艮以止之，兑以說之，乾以君之，坤以藏之。」此言八卦之象與其功用也，乾鑿度曰「八卦成列，天地之道立，雷、風、水、火、山、澤之象定矣」是也。又曰「帝出乎震云云」，此言八卦布散用事之位，所以致其功用也。八卦用事，各當其位，而後動散烜潤，順時宣氣，生萬物於山澤，以成乾坤大生、廣生之功，故下章繼動萬物者六言，而結之曰「故水火相逮，雷風不相悖，山澤通氣，然後能變化，既成萬物」，乾鑿度曰「八卦之氣終，則四正、四維之分明。生長收藏之道備，陰陽之體定，神明之德通，而萬物各以其類成矣」是也。「天地定位」二節言卦德，功用即神明之德。「帝出乎震」一章言卦位，位所以行其德，非對待者爲一位，布散者又一位也。「天地定位」二節不見四正、四維之名，而説者以此爲先天卦位，以出震、齊巽之等爲後天卦位。凡此諸説，先儒掊擊不遺餘力。愚謂宋易之有河洛、先天，猶漢易之有納甲。納甲者，易家以干支識別消息之名。消息者，生爻之事，非立卦之事。發揮剛柔，以生變化，故八卦本象。乾、震、坎、艮，陽也；坤、巽、离、兑，陰也。而消息則以离、震、兑、乾爲陽，坎、巽、艮、坤爲陰，先天亦然。其諸先天出於納甲歟？消息取法乎日月，蓋聖人於立卦後別取一義，而虞氏謂日月在天，已成八卦，庖犧則之，爲設卦觀象最先之事，故邵康節謂之先天歟？先天用震、兑、乾、巽、艮、坤消息之序，而以离、坎次震、巽後，使與乾、坤得分居四正，因而逆溯四象、兩儀，順推六十四卦畫。然整齊納甲之法，本出參同契，其諸默會參同，變通納甲，引申極數，以自成一家之學歟？兩畫、四畫、五畫之卦，其諸先儒半象互體之意歟？五十有五之數，以爲天地生成之圖，二、九、四、七、五、三、六、一、八之數，以爲九宫之圖，亦可以見理數之妙合歟？夫説易以十翼爲斷，仲翔之納甲，康節之先天，皆與説卦違異，其源似皆誤以生爻之法倒置立卦之前。但仲翔説經言納甲，不過數事，邵子究極數學，而不以解爻象，朱子啟蒙與本義別行，非如近儒焦氏，將經文字字句句悉以己所立法鑿之。蓋古人説經慎重，學者師其意，信以傳信，疑以傳疑，可也。

流别第七

周易注解傳述人

陸氏德明經典釋文叙録曰：「宓犧氏之王天下，仰則觀於天文，俯則察於地理。觀鳥獸之文，與地之宜，近取諸身，遠取諸物，始畫八卦。（或云因河圖而畫八卦。）因而重之，爲六十四。文王拘於羑里，作卦辭，周公作爻辭，孔子作彖辭、象辭、文言、繫辭、説卦、序卦、雜卦，是爲十翼。班固曰：『孔子晚而好易，讀之韋編三絶，而爲之傳。』傳即十翼也。自魯商瞿子木受易於孔子，以授魯橋庇子庸，子庸授江東馯臂子弓，子弓授燕周醜子家，子家授東武孫虞子乘，子乘授齊田何子莊，（高士傳云：「字莊。」漢書儒林傳云：「臨淄人。」）及秦燔書，易爲卜筮之書，獨不禁，故傳授者不絶。漢興，田何以齊田徙杜陵，號杜田生，授東武王同子中及洛陽周王孫、梁人丁寬，字子襄，事田何，復從周王孫受古義，作易説三萬言訓，故舉大誼而已。藝文志云：「易説八篇，爲梁孝王將軍。」齊服生，劉向別録云：「齊人，号服先。」皆著易傳。漢初言易者，本之田生。同授淄川楊何，字叔，一本作字叔元，太中大夫。寬授同郡碭田王孫，王孫授施讎及孟喜、梁丘賀，由是有施、孟、梁丘之學焉。施讎字長卿，沛人，爲博士。傳易，授張禹字子文，河内軹人，以論語授成帝，官至丞相、安昌侯。及琅邪魯伯。禹授淮陽彭宣及沛戴崇，伯授太山毛莫如及琅邪邴丹。後漢劉昆受施氏易於沛人戴賓，其子軼。案，「其」似當爲「傳」。孟喜字長卿，東海蘭陵人，曲臺署長、丞相掾。父孟卿，善爲禮、春秋。孟卿以禮經多，春秋煩雜，乃使喜從田王孫受易。喜爲易章句，授同郡白光及沛翟牧。後漢洼丹、觟陽鴻、任安，皆傳孟氏易。梁丘賀字長翁，琅邪諸人，少府。本從太中大夫京房受易，房，淄川楊何弟子。後更事田王孫，傳子臨。臨傳五鹿充宗及琅邪王駿。充宗授平陵士孫張及沛鄧彭祖、齊衡咸。後漢范升傳梁丘易，一本作「傳孟氏易」。以授京兆楊政。又潁川張興傳梁丘易，弟子著録且萬人，子魴傳其業。京房字君明，東郡頓丘人。本姓李，推律自定爲京。至魏郡太守。受易梁人焦延壽字延壽，名贛。。延壽云嘗從孟喜問易，會喜死。房以延壽易即孟氏學，翟牧、白生不肯，曰「非也」。延壽嘗曰：『得我術以亡身者，京生也。』房爲易章句，説長於災異，以授東海段嘉（漢書儒林傳作「殷嘉」。）及河東姚平、河南乘弘（一本作「桑弘」。），皆爲郎、博士。由是前漢多京氏學。後漢戴馮、孫期、魏滿竝傳之。費直（字長翁，東萊人，單父令。）傳易，授琅邪王璜（字平仲，又傳古文尚書。），爲費氏學，本以古字號古文易，無章句，徒以彖、象、繫辭、文言解説上、下經。（七録云：「直易章句四卷，殘缺。」）漢成帝時，劉向典校書，考易説，以爲諸易家説皆祖田何、楊叔、丁將軍，大義略同，唯京氏爲異。向又以中古文易經校施、孟、梁丘三家之易經，或脱去「無咎」、「悔亡」，唯費氏經與古文同。

後漢書云：『京兆陳元（字長孫，司空，南閣祭酒，兼傳左氏春秋。）、扶風馬融（字季長，茂陵人，南郡太守議郎，爲易傳，又注尚書、毛詩、禮記、論語。）、河南鄭衆（字仲師，大司農，兼傳毛詩、周禮、左氏春秋。）、北海鄭玄（字康成，高密人，師事馬融，大司農徵不至，還家，凡所注易、尚書、三禮、論語、尚書大傳、五經緯候，箋毛氏，作毛詩譜，駁許慎五經異議，鍼何休左氏膏肓，去公羊墨守，起穀梁廢疾，休見大慙。案，「箋毛氏」下脱「詩」字。）、潁川荀爽（字慈明，官至司空。），竝傳費氏易。』沛人高相治易，與費直同時，其易亦無章句，專説陰陽災異，自言出丁將軍，傳至相，相授子康及蘭陵毋將永，爲高氏學。漢初立易楊氏博士，宣帝復立施、孟、梁丘之易，元帝又立京氏易，費、高二家不得立，民間傳之。後漢費氏興，而高氏遂微。永嘉之亂，施氏、梁丘之易亡。孟、京、費之易人無傳者，唯鄭康成、王輔嗣所注行於世，（江左中興，易唯置王氏博士，太常荀崧奏請置鄭易博士，詔許。值王敦亂，不果立。）而王氏爲世所重。今以王爲主，其繫辭已下，王不注。相承以韓康伯注續之，今亦用韓本。

子夏易傳三卷。卜商，字子夏，七略云：「漢興，韓嬰傳。」中經簿録云：「丁寛所作。」張璠云：「或馯臂子弓所作，薛虞記。」虞不詳何許人。孟喜章句十卷。無上經。七録云：「又下經無旅至節，無上繫。」

京房章句十二卷。七録云十卷，録一卷目。案，「目」字衍。費直章句四卷。殘缺。馬融傳十卷。七録云九卷。荀爽注十卷。七録云十一卷。鄭玄注十卷。録一卷，七録云十二卷。劉表章句五卷。字景升，山陽高平人，後漢鎮南將軍，荆州牧，南城侯。中經簿録云：「注易十卷。」七録云九卷，録一卷。宋衷注九卷。字仲子，南陽章陵人，後漢荆州五等從事。七志、七録云十卷。虞翻注十卷。字仲翔，會稽餘姚人。後漢侍御史。陸績述十三卷。字公紀，吳郡吳人，後漢偏將軍，鬱林太守。七志云録一卷。董遇章句十二卷。字季直，弘農華陰人。魏侍中、大司農。七志、七録並云十卷。王肅注十卷。字子邕，東海蘭陵人。魏衛將軍、太常、蘭陵景侯。又注尚書、禮喪服、論語、孔子家語，述毛詩注，作聖證論難鄭玄。王弼注七卷。字輔嗣，山陽高平人，魏尚書郎，年二十四卒。注易上、下經六卷，作易略例一卷，又注老子。七志云：「注易十卷。」姚信注十卷。字德祐，七録云「字元直」，吳興人，吳太常卿。七録云：「十二卷。」王廙注十二卷。字世將，琅邪臨沂人，東晉荆州刺史、贈驃騎將軍，武陵康侯。七志、七録云十卷。張璠集解十二卷。安定人，東晉祕書郎參著作。集鍾會、向秀、庾運、應貞、荀煇、張輝、王宏、阮咸、阮渾、揚乂、王濟、衛瓘、欒肇、鄒湛、杜育、楊瓚、張軌、宣舒、邢融、裴藻、許適、楊藻二十二家解。按，此等皆辭尚虛玄，義多浮誕，六朝人集易解莫善於九家，莫不善於張璠。干寶注十卷。字令升，新蔡人，東晉散騎常侍領著作。黄穎注十卷。南海人，晉廣州儒林從事。蜀才注十卷。七録云：「不詳何人。」七志云：「是王弼後人。」案，蜀李書云：「姓范，名長生，一名賢，隱居青城山，自號蜀才，李雄以爲丞相。」尹濤注六卷，費元珪注九卷，荀爽九家集注十卷。不知何人所集，稱「荀爽」者，以爲主故也。其序有荀爽、京房、馬融、鄭玄、宋衷、虞翻、陸績、姚信、翟子玄。子玄不詳何人，爲易義。注内又有張氏、朱氏，並不詳何人。謝万字万石，陳郡人，東晉豫州刺史。、韓伯字康伯，潁川人，東晉太常卿。、袁悦之、卞伯玉、荀柔之、徐爰、顧懽、明僧紹、劉瓛字子珪，沛國人，齊步兵校尉不拜，謚貞簡先生。七録云：「作繫辭義疏。」自謝万以下十人，並注繫辭。

爲易音者三人。王肅已見前。李軌，字弘範，江夏人。東晉祠部郎中、都亭侯。徐邈，字仙民，東莞人，東晉中書侍郎、太子前衛率。近代梁褚仲都、陳周弘正弘正作老莊義疏，官至尚書僕射，謚簡子。竝作易義。此其知名者。」〔一〕按，陸氏敘述易學源流如此。此外，若蔡景君見虞氏注，張氏、莊氏見孔氏正義，疑孔疏即據以爲本。沈驎士、何妥、盧氏、侯果、崔憬、王凱沖、崔覲、伏曼容、姚規、朱仰之等見李氏集解。又史徵周易口訣義，乾隆中從永樂大典内輯出，雖淺近，亦唐人易學之僅存者。宋以後治易，言人人殊，大旨不外程、邵兩家。程子言理，學者無間言；邵子言數，疑信者各半。朱子兼論理數，然本義與啟蒙各自爲書，其本義篇次因晁氏説之，吕氏祖謙所考定，復漢志十二篇舊第。及朱氏震、王氏應麟，采會舊解，拾遺補藝，皆開國朝漢學之先聲云。

周易各家撰述要略

漢易類

鄭氏周易注　語在明例。又張氏惠言序丁氏杰周易鄭注後定曰：「自王弼注興而易晦，自孔

〔一〕陸德明，經典釋文，卷一，敘録。

穎達正義作而易亡。宋之季年，學者爭說性命，莫不以王、孔爲本，雜以華山道士之言。而王伯厚氏獨盡心鄭注，蒐輯闕佚，彙爲一書，可謂偉矣。自是之後，蓋五百餘年，而得惠定宇氏，始考鄭氏爻辰，增補伯厚集注所未備，然後天下知有鄭易。又數十年，丁君小疋從而定之，正其違錯，補其闕漏，次其篇章，然後鄭氏之易大略具焉。方今士以不習鄭學爲恥，其考校鄭書者，無慮數十家，而以丁君此書爲最善。蓋其始爲以至于今，二十餘年，不苟成書，有爲其學者，必咨焉從，而爲之校者以十數，唯以傳信爲務，而不以臆斷。其爲之也勤，其出之也慎，則其獨善宜也。且夫學者所以貴古書者，豈唯其文哉？將有取其義也。王伯厚氏之序此書，取朱震之言，曰多論互體，曰以象數爲宗。夫易之有互，不始鄭氏，自田何、楊叔以來論互體，不足爲鄭學也。易者，象也。易而無象，是失其所以爲易。數者，所以筮也。聖人倚數以作易，而卦爻之辭，數無與焉。漢師之學，謂之言象可，謂之言數不可。象數竝稱者，末學之陋也。吾以知伯厚之于鄭易，概乎未有聞也。定宇氏說爻辰，是矣。雖然，爻辰者，鄭氏之所以求象，而非鄭氏言易之要也。鄭氏之學盡于爻辰而已乎？記曰：『夫禮本于太一，分而爲天地，轉而爲陰陽，變而爲四時，其降曰命。』韓宣子見易象曰：『周禮在魯矣。』是故易者，禮象也。是說也，諸儒莫能言，唯鄭氏言之。故鄭氏之易，其要在禮。若乃本天以求其端，原卦畫以求其變，推象附事以求文王、周公制作之意，文質損益，大小該備，故鄭氏之易，人事也，非天象也。此鄭氏之所以爲大，而定宇氏未之知也。夫以王、惠二家之學如此，則其所輯，往往有牴牾而不知者，非其學不博，識不精，其所涉淺也。丁君此書，余見其稾本一字之異，必比附羣書以考其合，往往列數十事，是故于義審。于義審，則其分別有序也，無惑爾已。余往嘗疑鄭君箋詩，以婚期盡仲夏以前，于經無所徵驗。及就歸妹之注考之，六五爻辰在卯，二月中，辭曰：『帝乙歸妹，以祉元吉。』九四爻辰在午，五月中，辭曰：「歸妹愆期。」然後知箋義蓋出于此。又嘗疑雷震百里，以象諸侯，周官制則不合。及讀晉『康侯』之注，諸侯有三捷之功，錫以乘馬而廣之，然後知易有三代之制。其他如此者甚衆。惜乎！唐之儒師未有見及此者，遂使禮家微言泯没而不傳也。然就此書而求之，比類儔物，以合鄭氏禮注，則于易之大義，未嘗不有考焉。是則小疋之功，不可廢也夫。」[一]

李氏周易集解　語在明例。又案，此書明刻本舛誤，不可讀。惠氏棟爲盧氏見，曾校刊雅雨堂本，正譌補脱，乙衍改錯，不下千餘處。而後文無隔閡，義得條通，除翦荊棘，示我周行，厥功甚偉。後儒或以改易經字、援據不盡確當譏之。然此不過爲好古之過，且今本具在，不難覆。按，

[一] 張惠言，茗柯文編，二編卷上。

經義因惠氏而明，經本並未因惠氏而亂，豈可以小失掩其宏美乎？

惠氏周易述　語在明例。下經鼎以下及序卦、雜卦未成，弟子江氏藩補之。

易漢學　語在明例。

易例　係未定本。

周易本義辨證　甚精審，然非惠氏易學最切要者，可緩讀。

孫氏星衍周易集解　自序曰：「易者出於河圖。河圖者，八卦也。河出圖，洛出書，聖人則之，乃仰觀俯察中一事，八卦所由作。孫氏據論語僞孔注，謂河圖即八卦，恐未確。且大傳明言庖犧始作八卦，非徒重卦而已。重之爲六十四者伏羲，或以爲神農，或以爲夏禹，或以爲文王，皆非也。卦之始，有象無字，文王名之，又爲之卦辭，曰周易。案，名與辭皆不始自文王，觀春秋傳可見。孫説亦誤。分上下二篇，周公作爻辭，孔子作十翼名經，亦曰傳易。經文未火于秦，獨爲全書。或傳漢宣帝時，得佚篇益之，其言不可信。自商瞿受之孔子，六傳至田何。漢興，易學本田、楊，有施、孟、梁邱、京氏之學列於學官。孟氏古文見於説文，而三家經或脱字，亡于晉代。京房之學受自焦延壽，云出孟喜後，漢亦列於學官。費氏易者與古文同，始以彖、象、繫辭十篇文言解説上下經，行於民間。後漢馬融、鄭康成諸人爲之傳注，而費氏學興。或云康成始合彖、象於經，或云王弼始以文言附乾、坤二卦，又加『乾傳』、『泰傳』字。自王弼以老、莊之學注易，而古學失其傳。自唐用王弼本作正義，而古注散佚，鄭學遂微。著作郎李鼎祚撰集子夏以下傳注，名曰集解，凡有十卷，行于今代。其漢、魏人易說，時時見于古書傳注及史徵周易口訣義中。蒙念學者病王弼之玄虛，慨古學之廢絕，因以李氏集解合於王注，又采集書傳所載馬融、鄭康成諸人之注，及易口訣義中古注，附於其後。凡說文、釋文所引經文異字、異音，附見本文，命曰周易集解。庶幾商瞿所傳，漢人師說，不墜於地，俾學者觀其所聚，循覽易明。其稱『解』者，李氏所輯；『注』者，王弼所注；稱『集解』者，蒙所采也。先以李氏解者，以其多引古注；最後附『集解』者，不敢掩前人也。易有子夏傳，蓋出於韓嬰。或云漢儒所爲，其書久亡，世有僞本。京氏章句亦亡。今陸績注者三卷，或曰錯卦。及魏伯陽參同契，僞關朗易傳，宋陳搏所摭僞子華子戴九履一河圖之學，先天太極之說，皆無可采。易者，聖人效天法地之書。人與天地參，則易與天地準。通天、地、人之謂儒。孔子曰：『五十學易。』又曰：『五十知天命。』又曰：『文王既没，文不在茲。』皆謂易也。古之學者，八歲入小學，學六甲五方書計之事，於易學蓋近而易明。則孟氏之卦氣，京氏之世應、飛伏，荀氏之升降，漢、魏以來象數之學，不可呰議也。經師家法，既絕於晉，自六朝至唐，諸儒悉守古經義，不敢滕其臆說。至宋而人人言易，繁而寡要，直以爲卜筮書，豈知言哉？近世惠徵君棟作周易述、易例、易漢學諸書，實出於唐、宋諸儒之上。蒙爲此書，無所發明，竊比於信而好古，綱羅天下放失舊聞云爾。」

張氏周易虞氏義、虞氏消息、易禮、易事、易言、鄭荀義、易義別録、易緯略義　　語在明例。

虞氏易侯、易圖條辨　　不甚要切，可緩讀。

姚氏周易學　　語在明例。

王弼易類

王弼周易注　　語在明例。

孔氏周易正義　　語在明例。注、疏立學已久，勢不能置之不讀，但當審別其是非耳。孔疏多引古説，及解經精善處，尤不可忽也。

阮氏元周易校勘記　　自序曰：「古周易十二篇，漢後至宋晁以道、朱子，始復其舊。自晁以道、朱子以前，皆彖、象、文言分入上下經，卦中別爲繫辭上下、説卦、序卦、雜卦五篇。王弼書如是，此學者所共知，無庸覶縷者也。易之爲書最古，而文多異字，宋晁以道古文易㪺撦爲之，如郭忠恕、薛季宣古文尚書之比。國朝之治周易者，未有過於徵士惠棟者也。而其校刊雅雨堂李鼎祚周易集解，與自著周易述，其改字多有似是而非者。蓋經典相沿已久之本，無庸突爲擅易，況師説之不同，他書之引用，未便據以改久沿之本也，但當録其説於考證而已。元於周易注疏舊有校正各本，今更取唐、宋、元、明經本、經注本、單疏本、經注疏合本讎校，各刻同異。屬元和生員李鋭筆之，爲書九卷，别校略例一卷，陸氏釋文一卷，而不取他書，妄改經文，以還王弼、孔穎達、陸德明之舊。謹列目録如左。

引據各本目録

單經本

唐石經凡九卷，附略例。開成二年刻，今在陝西西安府。

單注本

岳本宋岳珂刻，凡十卷。今據武英殿重刊五經本。

古本已下二本據七經孟子考文補遺。

足利本

單疏本

宋本據錢遵王校本。案，錢跋有單疏本一，單注本二，注疏本一。今不復能識別，但稱錢校本。

注疏本

影宋鈔本據餘姚盧文弨傳校明錢保孫求赤校本，今稱錢本。

宋本據七經孟子考文補遺。

十行本凡九卷，附音義一卷，無略例。

閩本凡九卷，附略例一卷，音義一卷。

監本與閩本同。

毛本凡九卷，無略〔一〕例、音義。

宋易類

程子周易傳

〔一〕阮元，周易校勘記序。

朱子周易本義　語皆在明例。

楊氏萬里誠齋易傳　此書本程傳之義，而引史事以證明之。宋史稱誠齋致仕後，聞北伐啟釁，憂憤不食卒。其知時識務、忠君愛國若此，故其書于治亂安危之故言之最詳，吉凶之所由，憂娛之萌漸，昭昭在斯。實事求是，莫此爲切；通經致用，莫此爲近。宋易自程、朱傳、義外，此書最宜亟讀。蓋嘗聞之傳曰：「賢者識其大者，不賢者識其小者。」又曰：「空言不如行事之深切著明。」是故漢學大者有用，小者無用；宋學實者有用，虛者無用。注蟲魚，命草木，辨一名一物、一字一句，累千萬言，此漢學之小者也。明天道消息，正人倫綱紀，考百王之禮典政刑，述聖賢師儒之徽言彝訓，通六書羣經之義例，以及天文、地理、算數、考工、兵法，凡切于民用者，無不精講而貫徹之，以救民水火之心讀書，以正誼明道之學匡時，此漢學之大者也。原心杪忽，析理豪芒，辨朱、陸之紛錯，爭儒、釋之異同，此宋學之虛者也。扶植名教，拯救人心，以天下爲己任，以聖賢爲必可爲，激揚清濁，剖別忠佞，敦勵躬行，講求治道，德成教尊，化民易俗，此宋學之實者也。楊氏之書，語語徵實，開心明目，利於行事，其諸志士，亦有樂於是與？

中外哲學典籍大全·中國哲學典籍卷

已出版書目

《讀禮疑圖》,〔明〕季本著，胡雨章點校。

《王制通論》《王制義按》，程大璋著，吕明烜點校。

《關氏易傳》《易數鈎隱圖》《删定易圖》，劉严點校。

《易説》,〔清〕惠士奇著，陳峴點校。

《易漢學新校注（附易例）》,〔清〕惠棟著，谷繼明校注。

《春秋尊王發微》,〔宋〕孫復著，趙金剛整理。

《春秋師説》,〔元〕黄澤著，〔元〕趙汸編，張立恩點校。

《宋元孝經學五種》，曾海軍點校。

《孝經集傳》,〔明〕黄道周撰，許卉、蔡傑、翟奎鳳點校。

《孝經鄭注疏》《孝經講義》，常達點校。

《孝經鄭氏注箋釋》，曹元弼著，宫志翀點校。

《孝經學》，曹元弼著，宫志翀點校。

《四書辨疑》,〔元〕陳天祥著，光潔點校。

《小心齋劄記》,〔明〕顧憲成著，李可心點校。

《太史公書義法》，孫德謙著，吴天宇點校。

《肇論新疏》,〔元〕文才著，夏德美點校。

《張九成集》,〔宋〕張九成著，李春穎點校。

《周易口義》，〔宋〕胡瑗著，白輝洪、于文博、［韓］徐尚賢點校。

《周易外傳校注》,〔清〕王夫之著，谷繼明校注。

《周易内傳校注》,〔清〕王夫之著，谷繼明校注。

《春秋集注》,〔宋〕張洽著，蔣軍志點校。

《春秋集傳》,〔宋〕張洽著，陳峴點校。

《錢時著作三種》,〔宋〕錢時著，張高博點校。

《涇皋藏稿》,〔明〕顧憲成著，李可心點校。

《周易玩辭》,〔宋〕項安世著，杜兵點校。

《高子遺書》,〔明〕高攀龍著，李卓點校。

《周易學》，曹元弼著，周小龍點校。

《春秋屬辭》,〔元〕趙汸著，張立恩整理。

更多典籍敬請期待……